AF497598

Erich Mühsam

Gesammelte politische Werke: Parlamentarischer Kretenismus + Die Anarchisten + Tagebuch aus dem Gefängnis + Appell an den Geist + Anarchie + Kulturfaschismus und mehr

e-artnow 2018

Paul Lafargue
Das Recht auf Faulheit (Widerlegung des "Rechts auf Arbeit" von 1848)

Niccolò Machiavelli
Mensch und Staat

Max Weber
2 Vorträge: Wissenschaft als Beruf + Politik als Beruf

John Henry Mackay
Büchern der Freiheit: Die Anarchisten + Der Freiheitsucher

Friedrich Engels
Ludwig Feuerbach und der Ausgang der klassischen deutschen Philosophie

Erich Mühsam

Gesammelte politische Werke: Parlamentarischer Kretenismus + Die Anarchisten + Tagebuch aus dem Gefängnis + Appell an den Geist + Anarchie + Kulturfaschismus und mehr

e-artnow, 2018
Kontakt: info@e-artnow.org
ISBN 978-80-273-1665-6

Inhaltsverzeichnis

Anarchistische Schriften:

Alle Macht den Räten!

Die Auflockerung aller gesellschaftlichen Bindungen in dieser Zeit des Überganges, in der nichts feststeht als die Tatsache, dass nichts feststeht, macht den Anarchisten die ernste Auseinandersetzung darüber zur Pflicht, was für neue politische und wirtschaftliche Beziehungen sie als Inhalt der durch die soziale Revolution ermöglichten Ordnung des öffentlichen Lebens herbeiführen wollen. Solche Erörterungen sind viel wichtiger als das unfruchtbare Orakeln über den Zeitpunkt, wann unser aufbauendes Eingreifen nötig werden konnte. Es ist selbstverständlich damit zu rechnen, dass vorher ganz andre Kräfte zur Entfaltung kommen können als solche, die eine freiheitliche Gestaltung des Lebens anstreben. Gegen sie werden wir wie gegen alles Unsoziale und Gegenrevolutionäre die Mittel des unmittelbaren revolutionären Kampfes anzuwenden haben. Wir müssen aber auch, mögen wir diesen Verlauf für wahrscheinlich halten oder nicht, den günstigsten Fall in Betracht ziehen, dass der ja jetzt schon vor aller Augen liegende Bankrott der Demokratie in Deutschland weder von einer halbkonstitutionellen Industriellen- und Militärdiktatur abgelöst wird, wie sie Pilsudski in Polen und Starhemberg in Österreich versucht und wie Hugenberg und der Stahlhelm sie haben möchten, noch von einer rein faschistischen Tyrannis nach Mussolinischem Muster, noch auch von (einer Parteidespotie der Stalin-Kommunisten, sondern dass das revolutionäre Proletariat sich im Aufschwung seiner Kraft auf Selbständigkeit und Selbstverantwortung besinnt und daher den Kampf gegen jede Art Staat lenkt. Dann helfen uns keine Schlagwörter und keine roten und schwarzen Fahnen, dann müssen wir durch Rat und Zugriff praktisch bewahren, dass Anarchie ein wirklichkeitsträchtiger Daseinsbegriff ist und dass sich eine soziale Gesellschaft aufbauen lässt, die anders aussieht und anders handelt als ein Staat.

Nach mancherlei zweifelndem Schwanken hat sich in den Bewegungen des kommunistischen Anarchismus und des Anarchosyndikalismus das Bekenntnis zur Räterepublik als der freiheitlichen Gesellschaftsform des Sozialismus ziemlich allgemein durchgesetzt. Die Losung "Alle Macht den Räten", unter der die russische Revolution 1917 ihren Oktobersieg errang, erwies sich als so erschöpfender Ausdruck des wahren Willens der gesamten revolutionären Arbeiterschaft in allen Ländern, dass auch die entschiedensten Autoritären, die Bolschewiken, sie aufnahmen, da sie sonst einfach den Anschluss an die Massen verpasst und keine Gelegenheit gefunden hätten, sich nach dem Siege der Revolution zu demaskieren, sie waren, wie es den Menschewiken erging, schon vorher als Staatssozialisten erkannt und zu keiner Teilnahme an der Neuordnung der Verhältnisse zugelassen worden. Nachdem die Dinge in Russland nun leider den Verlauf genommen haben, den jede jacobinische Revolutionsverfälschung nehmen muss: von einer Massenerhebung über Klüngeldiktatur und Direktorium zum Bonapartismus - der gegenwärtige Zustand entspricht einer Zwischenstation zwischen Robespierre und Barras, aber die Konturen des Konsulates überschatten schon den Hintergrund -, zwingt die lärmende Anpreisung eines "Sowjet-Deutschland", das dem Vorbild des heutigen Russland genau nachgeahmt werden soll, zur klarsten Herausstellung des Gegensatzes zwischen einem Sowjetstaat und einer Räterepublik.

Eine Darstellung dessen, was sich in Russland als "Diktatur des Proletariates" ausgibt, erübrigt sich in diesem Zusammenhang. Es genügt, daran zu erinnern, dass die Verfolgungen und Brutalisierungen gegen alle Proletarier, die sich noch heute zu den gemeinsamen Parolen von 1917 bekennen, dauernd gesteigert werden und dass die Moskauer Machthaber sich noch nie bewogen gefühlt haben, dem Protest der proletarischen Revolutionäre aller Länder, die nicht ihre gefügigen Parteigänger sind, auch nur einen Teil der Beachtung zu schenken, die sie den Protesten empfindsamer Intellektueller zuwenden, wenn sich ihr revolutionärer Eifer wirklich einmal statt gegen Anarchisten und linke Kommunisten gegen Saboteure, Weißgardisten und Pfaffen richtet. Dass west-europäische Kapitalisten des Außenhandelsmonopols wegen in Russland Wirtschaftssabotage finanzieren und dass die ganze gottgefällige Empörung über die Unterdrückung klerikaler Einwirkungen auf Politik und Wirtschaft nichts ist als anfeuernde Begleitmusik zu dieser Sabotage, kann gar nicht zweifelhaft sein. Die Erschießung der 48 Leute, welche von der GPU beschuldigt wurden, unter der Maske treuer Mitarbeit am Aufbauwerke des sozialistischen russischen Staates jahrelang organisierte Zerstörungsarbeit eben an diesem Werke betrieben, Nahrungsmittelfälschungen, Warenverderb und Betriebsstörungen größten Umfanges organisiert zu haben, kann Bedenken in uns erwecken, ob man mit diesen Personen wirklich die richtigen erwischt hat, da hier nicht wie im Schachty-Prozeß öffentlich verhandelt wurde, sondern nachträglich verlangt wurde, wir sollen an das Eingeständnis der Schandtaten bei allen 48 geheim Verurteilten glauben, aber die Radikalmaßnahme an und für sich, wenn es sich wirklich um eine derartig wirksame und bösartige Schädigung der arbeitenden Massen handelt, brauchte uns wahrhaftig nicht zum Haarausraufen zu veranlassen. Von den 42 deutschen Schöngeistern, die ihrem Entsetzen über die Hinrichtungen Ausdruck gegeben haben, hat nicht ein einziger seinen Namen damals unter den Aufruf gesetzt, den wir linken Revolutionäre vor drei Jahren gegen die Drangsalierung der Oktoberkämpfer in Russland in die Welt hinaussandten. Sie haben sich auch bei sehr dringlichen Anlassen in Deutschland selbst, wie den Berliner Maimorden, alle mögliche Zurückhaltung auferlegt, müssen sich also den Vorwurf gefallen lassen, dass ihnen das Schicksal Unrecht leidender Proletarier niemals so wichtig ist wie das von Klassenfeinden des Proletariates, deren Unschuld zu bestätigen sie stets allzu bereit scheinen.

Die Angelegenheit der erschossenen Professoren und Spezialisten, danach jetzt wieder die Aufdeckung der Geheimorganisation einer "Industriepartei" in Russland, die die Durchkreuzung der russischen Experimente staatssozialistischer Art bezweckt haben soll, lenken jedoch die Aufmerksamkeit auf Dinge, die uns als Räterevolutionäre in außerordentlichem Maße angehen müssen. Wir haben an die Leiter der russischen Geschicke und an die Verkünder eines Sowjet- Deutschlands nach gleichem Zuschnitt die Frage zu richten: Gibt es eigentlich in Sowjet-Russland noch Sowjets? Was für eine Rolle spielen sie im öffentlichen Leben? Worin bestehen ihre Funktionen im Wirtschaftsbetriebe? Haben sie keine Kontrollrechte mehr in den Fabriken und den Verteilungsstellen? Wie geht es zu, dass klassenfremde Gegenrevolutionäre Jahre hindurch Konserven verunreinigen konnten, ohne dass die Arbeiter etwas gemerkt haben? Wie sind die ganzen Schweinereien, die in der russischen und parteikommunistischen Presse mit allem greuelhaften Beiwerk umständlich geschildert wurden, überhaupt möglich geworden, wenn es zugleich wahr sein soll, dass Russland ein Sowjetland ist und die Arbeiter selber die Herren im Hause ihrer Arbeit sind? Das, nichts sonst, soll von denen erklärt weiden, die die Saboteure anklagen und ihre Schuldbeweise nach vollstrecktem Todesurteil auf das Geständnis der Verurteilten stützen, nicht auf ihre Dingfestmachung durch die kontrollierenden Betriebsräte. Hängt das Geheimverfahren vielleicht zusammen mit der Befürchtung, bei öffentlicher Verhandlung wäre die gänzliche Einflusslosigkeit der Sowjets an den Arbeitsstätten ans Licht gekommen, die bei der geringsten Selbständigkeit und Macht ja schon beim ersten Sabotageversuch hätten aufmerksam werden, beobachten und zugreifen müssen?

Über Russland wird an andrer Stelle dieses Heftes im Anschluss an einige Literaturerzeugnisse mehr gesagt. Über Russland wird, da es ohne Frage das wichtigste Gegenwartsproblem ist - handelt es sich doch um die Frage, ob es uns Vorbild oder Warnung sein soll -, noch oft und ausführlich gesprochen werden müssen. Im Augenblick steht allein die Aufgabe zur Lösung: Wie sieht der gesellschaftliche Zustand aus, der die Forderung "Alle Macht den Räten!" erfüllt? Der Hinweis auf die Möglichkeit jahrelang gelungener konterrevolutionärer Wirtschaftssabotage in Russland, 13 Jahre nach der siegreichen Revolution, aber würde allein zum Beweise genügen, dass der erstrebte Zustand keine Ähnlichkeit haben wird mit dem Gesellschaftsbilde des heutigen Russlands.

Der Rätegedanke ist uralt. Räte sind im eigentlichen Sinne nichts andres als die Vereinigung Gleichberechtigter zur Beratung ihrer eigenen gemeinsamen Angelegenheiten. Diese Bedeutung hatten die Gemeindeversammlungen des Altertums, die Gilden des Mittelalters, die Sektionen der französischen Revolution und der Kommune. Das Rätewesen als Zusammenarbeit von Ratgebern und Ratholern auf Gegenseitigkeit ist über die Bestimmung der Interessenvertretung in sich verbundener Menschengruppen hinaus die natürliche Organisationsform jeder Gesellschaft überhaupt, welche die Leitung der öffentlichen Sachen von einer staatlichen Spitze aus durch die Ordnung von unten herauf, durch Föderation, Bündnis und unmittelbaren Zusammenschluss der Arbeitenden zur Regelung von Arbeit, Verteilung und Verbrauch ersetzt sehn will. Der Anarchismus stellt von jeher diese föderative Gestaltung der gemeinschaftlichen Notwendigkeiten dem zentralistischen Prinzip gegenüber. Die Organisation von den Arbeitsstätten und Arbeitsbeziehungen aus, das ist die politische und wirtschaftliche Gesellschaftsform der Anarchisten, das ist die staatlose, die dem Staat entgegengesetzte Gesellschaftsform der Anarchie. Die Bezeichnung der Organe dieser unmittelbar wirksamen Beeinflussung des Lebens durch die Arbeit als "Räte" wurde zum ersten Male auf dem Baseler Kongress der I. Internationale (5. bis 12. September 1869) laut, und zwar entwickelte der belgische Anarchist Hins in seinem Kommissionsbericht über die künftige Bedeutung der Gewerkschaften den Gedanken, dass in einer sozialistischen Gesellschaft die Vereinigung der Gewerkschaften eines Ortes die Kommune bilden, während die nationalen (regionalen) Verbände die Arbeitervertretung sein würden. Die Staatsregierung würde durch Räte aus den Föderationen der Berufe und durch ein Komitee ihrer Delegierten ersetzt. So würden die Arbeitsbeziehungen die politischen Beziehungen in sich schließen. Jede Industrie werde ein Gemeinwesen für sich sein und auf diese Weise die Rückkehr zum alten Zentralisationsstaat für immer unmöglich gemacht werden. Die alten politischen Systeme würden also ersetzt werden durch die Repräsentation der Arbeit.

Diese Ausführungen, mit denen Hins vor 61 Jahren die moderne syndikalistische Bewegung aus der Taufe hob, haben eine geschichtliche Bedeutsamkeit, deren Umfang und Tiefe erst in unsern Tagen, da der Rätegedanke zur befruchtenden Idee der revolutionären Arbeiterschaft aller Länder geworden ist und schon jetzt durch seine Verfälschungen in der Praxis diskreditiert zu werden droht, klar zu erkennen ist. Hierbei kommt es gar nicht darauf an, dass der Ausbau der kapitalistischen Industrialisierung die revolutionäre Gestaltung der Räte nicht mehr von Berufs- oder Industrieverbänden, sondern unmittelbar von den Belegscharten der einzelnen Betriebe und ihrer örtlichen und regionalen Verbindungen erwarten lässt. Es kommt allein darauf an, dass auf dem Baseler Kongress bereits der Sinn der Forderung "Alle Macht den Räten !" mit unzweideutiger Klarheit festgestellt worden ist, auf jenem in jeder Hinsicht denkwürdigen Kongress, von dem Max Nettlau sagt, er sei "bis heute die einzige große Versammlung geblichen, in der Sozialisten und Anarchisten aller Richtungen, in natürlichen Proportionen vertreten, ruhig diskutierten, sich über manches verständigten, in anderem differierten und friedlich auseinandergingen". Wir wissen, was die fernere Zusammenarbeit der verschieden gerichteten revolutionären Arbeiterorganisationen verhindert hat: der Glaube an das Heil der Zentralgewalt, der seine Verkünder zwangsläufig zu der Auffassung führt, dass nur sie sie ausüben dürfen; folglich der Widerstand aller Stolzen und Freien innerhalb der Arbeiterbewegung gegen die Zumutung, anstelle der Staatsautorität die Autorität von sich selbst ernannter Befehlsgeber des Proletariates ertragen zu sollen; dann die inneren Kämpfe zwischen den Führerschaften, die sich als Kommandeure und Nutznießer der proletarischen Klassenbewegung bereits als Beamte der künftigen Zeit fühlen und im Gegenwartsstaat einüben, endlich die Umbiegung aller revolutionären Begriffe zu Werkzeugen der Macht Weniger über die Gesamtheit. Hierfür ist Russland das schlimme Beispiel geworden, wo die Revolution unter der gemeinsamen Forderung "Alle Macht den Räten!" den herrlichsten Sieg erkämpfte und wo es Autoritären gelang, alle Macht in ihre eigenen Hände zu bringen, die Räte zu regierungsergebenen Staatsorganen zu machen, ihre Wahl von der Zugehörigkeit oder mindestens Billigung einer jede Kritik unterbindenden, die Freiheit des Proletariats schlimmer als die der Kapitalisten unterdrückenden Partei abhängig zu halten und in der Welt die Meinung zu verbreiten, Russland sei eine Sowjetrepublik, aus seinem Boden wachse "Sowjetgetreide", aus seinen Naphthaquellen fließe "Sowjetöl" und in den Einkerkerungen, Verbannungen, Verfolgungen, Beschimpfungen und Verleumdungen aller, die den Losungen von 1917 die Treue gehalten haben, erweise sich die wahre Erfüllung des Sowjetsystems: Alle Macht den Räten!

Wie stellen wir uns die "Repräsentation der Arbeit" vor, die Hins als Trägerin der Zukunft anstelle des in Russland bevorzugten staatskapitalistischen Systems verkündete? Wir nehmen den Ruf "Alle Macht den Räten" wörtlich. Wir dulden keine Macht, die sich über den Räten festsetzen will. Wir verstehen mit Bakunin unter der Errichtung der Räterepublik "die vollständige Liquidation des politischen, juridischen, finanziellen und verwaltenden Staates, den öffentlichen und privaten Bankrott, die Auflösung aller Macht, Dienste, Funktionen und Gewalten des Staates, die Verbrennung aller Dokumente, der öffentlichen und privaten Akten". In unsrer Revolution wird sich das Proletariat beeilen, "sich so gut es geht, revolutionär zu organisieren, nachdem die in Assoziationen vereinigten Arbeiter die Hand auf alle Arbeitswerkzeuge, Kapital jeder Art und die Gebäude gelegt, sich bewaffnet und nach Straßen oder Vierteln organisiert haben". Die Kommunen der verschiedenen Orte werden sich dann föderieren, "zur gemeinsamen Organisation der nötigen Leistungen und Beziehungen für Produktion und Austausch, für die Aufstellung der Verfassungsurkunde der Gleichheit, der Grundlage jeder Freiheit, einer absolut negativ gearteten Charte, die mehr festsetzt, was für immer abgeschafft werden muss, als die positiven Formen des lokalen Lebens, die nur durch die lebendige Praxis jeder Örtlichkeit geschaffen werden können; ferner für die Organisation einer gemeinsamen Verteidigung gegen die Feinde der Revolution und für Propaganda, Bewaffnung der Revolution nebst praktischer revolutionärer Solidarität mit den Freunden in allen Ländern gegen die Feinde in allen Ländern". (Brief Bakunins an Albert Richard vom i. April 1870 über die Aufgaben der Pariser Kommune).

Um schließlich die lebendige Wesenheit der Räte aufzuzeigen, die Form der Delegation, die die Gefahr ausschließt, dass sich Vertreter des Proletariats zu Vorgesetzten ihrer Auftraggeber erheben, wie es im Staat und in allen zentralistischen Organisationen der Fall ist, seien ein paar Sätze wiederholt, die den Standpunkt des FANAL in der ersten überhaupt erschienenen Nummer vom Oktober 1926 deutlich machen sollten. Da hieß es im Artikel "Staatsverneinung": "Die Verwaltung des Gemeinwesens durch die von den Arbeitsstätten aus von unten nach oben wirkende föderative Organisation der Räte, die von den revolutionären Kommunisten aller Schattierungen angestrebte Räterepublik, kann niemals ein Staatsgebilde sein. Staat setzt Regierung voraus, das ist obrigkeitliche Befehlsgewalt und Rangordnung. Die Räterepublik ist charakterisiert in der Forderung ... : Alle Macht den Räten! Räte sind die aus den Produktionsbetrieben unmittelbar entsandten, für jede Einzelfrage nach besonderer Eignung ausgesuchten, stets abberufbaren und auswechselbaren, unter dauernder Kontrolle der Werktätigen nach deren eigenen bindenden Beschlüssen handelnden Delegationen der industriellen und landwirtschaftlichen Betriebsbelegschaften. In den Räten ist also die gesamte städtische und ländliche arbeitende Bevölkerung zur direkten Ausübung aller Verwaltungsfunktionen des Gemeinwesens zusammengeschlossen. Die Leitung der Verwaltungsaufgaben in den gemeinsamen Angelegenheiten weiterer und weitester Bezirke geschieht durch Unterdelegationen dieser Räte zu Kreis-, Provinzial-, Landesräte-Kongressen nach dem gleichen Grundsatz der Verantwortung nach unten, der Abberufbarkeit, des gebundenen Mandats, bis hinauf zu den höchsten Exekutivorganen, dem Zentralexekutivkomitee und dem Rat der Volksbeauftragten, denen keine Legislative, sondern durchaus nur die Ausführung des Willens der im Produktionsprozess unmittelbar Tätigen zusteht und die, stets gewärtig, den Platz im Ganzen oder für einzelne Aufgaben berufeneren Genossen räumen zu müssen, immer nur Beauftragte, nie Auftraggeber sind."

Alle derartigen Versuche, künftige Dinge in Worten und Thesen festzulegen, können der Wirklichkeit immer nur auf die Richtung hinweisen, in der Freiheit und Sozialismus liegt. Finden muss sie die schaffende Menschheit selber. Es ist ja vollkommen gleichgültig, ob sich die Räte ein zentrales Exekutivkomitee und einen Rat der Volksbeauftragten schaffen oder nicht. Tun sie es, so müssen sie achtgeben, dass es in der Tat ausführende Organe bleiben und nicht auf Schleichwegen eine Gesetzgeberei aus ihren Funktionen machen; unterlassen sie es aber, so müssen sie eben ein andres Mittel finden, um die Aufgaben der Gesamtheit wie Beleuchtung der Dörfer und Städte, Verkehrswege, Brückenbauten, Medizinal- und Schulwesen, kurz alle die Dinge zu regeln, die nicht von einem Betriebe oder einem Stadtviertel aus allein geordnet werden können. Tausenderlei Fragen werden sich erst aufwerfen, wenn es ans Handeln geht. Mit dem Höchstmaß von Vertrauen zur Kraft des gemeinsamen Willens und mit dem Mindestmaß von Vertrauen zu jeglicher von oben her zudrängenden Anordnung kann jede Frage im freiheitlichen Geiste gelöst werden. Nur glaube niemand, die Arbeiter könnten die Produktion einfach übernehmen, indem sie die Maschinen, die sie vorfinden, in den gleichen Fabriken wie jetzt in gleicher Menge die gleiche Ware herstellen lassen. Mit der "Sozialisierung" von Fabriken ist gar nichts getan, wenn nicht zugleich der Markt, für den sie Produkte liefern, sozialisiert wird. Alles, was die Revolution vorfindet, ist ausschließlich für die kapitalistische Wirtschaft eingerichtet, das heißt: die Arbeit dient nicht dem nötigen Bedarf, sondern dem Profit; es wird Überflüssiges hergestellt, dringlich Wichtiges für die arbeitenden Massen wird vernachlässigt. Ebenso ist die Verteilung nicht organisiert nach dem Gesichtspunkt, dass jede Ware auf schnellstem Wege vom Produzenten zum Konsumenten gelangt, sondern nach den Gewinnberechnungen des Zwischenhandels, und endlich ist der Verbrauch nicht geordnet nach dem Bedürfnis der Verbrauchenden, sondern nach deren Kaufkraft. Es ist Aufgabe der Räte - und nur, wenn tatsächlich alle Macht in ihren Händen ist, können sie dieser Aufgabe gerecht werden -, vom ersten Tage der Revolution an die kapitalistische Organisation der Wirtschaft radikal aufzulösen und Arbeit, Umlauf und Verbrauch sofort umzustellen auf den Bedarf der Arbeitenden in den Städten und auf dem Lande nach Ernährung, Bekleidung, Behausung und Erholung. Hier erwachsen den die unverfälschte Räterepublik anstrebenden Arbeiter- und Bauernorganisationen schon jetzt wichtige Aufgaben statistischer Art, und es wäre gut, wenn sich Revolutionäre zusammenfänden, um die Erfordernisse einer staatlosen Gesellschaft an Hand der vorhandenen und zu schaffenden Möglichkeiten zur Umstellung von Fabriken, Beschaffung von Rohstoff, gegenseitiger Versorgung und was dazu gehört, zu errechnen.

Endlich aber darf nie aus den Augen schwinden, dass nur dann kein Staat ist, nur dann die Räte wirklich unumschränkt wirken können, wenn alles öffentliche Leben von den Gemeinden ausgeht; dass, was immer innerhalb der Gemeinde ausgetragen werden kann, innerhalb der Gemeinde bleiben muss und dass die expansiven Erfordernisse der Wirtschaft zentrifugal von den Gemeinden aus betrieben werden müssen. Gustav Landauer hat im Februar 1910 im "Sozialist" in zehn Punkten "Leitsätze der Politik" aufgestellt, die, da sie in keines seiner Bücher aufgenommen sind, hier wieder abgedruckt werden sollen. Ein Blick in diese Sätze genügt, um auch hier, obwohl das Wort Räte nicht gesagt wird, die Übereinstimmung mit der Forderung der anarchistischen Räterepublik zu erkennen:

1. Jeder erwachsene Mann und jede erwachsene Frau ist selbständig in den eigenen Angelegenheiten.
2. Die Gemeinde erkennt an, welches die eigenen, unanrührbaren Angelegenheiten des Einzelnen in dieser Gemeinschaft sind.
3. Jede Gemeinde ordnet ihre eigenen Angelegenheiten selbständig.
4. Die Träger der Gemeindepolitik sind die permanent lagernden Berufsverbände, die zeitweilig in Gesamtheit zu allgemeinen Volksversammlungen zusammentreten. Diese Gemeindevertretungen ernennen Beauftragte zu selbständigem Handeln im Dienste der Gemeinde und ersetzen sie auf Grund souveräner Beschlüsse durch andre.
5. In den Angelegenheiten der Gemeinschaft zwischen den Gemeinden treten die Gemeinden zu Kreisverbänden, Provinzen und Landtagen zusammen.
6. Die Abgeordneten zu diesen Tagungen haben lediglich den Willen der Gemeinden auszuführen. Sie haben imperatives Mandat, stehen unter der ständigen Kontrolle der Gemeinde und können jederzeit abberufen und durch andre ersetzt werden.
7. Zum Vollzug der Anordnungen, die durch diese Verbände im Interesse der engeren und weiteren Gemeinschaften getroffen werden, werden Amtleute ernannt, die dem Volk, das ihnen den Auftrag gegeben hat, verantwortlich sind.
8. Die Gemeinden und die engeren und weiteren Gemeinschaften aus Gemeinden setzen jeweils die Art fest, wie ihre Beschlüsse zustande kommen sollen.
9. Es bleibt der Entscheidung der Gemeinden überlassen, ob sie an den Beschlüssen und Betätigungen der engeren und weiteren Gemeinschaften teilnehmen wollen oder nicht.
10. Es gibt keine öffentlichen Gewalten als die von der Gemeinde eingesetzten und anerkannten.

Aus allem, was hier und im Vorigen gesagt wird, kann ein erschöpfendes Gesellschaftsbild allerdings nicht entnommen werden. Wer aber den Sinn der Forderung "Alle Macht den Räten" nicht erfüllt, weil der Staat zutiefst in ihm sitzt, auf den werden wir beim Aufbau des anarchistischen Sozialismus ohnehin kaum zu rechnen haben. Viele werden - wir kennen ja alle die Einwendungen von Staatstreuen und Parteimenschen - meinen: Fangts an, wie ihr wollt, es wird doch immer ein Staat draus werden. Wir wissen, dass sie es sind, die alles versuchen werden, um den Staat draus werden zu lassen. Wer aber ein richtiger Spießbürger ist, der wird sogleich Dutzende und Hunderte von Alltagshindernissen wissen, welche sich der Vernunft, der Gerechtigkeit und der Freiheit schon entgegenstellen werden, so dass wir nie zum Ziele kommen können. Sie haben ganz recht: es wird nicht leicht sein. Es gehört ein Wille dazu, der Berge versetzen kann. Der Wille der Detailkrämer des Zweifels und der Besorgnisse reicht aber gewöhnlich noch nicht einmal dazu, einem Ideal zuliebe die Uhrkette zu versetzen. Die Marxisten werden uns dialektisch beweisen, dass die Rätemacht gar keine Rätemacht sein kann, sondern nur eine Stalin- oder Heinz-Neumann-Diktatur, und die Sozialdemokraten werden uns fragen, warum wir denn noch nicht einmal mit dem freien Volksstaat von Weimar zufrieden sind und durchaus auf einer staatlosen Rätegesellschaft bestehen. Es ist wahr, die Formel "Alle Macht den Räten" bedeutet das Bekenntnis zu einer vollständigen Umwälzung der Grundlagen des gesellschaftlichen Seins. Gegen eine Revolution von den Wurzeln aus aber sträubt sich der Mensch, der noch irgend Hoffnung hat, aus den Wurzeln der Gegenwart Kraft zu saugen. Nur wem die Gegenwart nichts mehr bietet als Abscheu vor ihren Erbärmlichkeiten und Tücken, wird einer Zukunft den Weg frei machen wollen, auf den kein Erbgut des Früheren mitgenommen werden kann. Die russischen Kommunisten sind gescheitert, weil sie nicht den Mut hatten, mit der Vergangenheit zu brechen. Sie haben den Staat mit den Räten verquicken wollen. Der Staat ist geblieben, stärker als je zuvor, die Räte sind Werkzeuge des Staates geworden, also keine Räte mehr. Wer aber fragt: Wird es nicht wieder so kommen? Sind es nicht Menschen, mit denen ihr ausziehen wollt, die Freiheit zu errichten, schwache, autoritäre, geknechtete, knechtende, gehorsame und törichte Menschen? Wie wollt ihr fertig werden mit den Widerständen der geistigen Trägheit und der anerzogenen Ehrfurcht vor Kirche, Schule, Familie und Staat? - wer so fragt, dem wollen wir entgegensetzen unsern Willen, unsern Mut und unsre Überzeugung. Denn die Gegenwart soll an die Zukunft keine Fragen stellen, sondern Forderungen!

Die Freiheit als gesellschaftliches Prinzip

Die Geschichte der Menschheit mit ihren Kriegen und Revolutionen, mit ihren Bestrebungen um Änderung, Besserung, Beseitigung oder Erhaltung von Zuständen und Einrichtungen, mit all ihren politischen, wirtschaftlichen, religiösen und gesellschaftlichen Auseinandersetzungen und Kämpfen vollzieht sich in immer veränderten Forderungen dennoch immer mit derselben Begleitmusik. In allen Zeiten, bei allen Völkern, wo Meinung gegen Meinung, Losung gegen Losung stand und steht, empfehlen sich die Beschützer des Alten wie die Pioniere des Neuen als die Sachverwalter der Freiheit. Es gibt keine Bewegung, hat nie eine gegeben und kann keine geben, die erfolgreich um Anhang für sich werben könnte, wenn nicht auf ihrer Standarte das Bekenntnis zur Freiheit beschworen ist. Wo Ziele erstrebt werden, die über materielle Nützlichkeit hinausreichen oder doch hinauszureichen scheinen, kann Gefolgschaft nur mit sittlichen Zwecksetzungen gewonnen werden; zum sittlichen Begriff schlechthin aber, dem alle übrigen sittlichen Werte ein- und untergeordnet sind, der die hohen seelischen Eigenschaften der menschlichen Gesellschaft wie Ehre, Ruhm, Kultur, glückliche Verbundenheit, in der natürlichen Vorstellung aller zur Gefolgschaft geeigneten Massen umfasst, wird von allen verschiedenen und entgegengesetzten Parteien und Vereinigungen die Freiheit erhoben. Denn das Wort Freiheit ist im Sprachgefühl der Menschen das einzige, das in sich die Eigenschaften der individuellen Tugend mit denen eines gesellschaftlichen Ideals verbindet.

Daß offenbar jeder Mensch die Freiheit als gesellschaftliches Ideal empfindet, ist ein Beweis dafür, daß die Sehnsucht nach individueller Freiheit in der menschlichen Natur selber begründet ist. Dieser Sehnsucht nach persönlicher Steigerung der Lebenswerte muß jede Werbung Rechnung tragen, die die allgemeine Erhöhung des Kollektivgefühls zu bewirken verspricht. Daher und weil bei primitiven Menschen ebenso wie bei differenzierten das Streben nach veredelter Gemeinschaft durchaus gleich empfunden wird mit dem Streben nach vermehrter Freiheit in der Verbundenheit aller, spielt sich fast aller öffentliche Kampf um die Geister der Menschen als ein Wettstreit der Weltanschauungen, der politischen und wirtschaftlichen Bekenntnisse und der sozialen Grundsätze ab, die eigene Freiheitlichkeit als die beste zu erweisen, das fremde und feindliche Prinzip als freiheitswidrig herabzuwürdigen. Wäre nun die Freiheit im Sprachbewußtsein der Menschen ein klar erkanntes und in ihrer Bedeutung einhellig erfasstes sittliches Gut, dann bedürfte es keiner konkurrierenden Anpreisung gesellschaftlicher Programme unter dem Gesichtspunkt der Freiheit, dann wäre es leicht, unter den empfohlenen Systemen dasjenige herauszufinden, das der positiven Forderung am nächsten käme oder gar sich mit ihr deckte.

Leider verbindet sich jedoch bei den meisten Menschen mit dem Wort Freiheit nur ein ganz verschwommener Empfindungswert, so daß aus dem gesellschaftlichen Begriff, der aus dem stärksten ethischen Drang des Menschen stammt, die seichteste aller öffentlichen Phrasen werden konnte. Es gibt in den vielen Jahrtausenden übersehbarer Menschengeschichte keine Tyrannis, keine Unterdrückung und Vergewaltigung von Arbeits- und Willenskräften, die sich nicht des Freiheitsverlangens ihrer Opfer bedient hätte, um zur Macht zu kommen. Der Sklave nämlich stellt sich fast niemals die Freiheit vor, sondern leidet nur unter der greifbar erlebten Unfreiheit und läßt sich somit leicht überreden, neue Knechtschaft auf sich zu laden, wenn nur der neue Herr die glaubhafte Zusicherung gibt, er werde ihn aus der alten Knechtschaft befreien. Die Erfolglosigkeit aller bis jetzt geführten Kämpfe um gesellschaftliche Freiheit hat also ihre Ursache darin, daß sie nie für die Erringung wahrhaft freien Lebens, für einen positiv von Freiheit durchdrungenen sozialen Zustand geführt wurden, sondern ihren Ausgang nahmen von der Unerträglichkeit des Bestehenden und ihr Ziel begrenzten auf die rein negative Befreiung von dieser Unerträglichkeit.

Das Versprechen: wir werden euch, das Volk, den Staat, die Gesellschaft, die Menschheit befreien!; die Aufforderung: befreit euch, das Volk, den Staat, die Gesellschaft! hat mit Freiheit nur insofern zu tun, als in diesen Parolen ihr Nichtvorhandensein anerkannt und als Übel festgestellt wird. Was dagegen aufgestellt wird, beschränkt sich in fast allen Fällen auf die Ausmalung von Verhältnissen, die sich durch Abwesenheit der Dinge auszeichnen werden, deren Ausmerzung Sinn der Befreiung sein soll. Umgekehrt begegnen aber auch die Hüter der befehdeten Einrichtungen, Zustände oder Gebräuche dem Appell, sich von ihnen zu befreien, mit dem Beweise, daß alles, was sie ersetzen soll, dem Geiste der Freiheit widerspreche, und die Einen wie die Anderen lassen die Darstellung der Unfreiheit des Bekämpften als Überzeugungsgrund dafür gelten, daß die von ihnen gewünschten oder verteidigten Werte den Charakter der Freiheit trügen. Es bleibt also zu untersuchen, ob der Begriff der Freiheit als gesellschaftliches Prinzip überhaupt in positiver Formulierung zu fassen ist und wie die Organisation der Gesellschaft beschaffen sein müßte, die die Freiheit zum lebensbewegenden Inhalt des menschlichen Zusammenhalts machen wollte.

Es kann sich hier natürlich nicht um eine philosophische Deutung des Freiheitsbegriffes handeln, wie sie etwa Schopenhauer in seinen zwei Grundproblemen der Ethik vornimmt. Allerdings ist auch nicht darauf zu verzichten, das gesellschaftliche Problem der Freiheit als ein Problem der Ethik zu betrachten. Doch ist es nur deswegen nicht überflüssig, die Notwendigkeit solcher Betrachtung aus ethischen Gesichtspunkten besonders zu betonen, weil leider die Behandlung gesellschaftlicher Fragen als Fragen vorwiegend sittlicher Natur längst nicht mehr überall als selbstverständlich zu gelten scheint. Vermehrte gesellschaftliche Freiheit wird dazu helfen, das Primat der Ethik für alle auf die Beziehung der Menschen zu einander gerichteten Erörterungen sicherzustellen. Hiermit ist aber schon gesagt, daß der gesellschaftlich genommene Freiheitsbegriff auch keineswegs schlechthin als politischer Wert aufgefasst werden darf. Zwar wirkt sich bestehende und mangelnde Freiheit wesentlich politisch aus, in dem weiten Sinne nämlich, daß alle Herrschaft, auch wirtschaftlicher Macht, politisch gefügt sein muß, um sich zu erhalten. Aber Politik betrifft in viel zu enger Weise wandelbare Einrichtungen und auf Widerruf statuierte Bindungen, als daß ein Ewigkeitsprinzip menschlicher Verständigung sich in ihren Methoden verwirklichen ließe.

Die zu lösende Frage ist diese: Der Mensch strebt nach Erfüllung seiner individuellen Möglichkeiten. Er will seinen einmaligen, von allen anderen Menschen unterschiedenen Charakter mit den darin begründeten Fähigkeiten, Neigungen, Kräften, Leistungs- und Genußanlagen unabhängig von auferlegtem Zwange frei entwickeln und verwerten. Diese Unabhängigkeit, die Selbstbestimmung und Selbstverantwortung in sich schließt, ist seine Vorstellung von Freiheit; ohne sie kann es keine Freiheit für ihn geben. Die Menschen aber sind auf ihre Arbeit angewiesen und zwar jeder auf die Arbeit aller, alle auf die Arbeit eines jeden. Infolgedessen ist die Gemeinschaftsaufgabe jeder Gesellschaft, die sogenannte soziale Frage zu lösen, d.h. Arbeit, Verteilung und Verbrauch so zu organisieren, daß Leistung und Verwendung in das richtige Verhältnis zum Ertrage der Erde gebracht werden. Unter gesellschaftlicher Freiheit wird nun gemeinhin verstanden, daß die Organisation der gemeinsamen Arbeit der Willkür und dem Nutzen Einzelner entzogen und der Gesamtheit des produzierenden und konsumierenden Volkes übertragen werde. Ist nun - und das entscheidet, ob die Freiheit als gesellschaftliches Prinzip bestehen kann, - eine Regelung der menschlichen Beziehungen erreichbar, bei der das Höchstmaß verbundenen Werteschaffens zum Nutzen aller und unter Ausschaltung der Willkür Einzelner geleistet wird, - und gleichzeitig die Persönlichkeit zur vollen Entwicklung ihrer Fähigkeiten, zum vollen Ausleben ihrer Kräfte, zur vollen Befriedigung ihrer Bedürfnisse gelangen kann?

Der marxistische Sozialismus bejaht mit Entschiedenheit die Lösbarkeit der sozialen Frage, also die Organisierbarkeit der Arbeit in der Form, daß der Ertrag jeder Leistung dem Leistenden selber zugute kommt. Er postuliert dazu - und darin begegnen sich alle Lehren des Sozialismus - die Vergesellschaftung des Grundes und Bodens und der Produktionsmittel, sohin die Beseitigung des Herrentums über die Arbeitskraft anderer Menschen. Ohne Zweifel ist hier eine Voraussetzung nicht nur kollektiver, sondern auch individueller Freiheit erfüllt. Doch beschränkt sich der Marxismus auf die Forderung der ökonomischen Gleichstellung der Menschen. Marx und Engels, denen Lenin hierin folgt, stellen zwar als letztes Endziel und schließlich Folgerung der sozialisierten Wirtschaft die Überwindung des Staates und die Vollendung des freiheitlichen Kommunismus hin, wonach jeder nach seinen Fähigkeiten schaffen, jeder nach seinem Bedarf verbrauchen soll, doch gelangt bei ihnen die freiheitliche Zielsetzung nirgends über hypothetische Hindeutungen hinaus. Ihre Theorien erschöpfen sich in wirtschaftlichen Analysen der bestehenden und anzustrebenden Produktionsformen und gewähren der Darstellung der Freiheit als gesellschaftliche Grundeigenschaft so gut wie keinen Raum.

Die nichtsozialistischen Gesellschaftslehren, soweit sie dem Worte Freiheit höheren Wert als nur den einer Werbeformel beimessen, gehen von der bekannten Behauptung des Malthusischen Gesetzes aus, daß der Ertrag der Erde niemals gleichen Schritt halten könne mit der Vermehrung der Bevölkerung und daher der volle Genuß des Lebens von Natur wegen einer bevorzugten Schicht vorenthalten sei. Der Satz des Malthus ist so oft und so gründlich widerlegt worden, ist zumal durch die Kulturmethoden der intensiven Landbewirtschaftung auch praktisch so vollkommen entwertet, daß von ihm kaum mehr etwas anderes übrig geblieben ist als die Freiheitsformel des liberalistischen Kapitalismus vom freien Spiel der Kräfte. Selbstverständlich findet hier, wo nur die ungestörte Konkurrenz zwischen bevorrechtigten Besitzenden gemeint ist, der Begriff der gesellschaftlichen Freiheit keine Anwendung, noch auch da, wo sich die Freiheitsforderung mit nationalen, rassemäßigen, konfessionellen oder Standesegoismen identifiziert. Das Vorhandensein von Herrschergewalt irgendwelcher Art, sei es in Form wirtschaftlicher Vormacht, sei es in Form politischer Obrigkeit oder sonstwelchen Privilegien ist mit dem Gedanken der gesellschaftlichen Freiheit schlechterdings unvereinbar, und eine Freiheit, welche sowohl dem Individuum seine Unabhängigkeit als der Gesamtheit ihre Entfaltungsmöglichkeiten läßt, kann nicht bestehen, wo verhängte Dienstpflicht, Autorität, Regierung und Staat besteht. Will auch der Liberalismus dem Staat den Eingriff in die Selbstbestimmung der Wirtschaft verwehren und nennt die Fernhaltung der politischen Obrigkeit vom Konkurrenzkampf der Ökonomie mit dem Namen der Freiheit, so setzt diese Lehre doch zugleich die Unterwerfung der Arbeit unter den Besitz voraus, und will der Staatssozialismus im Gegenteil das Gesetz regierender Organe zum Regulativ der Wirtschaft und des Verhaltens der Menschen zu einander machen, so scheidet er eben das Individuum aus der Festsetzung der eigenen Lebensformen aus. Der Begriff der gesellschaftlichen Freiheit ist in keinem dieser Fälle anwendbar.

Der grundlegende Irrtum aller Lehren, die bei Erhaltung des Autoritätsprinzips die Freiheit glauben fördern zu können, beruht auf der Verwechslung der Begriffe Regierung und Verwaltung. Worauf es bei einer Neuorganisation der Gesellschaft im Geiste der Freiheit ankommt, hat Michael Bakunin in die klare Formel gefaßt: Nicht Menschen regieren, sondern Dinge verwalten! Die Aufgabe derer, die Freiheit zum gesellschaftlichen Prinzip erheben wollen, besteht demnach darin, das gemeinsame Wirtschaften der aufeinander angewiesenen Menschen von der Leistung einer Gehorsamkeitspflicht gegen empfangene Befehle zur Erfüllung eines Kameradschaftsdienstes auf Gegenseitigkeit zu machen. Nichts ist verkehrter als die Meinung, der Mensch arbeite nur unter der Peitsche der Kommandogewalt. Im Gegenteil: die Unlust an der Arbeit, die vielfach schon für eine schicksalsgegebene menschliche Eigenschaft gehalten wird, hat ihren einzigen Ursprung im Gefühl, unter dem Zwange regierender Befehlshaber auferlegte Arbeit zu tun. Wo das Bewußtsein lebendig ist, daß Mensch sein Kamerad sein bedeutet und daß Kameradschaft ebenso notwenig ist zur Befriedigung der Lebensnotdurft wie zum Genuß der Freude und zum Ertragen des Leides, da kann der Gedanke keine Stätte haben, der die Beschaffung von Nahrung, Bekleidung und Behausung glaubt von obrigkeitlicher Satzung und aufpassender Disziplinargewalt. Nicht einmal darauf kommt es an, daß die Obrigkeit auf demokratischem Wege eingesetzt ist, sondern darauf, daß es keine Obrigkeit gibt und alle gesellschaftliche Funktion Funktion der Kameradschaft ist. Demokratie ist nur das technische Verfahren, in dem die Regierten ihre Regierer selbst einsetzen. Das demokratische Verfahren aber setzt wie jedes andere Regierungssystem voraus, daß die notwendigen Dinge der Gesellschaft nur verrichtet würden, wenn die Menschen unter Zwang gehalten werden. Diese Voraussetzung trifft indessen nur zu, solange Arbeit geleistet werden muß, deren gesellschaftlichen Wert der Arbeitende nicht erkennt und deren Ertrag nicht ihm noch der Gesamtheit, sondern einem fremden Gewinn- oder Machtzweck zufällt.

Somit deckt sich der Begriff der gesellschaftlichen Freiheit nahezu vollständig mit dem der allgemeinen Kameradschaft unter den Menschen und es erhebt sich die Frage aller Fragen, ob und in welcher Weise diese Kameradschaft zum bestimmten Antrieb des gemeinnützigen Tuns aller gemacht werden kann. Dieser Frage ist Peter Kropotkin in seinem schönen Werk über die gegenseitige Hilfe in der Tier- und Menschenwelt wissenschaftlich nachgegangen und kommt nicht nur zur Bejahung der Frage, sondern zu dem Ergebnis, daß die Solidarität eine naturgegebene Eigenschaft aller lebenskräftigen Geschöpfe ist. Alle kameradschaftlich lebenden Tiere gründen ihr Gemeinschaftsdasein ausschließlich auf die natürliche Veranlagung zur kameradschaftlichen Brüderlichkeit, die, wie Kropotkin eindringlich dartut und wie Darwin bestätigt, die den Kampf der Arten gegeneinander ergänzende Lebensform zur Erhaltung der Arten darstellt. Die Jagdgemeinschaften der Wölfe sind ebenso wie die Massenwanderungen des Damwildes zur Auffindung fruchtbarer Wohngebiete Beispiele in Freiheit organisierten gesellschaftlichen Lebens. Hier wirkt kein Staat, also keine zentrale Regierungsmaschinerie, sondern Anarchie, deren Wesen Gustav Landauer als Ordnung durch Bünde der Freiwilligkeit kennzeichnet. In dem philosophischen Ergänzungswerk zu seiner naturwissenschaftlichen Arbeit über die Gegenseitige Hilfe, in der "Ethik" setzt aber Kropotkin den Begriff vollständig gleich mit dem der Freiwilligkeit, wie er die Begriffe Gerechtigkeit und Gleichheit mit dem der Gleichberechtigung gleichsetzt. Durch diese klaren Deutungen der im allgemeinen Gebrauch reichlich verwaschenen Worte Freiheit und Gleichheit füllt sich ihr Wert mit jedem Mißverständnis entrücktem sozialen Inhalt. Zugleich jedoch leuchtet ein, daß Goethes immer wieder angezogene Äußerung, wo Gleichheit sei, könne keine Freiheit bestehen, vor der rechten Würdigung beider Begriffe nicht standhält. Im Gegenteil: Freiheit, als Freiwilligkeit jeder Leistung im Zusammenklang der Gesellschaft erfaßt, ist nur vorstellbar, wo Gleichheit im Sinne von Gleichberechtigung gilt. Gleichberechtigung aller in der menschlichen Gesellschaft aber bedingt Einheitlichkeit der wirtschaftlichen Voraussetzungen, unter denen die Menschen ins Leben treten und ihre Gaben und ihre Persönlichkeit zum eigenen Vorteil und zum Nutzen der Gesamtheit entfalten zu können. Diese Voraussetzungen scheinen nur im Sozialismus gegeben zu sein, wobei die Frage, ob der kollektivistische oder der kommunistische Sozialismus vorzuziehen sei, Zukunftssorge sein mag, die Erkenntnis hingegen, daß es staat- und herrschaftsloser Sozialismus sein muß, Bedingung gesellschaftlicher Freiheit ist. Goethe wollte mit seiner Behauptung die liberalistische Formel der französischen Revolution "Freiheit, Gleichheit, Brüderlichkeit" als leer tönende Redensart verdammen. Wenden wir diese Formel in der Bedeutung an: Freiwilliges Schaffen gleichberechtigter Individuen im Dienste gegenseitiger Hilfe, so erhalten wir das soziale Programm einer Menschengemeinschaft, in der die Freiheit das gesellschaftliche Prinzip ist.

Eine solche Auffassung widerspricht nicht, sondern bestätigt Goethes Lebensideal: Höchstes Glück der Erdenkinder ist doch die Persönlichkeit! Denn Persönlichkeit kann wertvolle Eigenschaften niemals losgelöst von der gesellschaftlichen Gesamtheit entfalten. Ja, Persönlichkeit und Gesellschaft können von jeder freiheitlichen Perspektive gesehen, nur als vollkommene Einheit begriffen werden. Die auf der Kameradschaft gleichberechtigter Menschen errichtete freie Gesellschaft ist ein Organismus, dem alle Elemente der Persönlichkeit innewohnen mit Einschluß selbst des individuellen Empfindungslebens, während jeder Mensch, der unter natürlichen, das heißt freiheitlichen Umständen lebt, sich nicht nur als Glied der gesellschaftlichen Kette, als Rädchen im Riesenapparat des gesellschaftlichen Geschehens fühlt, sondern durchaus als identisch mit der Gesamtheit, die für ihn genau so lebendige Wirklichkeit ist, wie sein eigenes körperliches und seelisches Sein. Mensch und Gesellschaft können unter freiheitlichen Lebensverhältnissen niemals in Gegensatz geraten, sie sind gleichwertige, einander ergänzende Ausdrucksformen desselben Zustands.

Daher ist auch, die Wirklichkeit einer freien Gesellschaft angenommen, die Freiheit des Einzelnen nicht begrenzt bei der Freiheit aller, wie das die reinen Individualisten postulieren; vielmehr kann tatsächliche gesellschaftliche Freiheit gar nicht zur Begrenzung der Freiheit des Einzelnen zwingen, da ja Freiheit der Persönlichkeit nicht bestände, wo sie im Widerspruch zur allgemeinen Freiheit wirken wollte. Die Willkür nämlich, die für sich selber Rechte in Anspruch nimmt, die in der gesellschaftlichen Einheit nicht begründet sind, hat mit Freiheit gar keine Berührung; sie ist Despotie, die Unfreiheit voraussetzt, ist somit selber abhängig von der

Bereitschaft anderer, sich Obrigkeit und Befehlsgewalt gefallen zu lassen und würde Gegensätze zwischen Gesellschaft und Mensch aufreißen, die die Natur nicht geschaffen hat und die dem Prinzip der Freiheit kraß zuwiderlaufen.

Die Gesellschaft der Freiheit ist ein Organismus, das heißt ein einheitliches und darum harmonisch schaltendes Lebewesen; das unterscheidet sie vom Staat und jeder Zentralgewalt, wo ein Mechanismus die Funktionen des organischen Lebens zu ersetzen sucht und wo nicht die Dinge der Gemeinschaft gemeinsam verwaltet, sondern die Menschen von anderen Menschen zur Innehaltung von auferlegten Pflichten zwangsweise angehalten werden. Es genüge hier, die beiden Möglichkeiten menschlichen Zusammenlebens einander gegenüberzustellen. Das System der Regierung von oben nach unten, das System der Zentralisation der Kräfte, hat sich in aller Welt durchgesetzt und bis jetzt, kaum ernstlich bedrängt, erhalten. Das System der Föderation von unten nach oben, des Bündniswesens, der Kameradschaft und der Freiheit, dieses System der Ordnung durch Bünde der Freiwilligkeit muß den Beweis seiner Verwendbarkeit in der wirklichen Welt aus der grauen Vorzeit der Menschheitsgeschichte und aus den täglichen Beispielen der uns umgebenden Tierwelt führen. Wer den Glauben an die Zukunft der Freiheit hat, wird ihn sich durch die Einwendungen der handfest praktischen Gegenwart nicht rauben lassen.

Von den Mitteln, wie die Menschen zum Zustand der Freiheit gelangen könnten, soll hier schon gar nicht gesprochen werden, um so weniger als unter den verschiedenen Richtungen, die auf das gleiche Ziel, darin durchaus keine Einheitlichkeit der Meinung besteht und Bakunin zum Beispiel weitaus andere Wege einschlagen wollte als etwa Tolstoi. Wer der Freiheit ergeben ist und den Gedanken rücksichtslos in sich aufgenommen hat, daß der Mensch frei sein wird, wenn es die Gesellschaft ist, die Gesellschaft der Freiheit aber nur von innerlich freien Menschen geschaffen werden kann, der wird bei sich selber und in seinem nächsten Umkreis mit dem Befreiungswerk beginnen. Er wird niemandes Knecht sein und wissen, daß nur der kein Knecht ist, der auch niemandes Herr sein will. Der Mensch ist frei, der allen anderen Menschen die Freiheit läßt und die Gesellschaft wird frei sein, die kameradschaftlich Gleiche in Freiheit verbindet.

Kulturfaschismus

Das in diesem Heft wieder ans Licht gezogene Aktionsprogramm der deutschen Faschisten, entworfen 1923 von dem beim Hitlerputsch in München gefallenen (angeblich, als die Schüsse krachten, vor Schreck gestorbene) Oberregierungsrat beim Bayrischen Justizministerium von der Pfordten, veröffentlicht 1926 vom Preußischen Innenministerium, ist ohne Zweifel noch heute in allen wesentlichen Teilen für die Erneuerer deutscher Sitte und deutschen Wesens maßgeblich. Die Arbeiter brauchen sich bloß zu vergegenwärtigen, dass Arbeitseinstellung und Aufforderung dazu mit dem Tode bedroht wird (§ 13), und dass Begünstigung wie Täterschaft bestraft wird (§ 25), so erkennen sie wohl, was los ist. Wer einem Menschen ein Stück Brot gibt, der zu verstehen gegeben hat, ein Streik könne helfen, wird, wie dieser Sünder selbst und wie alle, die seinen Rat befolgen, erschossen. Es sei wiederholt, dass das Reichsgericht, dessen Entscheidungen Gesetzeskraft haben, die Verfolgung der auf dieses Programm in Geheimbünden verpflichteten Nationalisten abgelehnt und ausdrücklich erklärt hat, solche Terrorbestimmungen hätten keine ungesetzlichen Tendenzen, seien nur Vorschläge an den Reichspräsidenten, in welchen Formen er mittels der bestehenden Verfassung eben diese Verfassung abschaffen und die Diktatur einfach auf Grund des Artikel 48 zum Dauerzustand machen könne. Das Reichsgericht hat somit entschieden, dass der Verwirklichung der Claß-Hugenbergschen Pläne die rechtsgültigen Gesetze der demokratischen Republik nicht entgegenstehen. Wer also den staatlichen Einrichtungen zutraut, sie würden in Deutschland die faschistische Umgestaltung abwehren, wird sich täuschen. Sie sind im Gegenteil alle nur am Werk, auf den vielseitigen Wegen der Demokratie einen Zustand bereits jetzt herzustellen, der den Hakenkreuzlern und Stahlhelmern die Mühe abnimmt, noch etwas umgestalten zu müssen. Die Republik wirft ihnen das faschistische Rechts-, Macht- und Kulturgebilde fertig in den Schoß, sodass sie nur noch gewisse Amtsbezeichnungen auszuwechseln brauchen und den organisierten Massenmord, unbeeinträchtigt von verschwörerischer Heimlichkeit, zur Tagespraxis des öffentlichen Rechtes erheben können.

Die republikanische Justiz ist, wie an dieser Stelle wieder und wieder behauptet und belegt wurde, nie darum besorgt gewesen, ihre politische Parteilichkeit zu Gunsten des Faschismus auch nur zu verhüllen. Die sozialdemokratischen „Novemberverbrecher" (nicht die entthronten Mächte, sondern die Proletarier sind die Opfer ihres Verbrechens) haben ja 1918-19 die monarchistischen Richter einfach im Amt gelassen, haben ihnen nicht einmal neue Gesetze zu judifizieren gegeben. Da sie ihre Herkunft nicht zu verleugnen brauchten, handeln die Richter nach dem Wort des ausgezeichneten französischen Menschenkenners Jules Michelet, der geschrieben hat: „Gebt mir die richterliche Gewalt, dann hütet wohl eure Gesetze und Verordnungen, diese ganze papierne Welt; ich mache mich anheischig, das euern Gesetzen widersprechendste System zum Triumph zu bringen." Indem sie aber das faschistische System zum Triumph brachten, sorgten sie zugleich durch Urteile, die offene Verhöhnung der Gesetze waren, die sie betreuen sollten, für empfehlende Personalakten, mit denen in Hitlers Reich zur weiteren Betätigung ihrer faschistischen Parteijustiz sofort legitimiert sind. Das Hohenzollernreich machte die Richter unabsetzbar, weil ihnen dadurch das Gefühl der Unabhängigkeit gestärkt wurde und an ihrer konservativen Gesinnung ohnehin keinerlei Zweifel möglich war; die Republik ließ sie unabsetzbar, weil die Nulpen, die die Staatsmacht in die Hände bekamen, aus lauter Bedientenangst nicht wagten, irgend ein Kleinod der plötzlich ererbten herrschaftlichen Utensilien aus dem plüschgepolsterten Etui zu nehmen. Die Faschisten werden die Unabsetzbarkeit bestätigen, weil sie ihr Prinzip zynischer Ungerechtigkeit wahrhaftig bei den deutschen Richtern der demokratischen Republik in gründlicher Erprobung gewahrt wissen.

Die Justiz ist also kein Bollwerk gegen das dritte Reich. Nun, dann haben wir ja gottlob die Polizei, von der jeder weiß – und wer es nicht weiß, dem bestätigt es Severing alle Tage –, dass sie eisern entschlossen ist, die Republik und alle ihre schwarzrotgoldige Freiheit zu beschützen. Eben hat sich gezeigt, was es mit der republikanischen Polizei selbst da auf sich hat, wo seit Jahr und Tag ein sozialdemokratischer Chef die Gesinnungsgüte der Gummiknutenschwinger überwacht. In Hamburg schießt ein Polizeiwachtmeister bei einem Verhör seinen Vorgesetzten schlankweg über den Haufen, um dadurch dem erwachenden Deutschland die Schmach zu demonstrieren, dass ein pensionsberechtigter Ordnungshüter der Republik einem Juden soll Rede und Antwort stehen müssen. Am Tage darauf überfallen in demselben Hamburg drei erwachende Teutonen einen Autobus und ermorden vor den Augen der übrigen Fahrgäste den kommunistischen Bürgerschaftsabgeordneten Henning. Es stellt sich heraus, dass die treibende Kraft des Meucheltrios bis vor kurzem Oberwachtmeister der Hamburger Schutzpolizei war. Man ist versucht, an der rein republikanischen und verfassungstreuen Gesinnung der dem Sozialdemokraten Schönfelder unterstellten Polizei leise Zweifel zu hegen. Aber da ist doch der Senator Adolf Schönfelder selber, der im Ernstfall die Schupo zu kommandieren hat. Stimmt. Dessen erste Tat nach den Bluttaten war, dass er nicht bloß die Nazipresse verbot, sondern zugleich auch die kommunistische. Wer daran zweifelt, dass die Repressalien gegen die Hitlerleute von kurzer, die gegen die Kommunisten von langer Dauer sein werde, der hat unsre zwölfjährige Republik sozialdemokratischer Observanz bis jetzt verschlafen.

Die Polizei hat gar keine Zeit zur Bekämpfung faschistischer Diktaturgelüste. Sie hat mit der Verprügelung und gelegentlichen Erschießung hungernder Arbeitsloser alle Hände voll zu tun und hilf damit die Politik sichern, aus der der Faschismus hervorwächst. Das ist die Politik, die bei fünf Millionen aus dem Produktionsprozess Entfernten den Brotpreis künstlich hoch hält, indem die faschistischen Grundbesitzer Ostelbiens ungeheure Zuwendung aus öffentlichen Mitteln erhalten, um die reiche Ernte verkommen zu lassen und für ihren Weizen das zweieinhalbfache des Weltmarktpreises fordern zu können. Für die Verzweifelten aber, die infolge solcher Praktiken das Brot bargeldlos aus den Läden nehmen, hat man ja Zuchthäuser, und im schwarzrotgoldenen wie im faschistischen Sprachgebrauch heißen sie die Plünderer, - nicht die Agrarier, Börsianer und Industriellen, die im Bunde mit den Gewerkschaften die Hungerlöhne der Proletarier immer tiefer senken und ihnen dafür noch Kopfsteuer auspressen. Die Polizei aber treibt der Justiz die Opfer in den Rachen; der linke Sozialdemokrat Fleißner in Leipzig ist nicht minder bestrebt, sich dem Faschismus gefällig zu erweisen als der rechte Sozialdemokrat Grzesinski in Berlin. Hebt man wirklich mal, wo es schon gar nicht anders geht, ein Waffenlager der Nazi aus, so hat man dabei von polizeilichem Übereifer noch nie etwas bemerkt, und Prozesse folgen derlei peinlichen Pflichterfüllungen gewiss nicht. Gelingt es aber Kommunisten einmal, aus einer Reichswehrkaserne Waffen in ihre Hand zu bekommen, die für die Faschisten bestimmt waren, dann spielt sich die republikanische Polizei als Retterin des Vaterlandes auf und die republikanische Justiz verhängt endlose Zuchthausstrafen. Oder: Grzesinski sperrt sämtliche Straßen und Plätze Berlins für Demonstrationen jeder Art, solange Kommunisten sie beanspruchen, lässt auch seine Prügelgarde dazwischenschlagen, wenn die Arbeiter einen von Faschisten ermordeten Genossen zu Grabe geleiten; aber an dem Sonntag, wo der Stahlhelm mit Hohenzollernprinzen und Hitlerjüngern faschistische Bekenntnisse ablegen will, wird der Lustgarten bereitwillig geöffnet.

Doch, wenn auch Justiz und Polizei demnach die Sicherheit dagegen nicht verbürgen, dass wir eines Tages in Reichsacht erklärt werden und von jedem Tetzner oder Saffran wie ein räudiger Hund abgemurkst werden dürfen, ein starker Wall ist dennoch errichtet, um die Flut des Faschismus nicht unsre blühende republikanische Kultur vernichten zu lassen: das ist die christliche Kirche in ihrer allerbarmenden Milde, Güte und Demut. Die katholischen Zeitungen bringen fast täglich neue Erklärungen der Bischöfe und des übrigen hohen Klerus, die die Lehre des Katholizismus verteidigen gegen das Eindringen nationalsozialistischer Ideen. Heiß ist der Kampf entbrannt zwischen Zentrum und Hakenkreuz, - und das ist ja wahr: der triumphierende Sieger des Weltkrieges und der Revolution war niemand anders als der Papst mit den Seinen. Gegen den Willen der katholischen Kirche, daran besteht kein Zweifel, kann der Faschismus bei uns nicht landen. Er wird nicht gegen ihren Willen landen, sondern mit ihrer Hilfe! So wie das erste Beispielfaschistischer Rohheitsdespotie, das Deutschland erlebt hat, die bayrische Kahr-Infamie, von den Klerikalen organisiert und gestützt war, so besteht die ganze Politik der Klerikalen Brüning und Wirth auch jetzt in nichts anderem, als dem Faschismus das Feld zu pflügen. Die Dutzende von Todesandrohungen, die die Faschisten in ihrem Diktaturprogramm loslassen, werden für die Kirchlichen gewiss kein Grund sein, ihnen den Weg zur Macht zu verlegen. In München 1919 war man gegen die Spartakisten auch nicht sentimental, und das katholische Priesterseminar, das preußischer Weißgardisten zur Frömmigkeit junge Arbeiter überqualmte, Georgianum, war gastfrei einem Feldgericht Verfügung gestellt; das ließ in dem Hofe katholischer füsilieren, das der Pulverdampf den Weihrauch Papst Pius XI. hat nach dem Aufruf an die Menschheit zum Kreuzzug gegen den „Kulturbolschewismus" in Russland (einer etwas plötzlichen erwachten Liebe zu den griechisch Orthodoxen, die vom Vatikan wahrhaftig ärgeren Schimpf und blutigere Unterjochung zu erfahren hatten als vom Kreml) am 31. Dezember die Welt mit einer Enzyklika erfreut, die einem deutlich machte, auf welchen Höhen des Fortschritts wir eigentlich halten.

Der Geist finsterer Pfaffentyrannis fuhr auf uns nieder. Kein Funke sozialer Einsicht, kein Hauch geschichtlichen Denkens, keine Spur des Begreifens einer seelischen Wandlung. Die Frauen werden gezwungen, für ihr Brot hart zu arbeiten und die Päpstlichen in allen Ländern gehören wahrlich nicht zu denen, die ihnen das Leben zu erleichtern suchen. Ihnen darum aber das Recht zuzuerkennen, über ihr Leben und ihren Wandel das eigene Gewissen entscheiden zu lassen, das kommt den Papst nicht in den Sinn. Die zelotischste Sexualmoral wird da in ältesten Gefäßen neu serviert, Ehegesetze aus dem Staub verschütteter Sklavengewölbe vorgezerrt, die den Körper und die Seele lebendiger Menschen zu einem Zweckmechanismus erniedrigen. Die Verfügung der Frauen über den eigenen Leib wird mit besonders heiligem Zorn verdammt. Wir spüren: die Kirche erhebt die Faust, weil sie den Boden schwanken fühlt, auf dem sie steht, den Boden gedanken- und willentötender Autorität. Und wir erkennen, dass sie zur Wahrung der Autorität gegen den Geist ringender Freiheit dieselben Prinzipien bemüht, mit denen der Faschismus die Geister unter seine Faust zwingen will: das reine Magdtum der Frau, die sexuelle Knechtschaft der sanktionierten Ehe, den Gebärzwang.

Die deutsche Politik, geleitet von Päpstlichen, trägt der Verkündigung der Enzyklika begierig Rechnung. Wirth und Severing berufen sämtliche Polizeiminister des Reiches zusammen, um den Frechheiten der Freidenker zu steuern. Angriffe der Kirche gegen die Gottlosen sind selbstverständlich in jeder Form statthaft. Ausstellung, die die fromme Heuchelei, den kirchlichen Aberglauben, die Doppelzüngigkeit der Pfaffen zum Gegenstand haben, werden in Berlin und Leipzig von den sozialdemokratischen Polizeipräsidenten geschlossen. Für die Karwoche werden den Ungläubigen alle Lustbarkeiten verboten. Wollten wir verlangen, den Tag der Verbrennung Giordano Brunos um der gleichberechtigten Freidenker willen zum allgemeinen Trauertag zu erklären, wir kämen wahrscheinlich ins Narrenhaus. Die republikanische Filmzensur, an und für sich eine Gefälligkeit der Noskerepublik gegen die Pfaffen, macht aus devoter Würdelosigkeit des Staates vor der Kirche die albernsten Streiche, wobei die kirchliche Moral zumeist den Vorwand gibt, der faschistischen Schikane Gefälligkeiten zu erweisen. Endlich wird, um die Willfährigkeit gegenüber dem Kulturfaschismus in demonstrativer Herausforderung der Arbeiter und jedes menschlich denkenden Zeitgenossen zu beweisen, die nichtswürdige Schändlichkeit der Stuttgarter Abtreibungsverfolgung in Szene gesetzt. Der päpstliche Ukas erhebt die Sklaverei der Frau und die Erbarmungslosigkeit des Gebärzwanges zum allgemeinen sittlichen Gebot ohne Rücksicht auf soziale Verhältnisse, auf Hygiene, auf das Recht des Menschen über sich selbst. Infolgedessen setzt man eines Tages den ausgezeichneten Kämpfer gegen die Gemeinheit des § 218 Dr. Friedrich Wolf ins Gefängnis, mit ihm die Stuttgarter Ärztin Dr. Jacobowitz-Kienle, angeblich weil sie Frauen in ihrer Not geholfen haben. Aber die Herrschaften wissen gut, dass das zehntausende von Ärzten tun, – in Wahrheit, weil Dr. Wolf als Politiker und als Dichter die kulturelle Unsittlichkeit des ekelhaften Paragraphen bloßstellt und weil Frau Dr. Kienle selbstlos und ohne Entgelt die Stuttgarter Beratungsstelle für Geburtenregelung und Sexualhygiene leitete.

Das ist gut so. Faschismus und Pfaffismus haben sich hier gefunden, wie sie in Wirklichkeit zusammengehören. Der Kampf, den Dr. Wolf und Frau Dr. Kienle auf ihre Schultern genommen haben, muss durchgekämpft werden. Alle Leidenden und Geknechteten müssen ihn aufnehmen als ihren eigenen Kampf. Sie haben die Gesetzesverletzung der beiden Ärzte nicht etwa zu entschuldigen, sie haben sie ausdrücklich zu billigen und ihnen zu sagen: Ihr habt recht gehandelt! Wir danken euch, dass ihr Mütter davor bewahrtet, Kinder das Leben geben zu müssen, denen sie nicht auch die Freude am Leben geben können! Der Fall Wolf-Kienle muss den Arbeitern endlich die Augen darüber öffnen, dass Pfaffentum und Faschismus, Demokratie, Staatsjustiz und Kapitalismus alles nur verschiedene Formen desselben Prinzips sind. Sie alle wollen Frauen zwingen, wider ihren Willen Kinder zu gebären, auch wenn sie zeitlebens zu Hunger und Siechtum verurteilt werden, auch wenn sie ohne Liebe, ja, unter Zwang empfangen sind. Sie brauchen diese Kinder als Sklaven des Kapitals, als Kanonenfutter und als Bazillenträger gläubiger Dummheit. Der Kulturfaschismus hat die Arbeiter herausgefordert. Der Kampf muss angenommen und ausgetragen werden. Soll er gewonnen werden, dann müssen die Proletarier sich losmachen vom Respekt vor Staat, Obrigkeit und Gesetzlichkeit. Die Autorität in ihren widerlichsten Formen ist zu besiegen, die in der Kutte, die im Stahlhelm und die im Talar. Es ist Zeit, dass die revolutionären Kräfte sich zusammenfinden zur Abwehr der Knechtschaft, zur Erkämpfung der Freiheit!

Absage an die Rote Hilfe

Werte Genossen!

Hierdurch erkläre ich meinen Austritt aus der Roten Hilfe Deutschlands. Entscheidend für diesen Entschluß, der mir nicht leicht fällt, ist die in der „Roten Fahne" mitgeteilte Tatsache, dass die Rote Hilfe eine eigene Werbeaktion für das Zentralorgan der Kommunistischen Partei vornehmen wolle.

Damit entfällt die letzte Möglichkeit, die RH als eine überparteiliche Organisation anzuerkennen und den Genossen linksrevolutionärer Richtungen mein Verbleiben in der RH als ein Verhalten begreiflich zu machen, das keinerlei Verpflichtungen für eine bestimmte politische Partei in sich schließe.

Ale ich vor 4 Jahren aus der bayerischen Gefangenschaft kam, stellte ich meine rednerische und organisatorische Kraft in weitem Maße der roten Hilfe zur Verfügung, und es wird kaum bestritten werden können, dass ich dieser Organisation eine sehr große Zahl Mitglieder und aktive Helfer zuführte. Voraussetzung war für mich, dass ich bei meiner Tätigkeit meinen Charakter als Anarchist niemals zu verleugnen brauchte; diese von mir von Anfang an gestellte Bedingung wurde mir ausdrücklich zugebilligt. Ich habe mir durch mein Wirken im Rahmen und zum Nutzen der RH in den mir nahestehenden revolutionären Kreisen viel Anfeindung zugezogen, mich jahrelang schwerstem Missverstehen meiner Haltung ausgesetzt, aber all dies in kauf genommen um der Genossen willen, die als Opfer der Klassenjustiz in den Zuchthäusern und Gefängnissen die solidarische Zusammenarbeit aller proletarischen Organisationen erwarten. Um ihretwillen habe ich auch die meines Erachtens durchaus unsachgemäße, weil bürokratische Organisationsform der RH hingenommen und zu zahlreichen befremdenden, außerhalb der Aufgaben einer Inhaftierten- und Revolutionsopferhilfe liegenden Aktionen der RH geschwiegen, wie vor kurzem erst der Agitation für die parteikommunistische Kandidatenliste bei den Konsumgenossenschaftswahlen u.ä.

Auch die Parteinahme der Roten Hilfe Deutschlands gegen die linksrevolutionären Gefangenen und Verfolgten in Russland hat mich nur dazu veranlasst, meine Tätigkeit in der Organisation auf die Arbeit zu beschränken, die innerhalb der deutschen Angelegenheiten zur Abwehr der Klassenjustiz zu leisten ist. Immer hielt mich die Rücksicht auf die gefangenen Genossen zurück, mit einer Organisation zu brechen, die bei ihnen bis jetzt als überparteiliche Klassenorganisation galt. Ich blieb Mitglied, obwohl mein Auftreten als Delegierter bei der Bezirkskonferenz Berlin-Brandenburg 1927, bei der ich an manchen Übelständen Kritik übte und vor allem die Forderung vertrat, die RH habe sich für eine Amnestie der linksrevolutionären Gefangenen und Verbannten Russlands einzusetzen, nur dazu führte, dass von meiner agitatorischen Mitwirkung keinerlei Gebrauch mehr gemacht wurde. Ich habe seitdem meine Arbeit für die Gefangenen unvermindert fortgesetzt, musste mir nur zur öffentlichen Aufklärung andere Möglichkeiten schaffen, als sie mir vorher von der RH geboten wurden.

Die Fiktion, als ob die Rote Hilfe Deutschlands tatsächlich selbständig sei, zu der ich und meine Freunde, die der RH angehören, uns immer wieder überredeten, lässt sich selbstverständlich nicht mehr halten, wenn die Organisation jetzt dazu übergeht, aus der Arbeiterpresse ein einzelnes Blatt herauszugreifen, das lediglich Organ einer zur Zeit dominierenden Richtung innerhalb einer besonderen Partei ist und das von allen linksrevolutionären Parteien und Gruppen, die korporativ oder in Einzelmitgliedschaften ebenfalls in der RH vertreten sind, gleichmäßig scharf abgelehnt wird. Die Einleitung einer eigenen Werbeaktion für die „Rote Fahne" durch die RH bedeutet vollkommene Preisgabe der Überparteilichkeit und schwerste Brüskierung aller Mitglieder der Organisation, die etwa einer antiparlamentarischen oder gewerkschaftsfeindlichen, selbst auch nur einer kommunistisch-oppositionellen oder unabhängig-sozialdemokratischen Bewegung angehören. Eine Werbeaktion für alle linksgerichteten proletarischen Zeitungen und Zeitschriften ohne Unterscheidung der Fraktionen, in die, ausgesprochen oder nicht, auch die Rote Hilfe zerfällt, wäre bei den proletarischen Mitgliedern und erst recht bei den Gefangenen verstanden und gebilligt worden.

Mein weiteres Verbleiben in der RH müsste mich neuen Missdeutungen meiner Gesinnung aussetzen, denen ich kein wirksames Argument mehr entgegenzusetzen hätte. Ich trete daher aus und werde meine Kraft weiterhin für die Opfer der Staatsjustiz rege gebrauchen. Dabei beabsichtige ich durchaus nicht, eine Kampfstellung gegen die RH zu beziehen; soweit eine ersprießliche kameradschaftliche Zusammenarbeit geleistet werden kann, werde ich zur Verfügung stehen. Doch ist für mich als Mitglied kein Raum mehr in einer Organisation, in der ich genötigt werde, eine Parteipolitik zu fördern, die ich für falsch und der revolutionären Arbeiterbewegung abträglich halte. Mit revolutionärem Gruß!

Erich Mühsam

Parlamentarismus

Es ist bedauerlich, daß das deutsche Volk in den langen Jahrzehnten, seit es die Wege zur Kraft und Schönheit kennt und benutzt, auf diesen Wegen immer noch nicht zum vorgesetzten Ziele hat gelangen können. Nicht einmal die Neupflasterung mit Frauen- und Verhältniswahlrecht und selbst nicht die Verbreiterung und Ausschmückung der verfassungsmäßigen Wege zum Glück durch die Verleihung höchster Souveränitätsrechte an das Parlament hat bis jetzt das wahlmündige deutsche Volk bewegen können, dem Tore der Gerechtigkeit und der Freiheit, des Wohlstandes und der Freude zuzustreben, das am Ende der parlamentarischen Heilsbahn winkt. Im Besitze des höchsten Wissens, wie es zählend und wählend die Gipfel staatlicher Seligkeit erklimmen könnte, hat es sich leider niemals davon überzeugen lassen, daß man die selbstgeschaufelten parlamentarischen Wege nicht in verkehrter Richtung entlanglaufen dürfe, sofern man sich nicht in Sackgassen verirren will. Mit ändern Worten: das deutsche Volk hat seinen Parlamentarismus immer noch nicht richtig verstanden. Es hat regelmäßig, wenn es sein Schicksal selber mit dem Stimmzettel formen durfte, in seiner Mehrheit den falschen Stimmzettel abgegeben und dadurch sanktioniert, was es hätte verdammen sollen, verhindert, was eine dem Volkswohl ergebene Majorität hätte durchsetzen mögen. So erklärt jede Partei die Verzögerung des Aufstiegs Deutschlands zu Glanz und Pracht.

Aber noch ist nichts verloren. Wieder ertönt der Ruf über Stadt und Land: Deutsche Männer und Frauen, wählt! wählt! Macht von euerm einzigen Recht Gebrauch, dem Recht, selber die Gesetzgeber zu bestimmen, die euch sagen sollen, was ihr müßt und was ihr nicht dürft, wie ihr euch zu verhalten und wem ihr zu gehorchen habt, wie lange und wieviel ihr arbeiten sollt und wie teuer ihr eure Arbeitskraft verkaufen dürft, ob, wann und unter welchen Bedingungen ihr um höhern Lohn bitten könnt und welchen Prozentsatz eures Lohns der Unternehmer euch vorzuenthalten hat, um ihn dem Staat als Steuer zuzuführen. Wählt! Wählt! Der neue Reichstag wird euch erlösen von dem Übel des Hungers und der Teuerung, der Wohnungsnot und der Kindersterblichkeit, der Ausbeutung und der Seuchen, und wenn ihr richtig wählt und euch nicht beirren laßt von den leeren Versprechungen der Konkurrenz, dann werden auch parlamentarische Maßnahmen ergriffen werden, um gegen das schlechte Wetter Stellung zu nehmen.

Soweit sind wir glücklich neun Jahre nach der sogenannten Revolution wieder, daß dem deutschen Proletariat, dezimiert und verkrüppelt durch den Krieg, ausgeplündert bis auf die Knochen durch die Inflation, versklavt und verelendet wie noch nie ein europäisches Volk durch die Abwälzung aller Reparationslasten auf seine Schultern und durch die massenmörderische Rationalisierung der Industrie - daß diesem Proletariat, sogar in der Mehrzahl seines revolutionär gestimmten Teiles, die Illusion aufsuggeriert werden kann, es habe von Parlamentswahlen den allermindesten Vorteil zu erwarten. Der einzige wirkliche Erfolg der Erhebung vom November 1918 für die den Klassenkampf bejahenden vorgeschrittenen sozialistischen Arbeiter Deutschlands war die Erkenntnis, daß sie durch die Anwendung falscher Mittel, nämlich durch die Beteiligung an der Staatslegislative, ihre Energie verzettelt, verstimmzettelt, hatten und daß jede Beteiligung an der Staatsverwaltung die Kräfte lahmt, die das Proletariat für die Staatsbekämpfung nötig hat. Die Revolutionäre von 1918-19 hatten begriffen, daß das Verhalten der Sozialdemokratie im Kriege die natürliche und unvermeidliche Konsequenz ihrer Wahltaktik war und daß die wenigen rühmlichen Ausnahmen unter den Parlamentariern, die diese Konsequenz nicht ziehen wollten, hoffnungslos isoliert und daher ohne allen Einfluß auf den Gang der Geschehnisse bleiben mußten. Die revolutionären Proletarier sahen vor allem ein, daß alle Reformen und Gesetzesbestimmungen, die möglicherweise zugunsten der Arbeiterschaft auf parlamentarischem Wege zustandegebracht werden, entweder die Wirkung außerparlamentarischen Druckes revolutionärer Massenaktionen sind oder von der Bourgeoisie selbst ausgehen, um allzu peinvollen Härten des kapitalistischen Systems die Kanten abzuschleifen und der angesammelten Wut der Opfer der staatlichen Zumutungen ein Auspuffrohr zu schaffen. In beiden Fällen ist die eigene Vertretung des Proletariats im Parlament nur schädlich. Denn die direkte Aktion der Massen verliert selbstverständlich viel von ihrem Eindruck, wenn ihr Erfolg von

Regierung und Parlament zur Bewilligung von Anträgen der Vertreter der Demonstranten umgebogen werden kann, wobei den Arbeitern das Vertrauen auf ihre vereinte Kraft verlorengeht und der Dankbarkeit für ihre Parlamentsvertretung Platz macht; und die gelegentliche Annahme sozialdemokratischer oder kommunistischer Anträge auf Bewilligung gewisser Erleichterungen für die arbeitende Klasse innerhalb der kapitalistischen Organisation der Gesellschaft, zu der sich die privilegierte Schicht ihrer eigenen Sicherheit wegen veranlaßt sieht, stärkt beim Proletariat die verhängnisvolle Einbildung, der reformistische Weg der Parlamentsbeteiligung bringe eben doch genügend Vorteile, um der Einsetzung der eigenen Person im direkten Kampf entraten zu können. Die Einsicht, daß der Parlamentarismus ein Bestandteil des kapitalistischen Staates ist und daß es nur die klare und eindeutige Entscheidung für den Arbeiter geben kann: Kapitalismus und Stimmzettel-Demokratie oder Sozialismus und freie Räte -diese Einsicht war in der Revolutionszeit bei allen aktiven Proletariern vorhanden. (...)

Es bliebe zu fragen, ob das Delegieren eigener Vertreter ins Parlament denn überhaupt ein Mitbestimmen des Proletariats im Staate bedeute, selbst wenn trotz der Beherrschung des gesamten öffentlichen Beeinflussungsapparates durch die besitzende Klasse - Presse, Schule, Kasernenhof, Beichtstuhl, Kanzel, Universität, Macht durch Eigentum an Grund und Boden, Produktionsmitteln, Versammlungsräumen und so weiter - ein den sozialen Interessen entsprechendes Stimmenverhältnis angenommen werden soll. Darüber sagt Lenin: »Die Teilnahme am bürgerlichen Parlament - das nie über die wichtigsten Fragen in der bürgerlichen Demokratie zu entscheiden hat; sie werden an der Börse, den Banken entschieden - ist den werktätigen Massen durch tausend Hindernisse versperrt und die Arbeiter wissen, fühlen und sehen genau, daß das bürgerliche Parlament eine fremde Institution, eine Waffe zur Unterdrückung der Proletarier durch die Bourgeoisie, die Einrichtung einer feindlichen Klasse, der ausbeutenden Minderheit ist.« (...) Leider wissen die Arbeiter das nicht mehr so genau, weil ihnen zugleich mit dieser völlig zutreffenden Erklärung die Anweisung gegeben wird, durch ihre Stimmabgabe die fremde Institution als ihre eigene anzusehen, die Waffe zu ihrer Unterdrückung zu schärfen, die Einrichtung der feindlichen Klasse zu stärken und somit der ausbeutenden Minderheit die Sanktion der ausgebeuteten Mehrheit zu erteilen. So verlangt es ja wohl »die Dialektik«, und das Ganze nennt man Leninismus.

Aber, heißt es, es muß die Tribüne benutzt werden, die der revolutionären Idee des Proletariats weitschallende und gefahrlose Werbung ermögliche. Dieses Argument geht völlig fehl. Die revolutionäre Rede des parlamentarischen Agitators, gehalten vor der eigenen Fraktion und ein paar gelangweilten Horchposten anderer Parteien, versinkt im stenographischen Archiv. Die Parteizeitung des Redners zwar bringt sie im Wortlaut, und da lesen sie dieselben Wähler, die den Inhalt der Rede schon aus zwanzig Leitartikeln kennen, denen also damit nichts Neues gesagt wird. Die feindlichen Blätter aber widmen dem zweistündigen Stimmaufwand des Tribünenbenutzers höchstens fünf Zeilen. Von wo dabei die unvergleichliche agitatorische Wirkung ausgehen soll, ist unerfindlich. Jede Volksversammlungsrede, die direkt an die gerichtet wird, die sie angeht, hat propagandistisch einen tausendfach höheren Wert als alle proletarischrevolutionären Aufrüttelungen, die eine ganze Legislaturperiode hindurch von Reichstags- und Landtagstribünen herunter von Dutzenden feuriger kommunistischer Rhetoriker in die Ohren der erwählten Vertreter der Schwerindustrie, des Großgrundbesitzes, des Finanzkapitals, der Mittelstandswirtschaft, der Kircheninteressen und der proletarischen Kleinkrämerei geschmettert werden. Dabei ist die Redefreiheit im Parlament nicht größer, sondern geringer als in der Versammlung, wo einem kein Parlamentspräsident mit der Klingel und dem Ordnungsruf die gesittete Tonart beibringt und mit der Stoppuhr den Redefluß staut. Bleibt noch die Immunität und die Freikarte. Was es mit der Immunität auf sich hat, zeigt das Beispiel Karl Liebknechts, zeigt die regelmäßige Übung des bayerischen Landtags, sie gegen Abgeordnete, die der bürgerlichen Mehrheit tatsächlich unbequem scheinen, einfach aufzuheben. Übrigens ist es auch dann, wenn sie wirklich gewährleistet wird, keineswegs erfreulich, zu beobachten, wie ein paar bevorzugte Bonzen kraft ihrer Stellung im bürgerlichen Staatsapparat vor den Gefahren der Ratschläge geschützt sind, deren Befolgung die von ihnen beeinflußten revolutionären Arbeiter im

Falle des Mißlingens unweigerlich ins Zuchthaus bringt. Die Freikarte aber, die es einmal einer revolutionären Organisation ermöglicht, einen Agitator auf Staatskosten auf Reisen zu schicken, soll es wert sein, das ganze Proletariat unter Aufwand maßloser Anstrengungen auf die Beine zu bringen und ihm vorzuschwindeln, es sei ein für die Entwicklung der Gesellschaft lebenswichtiger Unterschied, ob ein völkischer Trommler oder ein kommunistischer Pfeifer Krach macht? Wo das Geld für die Wahlagitation hergebracht wird, ist hoffentlich auch noch ein Billett 3. Klasse für einen Aufklärungsreisenden zusammenzukriegen. Denn es ist ja vorstellbar, daß ein proletarischer Propagandist anders als immer nur im gepolsterten Luxusabteil fährt.

Freilich: ein Hund gewöhnt sich rasch ans Sofa und ein Abgeordneter der Arbeiterschaft nicht minder rasch an die bourgeoisen Annehmlichkeiten, die der staatliche Steuererheber ohne Ansehen der Klassenzugehörigkeit dem vergönnt, von dem er die Bewilligung der Steuern für Panzerschiffe, Parlamentsdiäten und Beamtengehälter erhofft. Ich sage keineswegs, daß jeder parlamentarische Diätenempfänger gekaufter Staatsknecht wäre. Es gibt subjektiv sehr ehrliche und der Sache des Proletariats ergebene Menschen auch unter den Vertretern der Arbeiterparteien in den Parlamenten. Aber daß die Gefahr für einen der gesellschaftlichen Berufsarbeit entzogenen Politiker, der sich nur noch zwischen geschäftigen Gesetzgebern bewegt, groß ist, die unmittelbare Fühlung mit denen zu verlieren, die ihn entsandt haben, weiß jeder, der Einblick hat. Es wäre gut, wenn die Arbeiter- die vielen Erwerbslosen haben ja Zeit genug - sich mal entschlössen, ein paar Stunden von der Reichstagstribüne aus zuzusehen, was ihre Erwählten da unten treiben. Sie werden die Sozialdemokraten und Kommunisten von den Nationalisten und Klerikalen schwerlich unterscheiden. Sie laufen alle umher, in freundlicher Kollegialität verbunden, jeder mit einer Aktentasche unter dem Arm, und in allen Aktentaschen befinden sich dieselben Drucksachen, werden auch von allen Parlamentariern gleich wichtig genommen. Denn sie sind alle gewählt, um über alles zu entscheiden, über Tugendbegriffe und Sündhaftigkeiten, über Grenzschutz und Volksbildung, über Saugflaschen und Glücksspiele, über Weizenbau und Religionsunterricht, über Prostitution und philosophische Lehrstühle. Sie wissen alles, sie beurteilen alles, sie erledigen alles; es braucht nur gezählt zu werden, wieviele Hintern sich von den Ledersesseln erhoben haben, und schon haben wir die Dekrete, die für unsre und unsrer Brut Moral und Wohlergehen die Regeln schaffen. Da sind diejenigen, die verbunden bleiben mit der Masse des Proletariats, nur die charaktervollen Ausnahmen, die meisten entschweben der Armutsatmosphäre der Niederungen und wissen, eine arrogante Bonzenschicht über der Arbeiterschaft, bald genug nichts mehr von den Sorgen und Nöten derer, die sie vertreten sollen. (...)

Die Vorteile, die die Parlamente in mancher Hinsicht bieten mögen, um etwa wichtige Enthüllungen vorzunehmen, die anderswo von Landesverratsprozessen bedroht wären, sind keine Vorteile, die das revolutionäre Proletariat zur Beteiligung am Parlamentarismus veranlassen könnten. Was der Revolutionär weiß von Gefahren, die ihn angehen, kann er stets besser verwerten als dadurch, daß er einen Sensationsskandal daraus macht. Scheint ihm die öffentliche Mitteilung am Platze, so braucht er dafür keine eigenen Abgeordneten. Die Bourgeoisie hat selbst immer eine Opposition in den eigenen Reihen, und wer den Staat zu Hilfe rufen will gegen Korruption und dunkle Treiberei, der lasse das ruhig durch Leute besorgen, die den Staat bejahen und um seine Säuberung bemüht sind. Daß diese Leute sich des Parlaments bedienen, ist ihnen ja nicht zum Vorwurf zu machen. Aber darauf kommt es an, zu begreifen, daß die Beteiligung am Parlamentarismus gleichbedeutend ist mit der Bejahung des Staates und seiner Autorität, mit dem Willen zur Diktatur der ausgezählten Majorität, das heißt der Mittelmäßigkeit, Passivität und Indolenz über die Aktivität derer, die eigene Gedanken, eigene Kritik, eigene Initiative haben. Wer ins Parlament wählt, dankt als Gestalter seines und seiner Klasse Schicksal ab. Die revolutionären Arbeiter haben sich zu entscheiden, ob sie ihren Klassenkampf von ausgesonderten Delegierten auf dem Parkett des Parlaments in Kompromissen mit der Bourgeoisie führen lassen wollen, oder ob es ihnen mit dem Bekenntnis ernst ist, daß die Befreiung der Arbeiterklasse das Werk der Arbeiter selbst sein muß.

Bismarxismus

Freiheit ist ein religiöser Begriff. Wer mit dem Ziele der Freiheit Revolutionär ist, ist ein religiöser Mensch, Revolutionär sein ohne religiös zu sein, heißt mit revolutionären Mitteln andere als freiheitliche Ziele anstreben. Anders gesagt: Revolutionäre Entschlossenheit kann aus einer seelischen Not stammen, aus dem Empfinden der Unerträglichkeit von Zwang, Gesetz und Entpersönlichung - dann ist sie religiös; sie kann auch stammen aus der nüchternen Errechnung von Zweckmäßigkeit, wenn sich unter ihren Faktoren die Revolution als unumgängliches Mittel erwiesen hat - dann ist sie positivistisch. Der Positivist, - das ist der kirchliche Mensch im Gegensatz zum religiösen, der Leugner der Wildheit, des Rausches und der Utopie: der Dogmatiker und Fatalist, dem die Freiheit eine Kleinbürger-Phantasie und der Kampf ums Dasein eine Bestimmungs-Mensur scheint.

Hier wird zu Revolutionären gesprochen, deren revolutionäres Ziel die Freiheit ist. Freiheit ist ein gesellschaftlicher Zustand, dessen Fundament die freiwillige Vereinbarung der Menschen zu gemeinsamer und einander ergänzender Arbeit und zur gegenseitigen Verbürgung des Lebens und seiner Güter bildet. Der gesellschaftliche Zustand der Freiheit beruht auf der Freiheit der Persönlichkeit, die Freiheit des Einzelnen aber findet ihre Grenze an der Freiheit der Gesamtheit; denn wo nicht alle Menschen frei sind, kann keiner frei sein. Das Ringen um diese Freiheit, die unvereinbar ist mit irgend welcher Art Obrigkeit, gesetzlichem Zwang, angeordneter Disziplin oder staatlicher Gewalt, ist die religiöse Idee der Anarchie. Zu ihrer Verwirklichung bedarf es der revolutionären Umwälzung der Grundlagen des gesellschaftlichen Zusammenlebens der Menschen, will sagen der Schaffung der materiellen Basis, auf der allein Freiheit möglich ist: das ist ökonomische Gleichheit. Wir Anarchisten sind Sozialisten, Kollektivisten, Kommunisten, nicht weil wir in der gleichmäßigen Regelungen von Arbeitsleistung und Produktenverteilung die letzte Forderung menschlicher Glückseligkeit erfüllt sähen, sondern weil uns kein Kampf um geistige Werte, um Vertiefung und Differenzierung des Lebens möglich scheint, - und eben dieser Kampf ist der Sinn der Freiheit -, solange die Menschen unter ungleichen Bedingungen geboren werden und heranwachsen, solange geistiger Reichtum in materieller Armut ertrinken, geistige und seelische Armseligkeit im Glanze erkaufter Macht und Bildung als Reichtum strahlen kann.

Gleichheit hat mit dem, was heute Demokratie heißt, nicht das mindeste zu schaffen. Die Gleichheit der bürgerlichen Demokratie beschränkt sich auf die Anerkennung, daß jede zur Stimmabgabe zugelassene Person als eine Stimmeinheit zu zählen sei. Dabei ist die Mehrheit der Stimmen selbstverständlich immer der Klasse verbürgt, die durch ihre wirtschaftlichen Privilegien fast den gesamten Beeinflussungsapparat beherrscht; überdies sind aber die Institutionen, für die gewählt werden darf, ihrer Art nach nur geeignet, Bestehendes zu erhalten und zu verwalten. Mag die Mehrheit der Wähler immerhin mit revolutionären Absichten votieren, die Gewählten, welcher Programmrichtung sie auch angehören mögen, können in ihren Körperschaften niemals anders als konservativ handeln. Sozialismus und Freiheit ist auf dem Wege der Demokratie nicht zu erlangen; Demokratie aber im Sinne von Freiheit und Gleichheit ist nur auf dem Boden des restlos verwirklichten Sozialismus möglich. Diese eigentliche Demokratie, die die Herrschaft der Gesamtheit über sich selbst, das ist die Selbstbeherrschung jedes Einzelnen im Bewußtsein seiner gesellschaftlichen Mission, bedeutet, bedingt wirtschaftliche und rechtliche Gleichheit, die die Voraussetzung aller Freiheit ist.

Nirgends in der Welt steht der religiöse Drang nach Freiheit tiefer im Ansehen als bei den Deutschen. Der Positivismus, als philosophisches Prinzip von dem Franzosen Comte aufgerichtet, fand seinen realen Nährboden in dem Lande, das schon den Sieg des brutalen Rationalisten Martin Luther über den glühenden Weltstürmer Thomas Münzer erlebt hatte. Das ist die ganze Geschichte Deutschlands: immer und überall zertrampelt das Schema und die Formel den lebendigen Geist, die Schulweisheit den Impuls des Inneren Wissens, die Kirche die Religion. Der stärkste Geist der deutschen Geniezeit, Goethe, imponiert den Deutschen nicht durch seine apollinische Natur, sondern durch seine robuste Lebensauffassung, und sie verehren ihn, weil er seinen phänomenalen Verstand so gut bürgerlich zu kleiden wußte und weil er den Oberlehrern die bequeme Phrase des gesättigten Appetits geliefert hat, daß, wo Gleichheit sei, keine Freiheit bestehen könne. Von den innigsten Geistern jener Zeit, Hölderlin und Jean Paul, weiß der Deutsche wenig, und warum der Versuch der Romantiker, vor den Stiefeltritten des Preußenschneids in Mythologie und Mystizismus zu flüchten, in fade Sentimentalität umschlug, um endlich vom Literatentum der Börne und Laube im Positivismus begraben zu werden - darüber machen sich die Leute keine Gedanken. Das junge Deutschland - das war literarischer Positivismus, verschärft mit Hegelei.

Der Positivismus, die Philosophie der nüchternen Gegebenheiten, die letzten Endes Gelehrsamkeit mit Wirklichkeit verwechselt, und der Hegalinianismus, das uniforme Metternichtum des Geistes, dessen apodiktische Abstraktionen und dialektische Gaukeleien den Irrsinn produzieren, alles Wirkliche vernünftig zu finden, - diese beiden Denkfesseln mußten sich gleichzeitig um die Willensgelenke der Deutschen legen, um ihre beste Eigenschaft, den Kosmopolitimus, zu vernichten und an seiner Stelle im Geistigen, wie im Politischen den Zentralismus, das nationale Reglement, das "Staatsbewußtsein" wachsen zu lassen. Das Preußentum, das Luthertum - in der zweiten Hälfte des 19. Jahrhunderts, als der Kapitalismus Deutschland zu industrialisieren begann, gebar es aus der Banalität der konkretesten und der Verschrobenheit der abstraktesten aller Philosophien die Theorie seiner Geistverlassenheit und der in kapitalistischen Formen entbrannte Klassenkampf in Deutschland sah die Gegner auf beiden Seiten den gleichen philosophischen Strick ergreifen, - nur faßten ihn beide am entgegengesetzten Ende an. Bismarck spaltete Deutschland und schuf das zentrale Reichsgebilde mit dem Preußenkönig als Kaiser an der Spitze, so den Boden bereitend für die hemmungslose Entfaltung des kapitalistischen Besitzmonopols; Karl Marx spaltete die Arbeiter-Internationale, warf Bakunin und alle Revolutionäre hinaus, die der Selbstverantwortlichkeit des Proletariats, seinem Freiheitswillen und seiner Entschlußkraft mehr zutrauten als den Rechenkünsten festbesoldeter Revolutions-Manager und machte aus der Religion des Sozialismus die Kirche der Sozialdemokratie. Bismarck arrangierte drei Kriege, um den Agrar-, Industrie-, und Börsenkapitalisten die nötige Ellenbogenfreiheit für die Ausbeutung der menschlichen Arbeitskraft zu schaffen; Marx schrieb eine für die Zeit ihres Entstehens meisterhafte, aber sehr professorale Analyse des Kapitals, die er mit einer von Hegel entlehnten abstrakten Philosophie garnierte, wonach der Kapitalismus die naturnotwendige Konsequenz der sich am Faden der historischen Dialektik abspulenden Menschheits-Entwicklung sei und der historische Materialismus sein Aufschwellen bis zu der Überfülle bedinge, die ihn unter Nachhilfe der unausweichlichen proletarischen Revolution von selber platzen lassen werde. Bismarck praktizierte den Obrigkeitsstaat, dessen Machtfundament von der Kommandogewalt des Unteroffiziers über den Rekruten gestützt wurde; Marx kopierte in Partei und Gewerkschaft die Disziplin und den Drill, die Subordination und Schnauzerei des Kasernenstaates und übernahm dazu von der katholischen Kirche die Unfehlbarkeit des Papstes und Avancement-Stufenfolge nach dem Grade ergebener Frömmigkeit. Bismarck endlich ordnete seinen Staat nach dem Prinzip des autoritärsten Zentralismus, wie es den Wünschen und den Interessen der ausbeutenden Bourgeoisie entsprach, und Marx proklamierte diese Organisationsform als die dem Proletariat nach der Machtergreifung ebenfalls gemäße des "Arbeiterstaates".

So wuchsen im neuen Deutschen Reich zwei feindliche Stämme aus derselben Wurzel, einer öden und phantasielosen Autoritätslehre; genährt von den gleichen Kräften, gedanken- und begeisterungsloser Disziplin und anspruchsvollem und gänzlich unfruchtbarem Bürokratismus; beide entschlossen, jede Konkurrenz mit allen Mitteln der Macht oder doch des Machtwillens niederzuschlagen: Bismarck den nationalen Kapitalismus anderer Länder, Marx die revolutionären Sozialisten, die weder von Marxens fatalistischer Theorie noch von Bismarcks allgemeinem Wahlrecht Gebrauch zu machen wünschten und keine Staaten zu erobern sondern alle zu zerstören trachteten, um statt ihrer die von keinen Staatsgrenzen getrennt arbeitenden Menschen nach eigenen Ratschlüssen produzieren und konsumieren zu lassen. Die peinlichste Ähnlichkeit der beiden Stämme, die in Deutschland als bismarcksche kapitalistische Staatsmacht und als marxsche doktrinäre Arbeiterbewegung zu den Sternen strebte, die ihnen nicht leuchteten, war der völlige Mangel an jeder schöpferischen Originalität, die völlige Abwesenheit aller religiösen Inbrunst, in Wesen und Ziel der völlige Verzicht auf jedwede Freiheit. Dieser Mangel, verbunden mit Anmaßung, Pedanterie, Bürokratendünkel, Paragraphenbesessenheiten und Schulmeisterei - das ist der deutsche Kujonengeist, dem die herrschende Klasse ihren stumpfsinnigen Aufstieg von gepflegter alter Kultur zur Geldmacht und einem komfortablen Stande auf dem internationalen Sklavenmarkt verdankt, und der die deutsche Arbeiterbewegung immer weiter vom Sozialismus weg auf den Weg der Resignation und zur inneren Fäulnis und Kampfunfähigkeit geführt hat. Es ist das, was ich, den ganzen Jammer unserer Zeit umfassend, Bismarxismus nenne.

Die Parallele von Bismarcks untheoretischer Praxis und Marxens unpraktischer Theorie hat schon vor 5 1/2 Jahrzehnten Michael Bakunin gezogen, der von oberflächlichen Beurteilern vielfach als Antisemit und Deutschlandfeind ausgegeben wird. Er war beides nicht und hat sich ausdrücklich dagegen verwahrt, für das Eine oder das Andere gehalten zu werden. Dennoch tobt er in seinen Polemiken immer wieder mit wütendem Haß gegen "die Deutschen" und "die Juden". Mögen unsere Hakenkreuz-Teutonen wissen, daß Bakunin beide Ausdrücke gebrauchte, um ein und dieselbe Eigenschaft damit zu bezeichnen, eben die, für die ich das Wort Bismarxismus vorschlage. Bakunin schimpfte auf die deutschen Juden und auf die jüdischen Deutschen und meinte den von dem Deutschen Bismarck und von dem Juden Marx in gleicher Feindschaft gegen Menschenwert und Freiheit geübten Geist der Despotie und der zentralistischen Autorität; unter diesem Gesichtspunkt identifizierte er die Begriffe Deutschtum und Judentum vollständig, selbstverständlich in vollem Bewußtsein dessen, daß er damit nur eine einzige Untugend charakterisiere, für die ihm eine bestimmte Art Deutsche und eine bestimmte Art Juden repräsentativ schienen.

Michael Bakunin ist nun über 50 Jahre tot. Die trostlosen Prophezeiungen, die er der proletarischen Revolution für den Fall hinterließ, daß die Bismärckerei Europa und die Marxerei die Arbeiterbewegung verseuche, sind in fürchterlichem Maße Wahrheit geworden. Aber schon neigen sich die Schatten des Untergangs über beide Infektionsgebiete. Wenn ich hier einmal das Wort von der "Todeskrise des Kapitalismus" übernommen habe, so irrt der Genosse, der mich darum angriff, wähnend auch ich hätte mich nun der fatalistischen Ideologie des Marxismus ergeben, die die Weltgeschichte nach ehernen Gesetzen und unabhängig vom aktiven Tatwillen der Menschen in "naturnotwendiger" Entwicklung dialektisch ihr Pensum erledigen sieht. Im Gegenteil: Ich stimme vollständig überein mit der Ansicht Gustav Landauers, daß jederzeit und überall die Beseitigung des Kapitalismus und die Aufrichtung des Sozialismus möglich ist, wenn die Menschen das Notwendige veranstalten, um die revolutionären Bedingungen dazu zu schaffen. Die "Todeskrise des Kapitalismus" ist für mich nicht eine Erscheinung der göttlichen Vorsehung, die uns berechtigen könnte, geruhsam zuzusehen, wie jetzt das bestehende Wirtschaftssystem automatisch zusammenkrachen und an seiner Stelle ebenso gottgewollt und unausbleiblich ein neues sozialistisches und in der Reihenfolge marxistisch errechneter "Phasen" aufblühen werde. Von dieser Krise nehme ich aber untrügliche Erscheinungen wahr, deren erste und verständlichste der Weltkrieg mit seinen für die kapitalistische Maschinerie unreparierbaren Folgen war; das Erkennen dieser Krise hat mit Fatalismus nichts zu tun, sondern verpflichtet zum Eingreifen, damit die krepierende Bestie nicht in der Agonie die Keime vernichtet, aus denen Revolution, Sozialismus und Freiheit erwachsen sollen. Das Verrecken des Kapitalismus in seiner bisherigen Form bedingt keineswegs das Entstehen des Sozialismus an seiner Stelle. Ein anderer, vielleicht besser organisierter Kapitalismus kann, wenn die revolutionären Sozialisten die Todeskrise nicht durch den Todesstoß beschleunigen, sehr wohl der Ausbeutung in veränderten Formen neue und noch erweiterte Möglichkeiten schaffen. Bleibt der Staat in irgend einer Gestalt am Leben, dann hat der Kapitalismus und mit ihm der Positivismus, das Kirchentum des Lebens, mit einem Wort der Bismarxismus freies Feld.

Die Todeskrankheit des Kapitalismus ist aber zugleich die Todeskrankheit des Marxismus. Heute steht ja, zumal in Deutschland, die Arbeiterbewegung fast ausnahmslos auf dem Boden dieser fatalistischen Lehre, und Sozialdemokraten und Unabhängige, rechts- und linksbolschewistische Kommunisten, KAPisten und Unionisten aller Schattierungen sieht man sich unter Aufwand haarsträubender Rabulistik gegenseitig die Bibel des garantiert wissenschaftlichen Sozialismus, die Marxdoktrin, auslegen. Am Bibelwort selbst zu rühren, die Heilswahrheit des gesamten Marxismus anzuzweifeln, das wagt keiner von ihnen allen, das ist unter Sozialisten ein solche Verbrechen, wie bei den Bismarck-Epigonen die Verneinung der Notwendigkeit des großpreußischen Deutschen Reiches. Und siehe: die Bejahung dieser Notwendigkeit geschieht nirgends so überzeugungsvoll wie bei den sozialdemokratischen und kommunistischen Marxisten. Jene 1918/19, diese 1923: Bismarxismus auf der ganzen Linie.

Ist das zu verwundern? Der Marxismus - Landauer weist in seinem herrlichen "Aufruf zum Sozialismus" nachdrücklich darauf hin - beschäftigt sich in allen seinen theoretischen Schriften nirgendwo mit dem Sozialismus, er erschöpft sich in der Analyse und Kritik des Kapitalismus. Indem er aber ausgeht von der Hegelschen Lehre der Vernünftigkeit alles Seienden und die unausweichliche Notwendigkeit der kapitalistischen Periode behauptet, ja, ihre Fortentwicklung bis zum Kulminationspunkt in die Zukunft hinein zur Grundlage seiner Revolutionslehre macht, bejaht er zunächst alle Voraussetzungen des Kapitalismus, und so bejaht er den Staat, den Zentralismus, das Autoritätsprinzip, alles, worauf der Kapitalismus ruht. Das Proletariat kann nicht zu Freiheit und Sozialismus kommen, ehe es nicht auch in der Idee vom Staat losgekommen ist. Es kann nicht vom Staat loskommen, ehe es nicht in seinem eigenen Befreiungskampf die Lehren verwirft, die die Stützen jedes Staatsglaubens sind: Autorität und Disziplin, Zentralismus und Bürokratismus, Positivismus und Fatalismus. Die Wissenschaft, sagt Bakunin, hat das Leben zu erhellen, nicht zu regieren. Führerin im Kampf sei dem revolutionären Proletariat nicht die anfechtbare Wissenschaft des Marxismus, der nichts anderes ist als Bismarxismus, sondern der unanfechtbare religiöse Glaube an sein Recht und seine Kraft, der Haß gegen die Ausbeutung und der Wille zur Freiheit!

Die Anarchisten

Es muß mit der Offenheit gesprochen werden, deren ein ernster Gegenstand bedarf, wenn er Grund zu Besorgnissen bietet. Empfindlichkeiten können dabei nicht geschont werden, das gefühlvolle Betropfen der eigenen Vortrefflichkeit mag denen überlassen bleiben, die eine vor jahrzehnten getroffene Erkenntnis einmal und endgültig in ein nummeriertes Thesenprogramm eingesperrt haben und als Polizisten einer ausgetrockneten Tugend zähnefletschend davor Wachposten stehen. Meine eigene Leidenschaft für die Idee der Anarchie verpflichtet mich, leidenschaftslos zu prüfen, warum es den deutschen Anarchisten nicht gelingt, der lebendigsten, klarsten, vor Verflachung und Korrumpierung durch gedankliche Reinheit am sichersten geschützten gesellschaftsrevolutionären Ideen im Proletariat Verständnis und Ausbreitung zu sichern.

Der Spott der Parteikommunisten über das Fehlen eines einheitlichen Wollens der anarchistischen Gruppen und über die Zersplitterung der Bewegung in zahllose winzige Sondervereinigungen hat gar keine Berechtigung. Meinungsverschiedenheiten innerhalb einer auf das gleiche Ziel gerichteten Bewegung schützen vor Stagnation und Verknöcherung, und die Frage, ob Differenzen in der Beurteilung organisatorischer oder taktischer Angelegenheiten der einheitlichen Korporation zuliebe zu überbrücken oder ob organisatorische Trennungen vorzuziehen seien, ist technischer Natur. Wenn anarchistische Verbindungen sich meistens zur Spaltung entschließen werden, so entspricht das einfach der ihnen allen gemeinsamen Überzeugung, daß freiheitliche Bestrebungen nicht dadurch gefördert werden können, daß ihren Bekennern unerwünschte Bindungen auferlegt werden. Übrigens ist es nicht allzu schlimm mit dem Grüppchen-Separatismus der Anarchisten, und ich bezweifle, ob es so viele anarchistische Einzelvereinigungen gibt wie offene oder versteckte Fraktionen in der kommunistischen Partei mit ihren rechten, linken, zentristischen, opportunistischen, menschewistischen, trotzkistischen, sinowjewistischen, luxemburgistischen, KAPdistischen, ultra-linken, reformistischen, korschosophischen, meyerologischen, scholemanischen und urbahnausischen "Abweichungen" von der einzig wahren "Linie" dessen, was auf der allein echten "Plattform" des seit kurzem und bis nächstens unumstößlich katechisierten bolschewistischen Leninismus als richtig zu gelten hat. Die Dezentralisation der anarchistischen Bewegung ist ihrem Wesen nach gerade geeignet, Richtungskämpfe so übler Art, wie sie die KPD innerlich zerfressen, zu vermeiden und unter Achtung der Besonderheit der andern Gruppen kameradschaftliche Begegnungen an vielen Stellen herbeizuführen, an denen sie sonst neben einander laufende Wege zu einer breiteren Straße zusammentreffen. Vorzuwerfen ist den deutschen Anarchisten im Gegenteil, daß sie die Vorteile der Dezentralisation vielfach nicht erkennen, organisatorische Trennungen nach dem Muster der Partei-Marxisten zum Anlaß erbitterter Feindschaft machen und mit autoritären Klüngelansprüchen dem eigenen Teil die zentralistische Führerrolle anzumaßen versuchen.

Mit den individualistischen Anarchisten erübrigt sich die Auseinandersetzung. Da sie glauben, die Freimachung der eigenen Persönlichkeit von Zwang, Gesetz und Staat sei unabhängig von geschlossenen Massenbewegungen nicht nur möglich, sondern Vorraussetzung der gesellschaftlichen Befreiung, so kann die Vorbereitung der proletarischen Revolution, die in diesem Zusammenhange allein zur Erörterung steht, nicht mit ihnen betrieben werden. Sie leugnen die klassenmäßige Bedingtheit unserer Staatsverknechtung, betrachten den personalen Egoismus des in sich freien Menschen unter jeder Gesellschaftsform als sozialen Wert und befürchten von der Ausschaltung des wirtschaftlichen Konkurrenzkampfes durch den Kommunismus die Vergewaltigung auch jeglicher geistigen und individuellen Betätigungsfreiheit. Sie werden nach der revolutionären Niederzwingung der kapitalistischen Wirtschaft wertvolle Helfer sein, um dem Begriff der Freiheit Fundament und Halt in den Köpfen der zu kollektivistischem Denken erzogenen Menschen zu geben; bis dahin ist ihr Freiheitsbestreben, das sich, wie ich glaube, nicht ganz mit Recht auf den in Wirklichkeit durchaus massenverbundenen Stirner beruft, eine bürgerlich- philosophische Angelegenheit und keine proletarisch-revolutionäre. Auch die sehr ernst zu nehmende und für revolutionäre Übergangsperiode außerordentlich bedeutungsvolle Lehre Silvio Gesells scheidet hier aus, weil sie nicht ohne Weiteres als anarchistisch auszusprechen ist, trotz der Abstammung von Proudhon, und weil in dieser Betrachtung nicht von wissenschaftlichen Theorien sondern vom praktischen Verhalten bestimmter revolutionärer Genossen die Rede sein soll. Die Beschäftigung mit der FFF-Bewegung der Physiokraten bleibt vorbehalten.

Die Geschichte der deutschen kommunistisch-anarchistischen Bewegung ist noch nicht geschrieben. Ihr Grundriß ist aufgezeichnet in Rudolf Rockers prachtvoller Most-Biografie (Verlag der Syndikalist). Der Mann, der alle Eigenschaften hat, umfassendste Sachkenntnis, Urteilskraft, philologische Zuverlässigkeit und revolutionäre Begeisterung für die anarchistische Sache, ist also da und wird uns hoffentlich nicht allzu lange auf das anarchistische Parallelwerk zu Franz Mehrings Geschichte der deutschen Sozialdemokratie warten lassen. Schon Rockers Most-Buch läßt deutlich erkennen, wie die Bewegung, der Persönlichkeiten wie Most, Neve, Rheinsdorff ihren Atem gaben, in der der geniale Geist Gustav Landauers wirkte und aus der die revolutionäre Weltliteratur reich vermehrt worden ist, entstand und wuchs und wie sie es doch nicht vermochte, sich gegen die brutale Verfolgung der Reaktion gegen die skrupellosen Intrigen der autoritären Sozialdemokraten, kurz gegen den Bismarxismus wirksam zu behaupten. Rocker verschweigt nicht den Anteil, den das eigene Verschulden der anarchistischen Genossen an der Erfolglosigkeit ihres Kampfes trifft. Monomanische Verranntheit, persönliche Eifersüchteleien, enttäuschte Ungeduld, die in Mutlosigkeit und Verbitterung umschlug, viel Kleinliches und Allzumenschliches untergrub Begeisterung, Energie und Werbekraft, und die Fortführung der Untersuchung über den Wirkungskreis und die Lebensdauer John Mosts hinaus wird an der betrübendsten Erscheinung der Folgezeit nicht vorbeigehen dürfen: der Verwechslung des Autonomiegedankens mit Abkapselung und Sektentum. Heraus aus der Sekte! - Heran an die Massen! - Immer wieder hat es uns Rudolf Lange zugerufen. Er war so gescheit, am 31. Juli 1914 diese trübe Welt zu verlassen. So brauchte er nicht mit anzusehen, wie vom nächsten Tage ab die Mängel der revolutionären Vorarbeit ihre gute Saat verderben ließen.

Die Revolution fand sicherlich fast alle Anarchisten auf dem Posten. Unsere Genossen waren in Berlin dabei, bei der Vorwärts-Besetzung, bei den Kämpfen um den Marstall und bei Büxenstein, sie taten im Ruhrgebiet, in Sachsen, in Bayern und überall ihre Pflicht. Was war diese instinktiv erkannte und enthusiastisch befolgte Pflicht? Mit der Waffe in der Hand da zu stehen, wo die Massen standen, mit dem zu Abwehr und Angriff zu spontaner Gemeinsamkeit verbundenen revolutionierten Proletariat zu kämpfen und zu bluten. Wie hießen damals die gemeinsamen Forderungen der ganzen kämpfenden Arbeiterschaft ohne Unterschied des Programms und der letzten Ziele? Besinnt euch, anarchistische Genossen! Sie hießen: Niederzwingen der Konterrevolution, Durchkämpfung der Revolution zu ihren sozialistische Zielen, Verhinderung der Abriegelung des Kampfes durch Parlamentarismus und Demokratie, Abrechnung mit Sozialdemokraten und Gewerkschaften, Vergesellschaftung der Produktion, Expropriation des privilegierten Besitzes, Übernahme der öffentlichen Verwaltung in die Hände der Arbeiter- und Bauernräte, Kampfgemeinschaft mit dem revolutionären Rußland, alle Macht den Räten, Ersetzung des Klassenkampfes durch die Diktatur des Proletariats. Jawohl! Diktatur des Proletariats! - das war Ende 1918 und Anfang 1919 selbstverständliche Forderung aller Revolutionäre, und wenn in Klosterneuburg oder sonstwo irgend ein Anarchisterich händeringend Scharteken wälzte, um zu beweisen, daß jede Diktatur von allen anarchistischen Lehrern immer verworfen sei, und daß Herrschaftslosigkeit Gewaltlosigkeit bedeute und deshalb die Teilnahme von Anarchisten an einer Revolution des klassenerwachten Proletariats verboten sei, so ließ man das Köterchen den Mond ankläffen und ölte seinen Gewehrhahn.

Die deutsche Revolution ersoff in Proletarierblut. Die als Klasse vereinten Revolutionäre, denen Karl Liebknecht nie als Parteimann galt, sondern als liebeumbrandeter Fels im Kampf, haben sich allmählich alle wieder aus der unmittelbaren Verbindung mit den Klassengenossen gelöst und hinter den Thrönchen ihrer besoldeten Bonzen, hinter Parteiprogrammen, Prinzipienerklärungen, Organisationsstatuten, hinter den Weisheitssprüchen ihrer unterschiedlichen Kirchenväter und den mit Vereinsfähnchen gezierten Thoraschränken des wahren Glaubens geborgen, von wo aus sie sich gegenseitig Dreck anschmeißen. Die Anarchisten zumal haben aus dem Erlebnis einer revolutionären Erhebung, die sie in die Reihen der Massen endlich hineinriß, nichts besseres zu lernen gewußt, als daß man Genossen, die endgültig aus der Sekte ausbrechen möchten, des Verrats zeiht. (Ich will hier von meinen eigenen Erfahrungen lieber schweigen.) Alle Vorurteile und überlebten Begriffsbedeutungen sind wieder da, und wer Diktatur des Proletariats sagt, nachdem doch die Klärung dieses Postulats durch die - übrigens durchaus anarchistische - Räte-Idee geschaffen ist und die russischen Anarchisten sich ausdrücklich zur proletarischen Revolutions-Diktatur bekannt haben, ist Renegat und wird als Anarchist nicht anerkannt. Es ist das Unglück der Anarchisten, daß sie vor jeder marxistischen Initiative scheu und schimpfend zurückweichen. Marx stellt als erster die Forderung nach der Diktatur des Proletariats auf. Bakunin bekämpfte diese Forderung, weil er mit Recht annahm, daß Marx darunter die Parteiherrschaft seiner Gefolgschaft verstehe, daß eine solche Parteiherrschaft keine Diktatur der arbeitenden Klasse über die besiegte Ausbeuterschaft, sondern eine Klüngeldespotie mit dem Charakter einer Staatsregierung bedeutet, erweist sich ja in Rußland. Ich habe in der ersten Nummer dieser Zeitschrift die Diktatur des Proletariats definiert als "Diktatur der Klasse, solange die feindliche Klasse noch Atem hat: als Diktatur der Revolution gegen die Konterrevolution". Das Bakunin solche revolutionäre Diktatur keineswegs abgelehnt hat, läßt sich aus zahllosen Stellen seiner Schriften und erst recht aus seinen Handlungen nachweisen. Man sehe sich doch nur die Dekrete an, die er zur Proklamierung der Kommune in Lyon vorbereitet hatte. Wenn das keine Diktatur ist, weiß ich nicht, wo sie anfängt. Wollt ihr, verehrte diktaturfeindliche Genossen, keine Zwangsmaßnahmen ergreifen? Wollt ihr die reaktionäre Presse ungestört ihr Gift spritzen lassen? Wollt ihr die organisatorischen Maßnahmen des Proletariats von entgegen wirkenden Kräften sabotieren und vernichten lassen, bloß um euch in dem Wahn schaukeln zu können. Revolution sei Freiheit, man brauche bloß zu verkünden: das Volk ist frei! und schon bedürfe es keines Zwanges mehr in aller Welt? Ihr meint das ja selber gar nicht, ihr ängstigt euch nur vor dem Wort Diktatur und so schreit ihr gegen die Sache! Von Theorien und Wortängsten unbeeinflußte Proletarier aber denken an die Sache und nennen sie bei dem ihnen geläufigen Namen. Da die Marxisten den Namen aussprechen, sich zu ihm bekennen, gewinnt er langsam die Bedeutung, die sie ihm beilegen. Ihr, Anarchisten, macht erst aus der Diktatur des Proletariats die Diktatur der Partei, die sie propagiert. Ihr, Anarchisten, habt alle die Zeichen, die dem Proletariat stets gemeinsam waren, sobald die Bolschewisten, sie für sich reklamierten, ihnen überlassen und damit anerkannt, daß sie Parteimonopole seien. Das alte Arbeiter-Symbol des mit der Sichel gekreuzten Hammers – die Parteikommunisten haben es zum Merkmal ihres Bekenntnisses gewählt, und wenn ein Anarchist es ansteckt, so hört er von den eigenen Kameraden, dies Zeichen gehöre der Partei. Durch die Annahme der schwarzen Fahne anstelle der roten, die bisher das verbindende Banner der ganzen proletarischen Klasse war, bringen gerade die Anarchisten es dahin, daß das rote Tuch der Bourgeoisie als die kommunistische Parteifahne gilt.

Wo aber ihr eigenes Abzeichen von guten Menschen akzeptiert wird, die mit revolutionären Tendenzen schon gar nichts zu tun haben, da finden unsre braven Anarchisten nichts dabei. Es bringt sie nicht einmal auf den Gedanken, ob denn dieses Abzeichen überhaupt etwas mit Anarchismus und Staatsverneinung zu schaffen hat. Früher, als wir in Deutschland die allgemeine Wehrpflicht hatten, war der wichtigste Kampf gegen den Staat der antimilitaristische. Das Zeichen des zerbrochenen Gewehrs hieß damals: Zerschlagt dem Staat seine Waffen, weigert euch, sie für den Staat zu tragen! - Inzwischen ist der alte deutsche Militärstaat kaputt gegangen, und die antimilitaristische Propaganda, die früher Reservat der radikalsten Mannschaft des Proletariats war, ist Gemeingut aller bürgerlichen Pazifisten geworden. Man schreit: Nie wieder Krieg! und predigt salbungsvoll gegen das Blutvergießen. Daß diese schöne Zukunftsvision niemals Wirklichkeit werden kann, solange der Kapitalismus nicht im revolutionären Kampf beseitigt ist, will kein Bürger sehn, denn es ist nicht seine Art, einem Übel an die Wurzeln zu gehen. Er reformiert gern Methoden, aber ans System zu rühren ist ihm ein zu unruhiges Geschäft. Und die Anarchisten? Konservativ und verloren in holden Kindheitsträumen vergaßen sie ihre Gewehrnadeln abzunehmen, und als die Pazifisten sie ansteckten, da vergaßen sie sogar die ursprüngliche Bedeutung des Sinnbildes und übernahmen fröhlich die, die ihm die neuen Freunde beilegten. In der anarchistischen Bewegung konnten sentimental-pazifistische Gewaltverneiner Fuß fassen! Die deutschen Anarchisten, deren besten einer, August Reinsdorff, den Kopf aufs Schafott gelegt hat, wurden als gewaltlose Kohlrabiapostel zum Gespött der revolutionären Arbeiter. Gewiß, diese unglaubliche Verirrung scheint so ziemlich in allen anarchistischen Kreisen außerhalb Klosterneuburgs überwunden, aber es ist trübe genug, daß sie möglich war.

Es gibt noch genügend Lächerlichkeiten, die mit dem Namen der Anarchie Unfug treiben. Am schlimmsten sind jene anarchistischen Krautsiedler, die die unbeschreibliche Vermessenheit haben, sich bei ihrem friedfertigen Tun auf Gustav Landauer zu berufen. Nein wahrhaftig, Gustav Landauer hat die Kaninchenzucht in Schrebergärten nie im Leben für revolutionäres und sozialistisches Beginnen gehalten! Seine revolutionäre Siedlungsidee beruhte auf dem Gedanken eines höchst kämpferischen Boykotts der kapitalistischen Produktion und Konsumtion und sollte erst verwirklicht werden, wenn der Boden "durch andere Mittel als Kauf" in den Händen der Sozialisten sei.

Wie es gekommen ist, daß die anarchistische Bewegung in Deutschland zeitweise vollständig die Verbindung mit ihren Traditionen zur Zeit des Sozialistengesetzes verlieren konnte, könnte lohnender Gegenstand einer Spezialuntersuchung sein. Ein nicht unerheblicher Anteil an dieser Entwicklung ist jedenfalls auf den Einfluß zurückzuführen, den der Syndikalismus auf die anarchistischen Gruppen gewann. Als die lokalistischen Gewerkschaftsströmung sich zu Anfang des Jahrhunderts nach französischem Vorbild auch in Deutschland zu einem umfassenden Netz syndikalistischer Arbeiterbörsen vereinigten, glaubte man, sich zugleich auf ein weltanschauliches Bekenntnis festlegen zu sollen. Das föderalistische Organisationsprinzip und die dadurch bedingte Anwesenheit anarchistischer Genossen in den Lokalverbänden mag die grundsätzliche Anerkennung des Anarchismus bei der Begründung der freien Vereinigung deutscher Gewerkschaften veranlaßt haben. So kamen Arbeiter zum Anarchismus, denen die großartigen revolutionären Ideen der Anarchie gänzlich fremd waren und wohl auch für die Dauer hinter ihren dem Kampf ums tägliche Brot zugekehrten Koalitionsinteressen zurückstehen müssen. Der Gedanke, daß revolutionäre Kämpfe und Maßnahmen nur wirtschaftliche Mittel erlaubten, drang verheerend in die Vorstellungswelt der Anarchisten ein und überschlug sich in dem Wahnwitz, den gewaltsamen Kampf allgemein zu verwerfen. Erst in der letzten Zeit scheinen sich endlich die Anarchisten - und unter ihnen grade auch solche, die die wirtschaftliche Organisation des Syndikalismus entschieden bejahen - von dem lähmenden Einfluß des Nurgewerkschaftertums in der Bewegung energisch befreien zu wollen. Der Geist Bakunins und Mosts beginnt wieder, sich zu regen. Opposition wird bemerkbar gegen die Verfälschungen der revolutionären Kampfidee des Anarchismus, gegen die Verbonzung und Zentralisierung der Bewegung durch Funktionärskörper und Aufsichtsinstanzen, gegen den zelotenhaften aktionslähmenden Buchstabenfanatismus der Gralshüter überholter Auffassungen, endlich auch gegen die Selbstgenügsamkeit der anarchistischen Pagoden, die im Wissen, daß ihnen allein alle Wahrheit und Heilslehre zuteil ward, kopfwackelnd auf einem Broschürenhaufen sitzen und uns bemitleiden, die wir immer von neuem verdaute, immer von neuem gefressene Weisheit dieser Schriften nicht allein für das rettende Elixier der Menschheit und der Freiheit halten.

Von der anarchistischen Jugend muß ein anderes Mal gesprochen werden. Sie wird der Opposition Halt und Ziel geben müssen. Findet sie nicht aus der Gefolgschaft der Alten den Weg zur Spitze, den Mut zur Tat, zum Beispiel, zu Kritik und Entschluß, zur Umkehr und zu neuem Aufstieg, - dann sehe ich nicht, was die anarchistische Bewegung Deutschlands noch vor dem Versauern in nörgelnden Diskutierklubs retten kann. Was nötig ist, ist Abkehr von den Traditionen der letzten 20 Jahre, Rückkehr zu den Traditionen, die dem Anarchismus einmal den Ruhm verschafften, der Schrecken der bürgerlichen Wohlanständigkeit zu sein, Freimachung von der Isolierung, und - bei völliger Selbstständigkeit in Idee und Entschluß - kameradschaftlicher Anschluß an die kampfgewillten Massen aller Richtungen des revolutionären Proletariats!

Staat und Kirche

Der Kampf, den der mexikanische Präsident Calles zur Befreiung des Staates von den übermächtigen Einflüssen des Klerus führt, bietet durchaus keinen Anlaß zu der überschwenglichen Begeisterung, mit der die Revolutionäre in aller Welt den Sieg der Freiheit über die Knechtung des Geistes feiern. Gewiß illustrieren die Formen des bewaffneten Widerstands, in denen die Geistlichkeit um die Zurückeroberung ihrer Machtposition ringt, sehr eindeutig den Charakter der Kirche als weltlich-politische Organisation, und die Scheußlichkeit etwa der terroristischen Überfälle auf Personenzüge, bei denen, angeblich unter Führung katholischer Priester, die Passagiere mit Greisen, Frauen und Kindern in den brennenden Eisenbahnwagen eingesperrt und zu Tode gemartert wurden, zeigt, bis zu welchem Maße fanatischen Aberglaubens eine ursprünglich ethische Idee verfälscht werden kann, wenn materielle Herrschsucht sich ihrer als Mittel bedient. Der Kampf der Calles-Regierung gegen die Kirche ist, genau wie Bismarcks "Kulturkampf" vor 50 und der Kampf des französischen Kabinetts Combes gegen die Kongregationen vor 25 Jahren, nichts anders als ein Rivalitätsstreit zweier der Freiheit gleich feindlichen Mächte um Autorität und Gewalt über den wirtschaftlich unselbständigen Teil der Bevölkerung. Der Kampf in Mexiko wird enden, wie die Krachs zwischen Staat und Kirche noch immer geendet haben: mit einer Einigung auf Grund der Gleichberechtigung-, der gegenseitigen Duldung und der hilfsbereiten Unterstützung in der Ausübung der Macht. Auf die äußeren Formen dieser Einigung wird es sehr wenig ankommen, und es läßt sich wohl vorstellen, daß die Trennung von Staat und Kirche durchgeführt würde, ohne daß dadurch die Machtsphäre der Kirche im Staat die geringste Einbuße erlitte.

Es darf allgemein bezweifelt werden, ob die Forderung der Atheisten und Freidenker, der Staat solle den kirchlichen Institutionen die Subventionen und den gesetzlichen Schutz ihrer Gebräuche und Einrichtungen entziehen, auf einer zutreffenden Einschätzung der wirklichen Beziehung beider Mächte zu einander beruht. Es scheint da vielfach die Einsicht zu fehlen, daß der Staat die Kirche braucht, da die Anerkennung seiner Autorität, das hochgerühmte "Staatsbewußtsein", ohne die kirchliche "Seelsorge", das ist die Erziehung der Menschen zur Unterwerfung unter eine imaginäre, transzendentale Autorität, zur Anbetung einer außerirdisch vorgestellten, Willen und Schicksal bewußt lenkenden göttlichen Gewalt, auf die Dauer gar nicht erhalten werden könnte. Der Staat braucht die Kirche, weil er ohne ihre Zurechtknetung der menschlichen Seele zum Glauben an die Obrigkeit, zur kritiklosen Hinnahme des Absurden und Vernunftwidrigen und zum demütigen Selbstverzeicht nicht existieren könnte; die Kirche braucht den Staat nicht, - sie benutzt ihn nur, weil er sie braucht.

Die Interessen der Kirche sind nicht ohne weiteres identisch mit denen des Staates. Der Staat ist die Exekutionsmaschine der kapitalistischen Ausbeutung innerhalb nationaler Grenzen. Er kann nichts andres sein und niemals etwas andres werden. Wohl aber ist es möglich, daß die kapitalistische Ausbeutung sich einmal, wenn die nationalen Begrenzungen des Staates das Geschäft zu stören beginnen, zum Bau geeigneterer Ausführungsmaschinen im internationalen Maßstabe entschließen wird, die Staatsfunktionen auf bloße Polizeidienste mit den Mitteln der bewaffneten Macht und der Justiz beschränkend. Die zur Zeit in Genf tagende Weltwirtschaftskonferenz zeigt deutlich genug diese Tendenz. Die Kirche verfolgt von vorn herein nirgends national begrenzte Ziele. Sie ist - alles dies gilt gleichermaßen für die katholischen, lutherischen, jüdischen, mohammedanischen wie die sonstigen deistischen Bekenntnisse - an territorialen Fragen gänzlich uninteressiert und erstrebt eine anders geartete Macht als der Staat, erstrebt sie aber für sich selbst, nicht wie jener als Mandatar einer übergeordneten Gewalt für einen Dritten. Da das Machtstreben des Staates für das übergeordnete Kapital die Kreise des eigenen Machtstrebens nicht stört, unterstützt die Kirche den Staat gegen entsprechende Gegendienste in der Niederzwingung des Proletariats unter den Willen der Besitzer der Produktionsmittel. Als Gegenleistung stärkt der Staat die Macht der Kirche mit den Mitteln seiner Gesetzgebung.

Die historischen Materialisten irren, wenn sie allem Machtstreben ökonomische Beweggründe beimessen. Es ist im Gegenteil so, daß der Kampf um die Nahrung in der ganzen Natur ein einfacher Vorgang der Umsetzung von Lebenssubstanz, der Verwandlung der Stoffe ist, mit Machtgelüsten aber gar nichts zu schaffen hat. Der Tiger erschlägt das Pferd, um es zu fressen, keineswegs aber um Macht auszuüben. Das Wesen der Macht nämlich ist die Unterwerfung lebendigen Willens zur Hörigkeit und Preisgabe, nicht die Tötung des Lebens. Daß bei der Unterwerfung von Menschen unter die Macht anderer Menschen ursprünglich der Wille zur ökonomischen Bereicherung auf Kosten des anderen bestimmend war, ist wahrscheinlich. Es ist aber kein Beweis dafür, daß der durch ökonomische Ursachen herangebildete Begriff der Macht sich nicht im Lauf der Entwicklung zum Selbstzweck machen und den ökonomischen Vorteil über den Mitmenschen als Mittel zur Macht benutzen konnte. Die in unsern kapitalistischen Verhältnissen bis zum Höchstmaß kultivierte Anhäufung unvorstellbarer Vermögen in den Händen einzelner, die alle Energien nur zur immer noch steigenden Vermehrung dieser Reichtümer verwenden, dient gewiß nicht zur Verbesserung der Lebenshaltung der Multimillionäre, die bei allem Luxus nur einen minimalen Bruchteil ihrer Einnahmen zu verbrauchen wissen, sondern nur zur Versklavung von immer mehr Menschen unter ihren Willen, demnach zur Stärkung der Macht, die sie durch willkürliche Zulassung oder Nichtzulassung der Arbeiter zu den Produktionsmitteln ausüben. Die Verfügungsgewalt über die ökonomischen Ausbeutungsmittel gibt ihnen das Bewußtsein unumschränkter Herrschgewalt, der Macht der Tyrannei. Die Triebfeder ihres Handelns aber ist längst nicht mehr ökonomischer Eigennutz, sondern der ökonomische Eigennutz ist ihnen Mittel zum Zweck, sich Herr und Autorität zu fühlen.

Wollen die Kapitalisten persönliche Macht erringen, die sie durch ihren Zusammenschluß als Klassengemeinschaft und durch die Organisation der zentralen Staatsmacht vermehren und festigen, und betrachten sie das Monopol der Wirtschaft als den einzigen realen Ausdruck positiver Macht, so geht die Kirche darauf aus, das Gefühlsleben der Menschen in ihre Gewalt zu bringen, die mystischen und metaphysischen Bedürfnisse der Seelen in die Abhängigkeit ihrer Dogmen zu pressen, den Verstand, die kritische Beobachtung, die Sinnlichkeit schon der kaum zu eigenem Erleben erwachten Kinder in die Bahnen zu lenken, die ins abstrakte Machtgebiet ihrer Herrschaft führen. Die ökonomischen Interessen der Kirche sind diesem Machtstreben durch die Idee bewußt untergeordnet. Die Anhäufung irdischer Güter, auf die sich die Kirche gewiß nicht schlecht versteht, dient dem Ausbau ihrer Organisation, ihres ungeheuren Beeinflussungs-Apparates und ihrer Konkurrenzfähigkeit mit den nur auf wirtschaftliche Potenz gestellten Mächten.

Eine Untersuchung, wie weit die ursprünglich religiös-sittlichen Fundamente der Kirchen dem Eindringen konfessionell-parteipolitischer Interessen überhaupt noch standgehalten haben, kann hier ausscheiden. Die zahllosen religiösen Sekten, die sich die ideelle Reinigung speziell des Christentums zur Aufgabe gestellt haben und durchweg den Kampf gegen die Kirche als Voraussetzung dazu ansehen, mögen darüber als Nächstbeteiligte entscheiden. Religionsphilosophische Auseinandersetzungen stehen bei politischen Diskussionen mit der Kirche zu allerletzt in Frage, und wären die Deisten mit ihren Glaubenssätzen und Bekehrungsversuchen nie aus den Bezirken herausgetreten, in denen die freie Propaganda Raum hat, dann hätte sich auch jede antiklerikale Agitation in den Grenzen des Ideenkampfes mit Gründen und Gegengründen zu halten. Denn für den Revolutionär ist zunächst nicht die Kirche der Feind, sondern der Staat. Aber der Ideenkampf hört auf und wird zum Kampf mit politischen, mit revolutionären Mitteln, wenn die Kleriker ihre Bethäuser verlassen, sich als weltlich-politische Truppe ins Stadion der Boxmeister stellen und für ihre Machtansprüche gegen Konzessionen an die von keinen ethischen Verbrämungen umhüllten Ausbeuterinteressen des Kapitals die gesetzgeberische Gewalt des Staates anrufen.

Die Kirche ist älter als der Staat; aber seit es Staaten gibt, hat sie deren politische Waffen zur Befestigung ihrer Macht benutzt. Hier soll gar nicht von den abergläubischen Greueln des Mittelalters gesprochen werden. Es genügt, das heute noch in Deutschland geltende Strafgesetzbuch anzusehen, in dem der jenseitige Gott der Christen und Juden, dessen Vorstellung uns so fremd ist wie die des Lindwurms oder Einhorns, mit irdischen Strafen gegen die Beleidigung seiner himmlischen Majestät geschützt wird. Das sind Konzessionen des Staates an die Kirche, die nichts kosten und zu Gefälligkeiten verpflichten. Weitaus ärger steht es um den Staatsschutz dessen, was die Kirche Sittlichkeit zu nennen beliebt und was nichts andres ist als ein Vorwand, das Verfügungsrecht des Individuums über seinen eigenen Körper mit Hilfe des trüben Begriffs "Sünde" unter die Kontrolle autoritärer Instanzen zu stellen. Die Kirche arbeitet da mit der Angst vor Höllenqualen nach dem Tode, und der Staat gibt sich dazu her, den jenseitigen Peinigungen auf dieser Welt den realen Vorgeschmack zu geben. Da sind alle Gesetze, die den sexuellen Wandel der Menschen abschleifen sollen, so der üble Kuppelei-Paragraph, der die Verschacherung der Töchter zur lebenslänglichen Eheweibsversklavung an einen Meistbietenden schützt, indem er Zimmervermieter unter Strafe stellt, wenn sie zwei Menschen, die sich ohne behördliche Abstempelung lieb haben, Quartier geben. Da ist der nichtswürdige Päderastie-Paragraph, der die Befriedigung eines Naturdranges bedroht, der im freien Einverständnis erwachsener Personen ohne die geringste Schädigung Dritter betätigt wird. Hier setzen freilich schon kapitalistische Staatserwägungen ein; denn die ausbeutende Klasse ist interessiert an der Geburt möglichst vieler Proletarier, denen zwar weder hygienisches Aufwachsen noch die notwendigste Nahrung garantiert wird, die aber da sein müssen, damit die exploitierte Arbeitskraft billige Marktware bleibt. Besonders kraß tritt dieser Gesichtspunkt im Verbot der Fruchtabtreibung zutage, der die armen Frauen zwingt, Kinder tuberkulöser, syphilitischer oder geisteskranker Väter zur Welt zu bringen, in unglücklichen Ehen im Alkoholrausch oder gewaltsam erzeugte, in Haß und Ekel empfangene Kinder, für deren Säuglingszeit schon nicht Wiege, Weißzeug und Milch zu schaffen ist. So will -es die Sittlichkeit der Kirche, so will es der Arbeitsmarkt des Kapitals.

Im republikanischen Deutschland hat die politische Organisation der Kirche die Staatsmacht ganz in die Hand bekommen. Daß es grade das katholische Zentrum ist, spielt keine Rolle; der Evangelische Bund, der auch noch mitzureden hat, ist um nichts besser, und ließen die christlichen Konkurrenten den Verein deutscher Staatsbürger jüdischen Glaubens ans Steuer, wär's genau so. Der Staat braucht in dieser Zeit, da der todkranke Kapitalismus den Widerstand seiner Opfer mit allen Mitteln niederhalten und unterdrücken muß, den sanften Augenaufschlag der Frömmigkeit, das Ethos von Zucht und Sitte, das ihm nur die Kirche liefern kann, dringender denn je. Erst mußte die Jugend vor Schmutz und Schund in Wort und Schrift behütet werden, damit der revolutionären Literatur und Kunst das Genick umgedreht werden kann. Jetzt soll die Jugend vor seelenvergiftenden Vergnügungen bewahrt werden, damit auch revolutionäre Kundgebungen, bei denen junge Menschen zur Erkenntnis der sozialen Schweinerei erweckt werden könnten, entgiftet werden. Dann folgt die Auslieferung der Schule an die Kirche, und mit dem Konkordat endlich soll alles dies für die Ewigkeit, auf die die kapitalistische Herrschaft sich gesichert glaubt, vertraglich geregelt werden. In Bayern sind alle diese Maßnahmen nicht mehr nötig. Dort hat die Kirche sich selbständig als Staatsmacht etabliert und teils in festgelegten Gesetzen, teils ungesetzlich erreicht, wonach das Kapital strebt. In Preußen betreibt sie das Geschäft der Kapitalisten im Bunde mit den Sozialdemokraten, im Reich mit den Deutschnationalen. Der Effekt ist der gleiche überall: der Staat gebraucht die Kirche, die Kirche benutzt den Staat.

Die Forderung der Trennung von Staat Kirche trifft neben ihr Ziel. Der revolutionäre Kampf muß dem Staate gelten, der Kirche nur, soweit sie mit dem Staate identisch, beziehungsweise sein bestimmendes oder ausführendes Organ ist. Mögen die Gläubigen in ihren Kirchen, Synagogen und Moscheen ihre Riten pflegen, wie sie es für gut halten; wir können sie auch nicht hindern, ihre Kinder im Geiste der Konfessionalität zu erziehen, der uns vom Geiste der Religiosität, der mit Gottglauben nichts zu schaffen hat, sehr weit entfernt scheint. Wir haben uns aber dagegen zu wehren, daß die kirchlichen Ansprüche auf Hirtenamt und Sündenkontrolle mit den gewalttätigen Mitteln des Staates in unsre Bezirke übergreifen. Der Staat wird uns nicht helfen, seinen besten Bundesgenossen abzuwehren, selbst da nicht, wo er, wie zur Zeit in Mexiko, sich selbst von der zu engen Einschnürung seiner Bewegungsfreiheit zu erlösen sucht.

Den Kampf gegen die Kirche können wir nur führen, indem wir aus ihren Organisationen und Gebetsgemeinschaften austreten, durch Bloßstellung ihrer Staats- und Kapitalsverbundenheit den Kirchenboykott werbend fördern und indem wir unsre Kampfkräfte gegen den Staat und alle seine Einrichtungen konzentrieren. Ist der Staat einmal zerschlagen, der Kapitalismus vernichtet, der Besitz an Grund und Boden und an den Produktionsmitteln der gemeinsamen Bewirtschaftung der Arbeitenden zugeführt, dann ist auch die Kirche der Mittel beraubt, die materielle Macht auszuüben, auf die allein heute noch ihre Macht über die Geister und Seelen sich stützt. Der Staat braucht die Kirche, die Kirche benutzt den Staat. Ihre Macht wird zerbrochen sein, wenn die Organisation der Gesellschaft frei sein wird, keine Hilfe außerirdischer Kräfte mehr braucht und sich von keiner Spekulation auf das schlechte Gewissen der Menschen mehr benutzen läßt.

Staatsverneinung

Das Problem des Staates ist ein Problem der Macht. Menschen, einzelne oder in Gruppen verbundene, denen die Erringung der gesellschaftlichen Macht über die Mitmenschen gelungen ist, bedürfen eines zentralen Machtapparates, um die Unterworfenen auf die Dauer in ihrer ökonomischen Abhängigkeit zu halten. Es gibt keine andere Unterwerfung von Menschen unter die Macht anderer als ihre Fesselung in wirtschaftliche Hörigkeit. Das politische Zwangsinstrument dieser wirtschaftlichen Fesselung ist der Staat.

Die Staatsform, um die unter den jeweiligen Inhaber und Anwärtern der gesellschaftlichen Exekutivgewalt ein aufgeregtes und verwirrendes Geschrei tost, ist in Hinsicht der Funktion des Staates als Vollstreckungsorgan der ökonomischen Ausbeutung ohne alle Bedeutung. Mag das despotische Sultanat eines absoluten Herrschers, die konstitutionell eingeschränkte Monarchie, die faschistische Diktatur, die republikanische Demokratie oder die Oligarchie eines Parteivorstands ein Land regieren - jede dieser Methoden erweist sich schon durch ihre zentralistische Struktur als dem Volksganzen übergeordnet, demnach als vom Volksganzen losgelöst, mithin als dem Volksganzen feindlich. Zentralismus bedeutet nichts anderes als Direktion von oben nach unten, Herrschaft der Verwaltung über Verwaltete, Befehlsgewalt der Schalterbeamten, Entmündigung der gesellschaftsbildenden Masse, Bürokratismus. Jedes zentralistische Gebilde kann nur als Machtapparat bestehen; Macht in gesellschaftlichem Sinne ist immer ökonomische Unterdrückung; also ist Staatsmacht in allen ihren Formen ihrer Ausdrucksmöglichkeiten stets der Rechtsvorwand einer Klasse zur Beherrschung und Ausbeutung der andern Klasse.

Staat und Obrigkeit sind Synonyme: daher kann es keine anderen Staaten geben als Obrigkeitsstaaten. Staat und Klassengesellschaft sind Synonyme; daher kann es keine anderen Staaten geben als Klassenstaaten. Staat und Zentralismus sind Synonyme; daher kann es im Staat keine Organisation von unten nach oben, keinen ausbeutungslosen Sozialismus, keine Selbstbestimmung des Volkes, keine Zusammengehörigkeit der Gesamtheit, kein einheitliches Recht und kein Volksganzes geben.

Der Ursprung des Staates ruht in dem Bedürfnis nach ökonomischer Machtbefestigung. Das Prinzip des Staates, jedes Staates, ist die juristische Sicherung des Privilegs der Ausbeutung der gesellschaftlichen Arbeit durch eine schmarotzende Minderheit. Es ist völlig wahr, was die Marxisten sagen - nur ist diese Wahrheit, wie viele andere marxistische Erkenntnisse bedeutend älter als der Marxismus, - daß der Staat Produkt und Ausdruck der ökonomischen Klassendifferenzierung in der Gesellschaft ist. Aber die Marxisten übersehen oder unterschätzen einen Umstand von allgemeiner Geltung. Alle gesellschaftlichen Verhältnisse schaffen sich immer nur die Ausdrucksform, die durch ihre besondere Wesensart bedingt ist. Das bedeutet, daß die Organisationsform eines sozialen Zustandes nicht auf einem neuen, grundsätzlich verschiedenen, übertragenen werden kann. Der zentrale Staat wurde geschaffen als administrativer Apparat der gesellschaftlichen Ausbeutung; in seiner gegenwärtigen Gestalt als wesensloses Räderwerk eines öden bürokratischen Mechanismus ist er der präziseste Ausdruck des verfallsreifen Hochkapitalismus. Es ist nicht möglich, die kapitalistische Ausbeutung zu beseitigen, ohne das Gehäuse zu zerschlagen, das der Kapitalismus sich zu seinem Wachstum gemäß seinen besonderen Bedürfnissen gebaut hat. Das hat zum Glück der russischen Revolution Lenin eingesehen gehabt, als er 1917 im Bunde mit Anarchisten und linken Sozialrevolutionären Bakunins Auffassung, daß der Staat nicht, wie Marx und Engels lehrten, zu erobern, sondern zu zerstören sei, zu praktischer Durchführung verhalf. Leider fielen jedoch die Bolschewiken nach vollbrachter Tat in den staatsautoritären marxistischen Aberglauben zurück und errichteten an Stelle des zertrümmerten zentralistischen Staatsapparates einen neuen der gleichen Struktur, in der naiven Meinung, in dem vom Kapitalismus für seine Methoden ersonnenen, für seine Ausbeutungszwecke temperierten Treibhause Sozialismus und Gleichheit, klassenlose Gemeinsamkeit und Autonomie der Räte entwickeln zu können. Die Verwaltung des Gemeinwesens durch die von den Arbeitsstätten aus von unten nach oben wirkende föderative Organisation der Räte, die von den revolutionären Kommunisten aller Schattierungen als Ziel angestrebte Räterepublik, kann niemals ein Staatsgebilde sein. Staat setzt Regierung voraus, das ist obrigkeitliche Befehlsgewalt und Rangordnung.

Die Räterepublik ist charakterisiert in der Forderung der russischen Arbeiter und Bauern von 1917, die das revolutionäre Weltproletariat als Kampfruf aufgenommen hat: Alle Macht den Räten! Räte sind die aus den Produktionsbetrieben unmittelbar entsandten, für jede Einzelfrage nach besonderer Eignung ausgesuchten, stets abrufbaren und auswechselbaren, unter dauernder Kontrolle der Werktätigen nach deren eigenen bindenden Beschlüssen handelnden Delegationen der industriellen und landwirtschaftlichen Betriebsbelegschaften. In den Räten ist also die gesamte städtische und ländliche arbeitende Bevölkerung zur direkten Ausübung aller Verwaltungsfunktionen des Gemeinwesens zusammengeschlossen. Die Leistung der Verwaltungsaufgaben in den gemeinsamen Angelegenheiten weiterer und weitester Bezirke geschieht durch Unterdelegationen dieser Räte zu Kreis-, Provinzial-, Landes-Räte-Kongressen nach dem gleichen Grundsatz der Verantwortung nach unten, der Abrufbarkeit, des gebundenen Mandates, bis hinauf zu den höchsten Exekutivorganen, dem Zentralexekutivkomitee und dem Rat der Volksbeauftragten, denen keine Legislative, sondern durchaus nur die Ausführung des Willens der im Produktionsprozeß unmittelbar Tätigen zusteht, und die, stets gewärtig, den Platz im ganzen oder für einzelne Aufgaben berufeneren Genossen räumen zu müssen, immer nur Beauftragte, nie Auftraggeber sind. Die Verfassung der Russischen Sozialistischen Föderativen Sowjetrepublik vom 10. Juli 1918, die der Zusammenarbeit marxistischer und anarchistischer Kräfte zu danken ist, hat die Prinzipien dieses staatlosen Systems, wenn auch noch nicht unter restloser Konsequenz, so doch mit der klaren Hervorhebung der Tendenz herausgearbeitet, daß in dieser Konstitution der Übergang gesucht wird zur "Einsetzung der sozialistischen Gesellschaftsordnung, unter der es weder eine Klassenteilung noch eine Staatsmacht geben wird".

Föderalistische Organisation heißt Organisation von der Basis zur Spitze, Verbindung der wirkenden Kräfte zu selbstverantwortlichem Tun, statt Übertragung der Verantwortung auf übergeordnete Instanzen. Der Rätegedanke ist demnach eine rein föderalistische Idee. Der Versuch, eine Regierungsgewalt mit dem Rätesystem zu verquicken, hebt die Omnipotenz der Räte praktisch auf und setzt über die Räte, denen doch "alle Macht" gehören soll, eine andere Macht. Die Gründe, die die Bolschewiken veranlaßten, anstelle der Rätediktatur die Diktatur ihrer Partei zu errichten, liegen freilich auf der Hand. Sie fürchten, daß unter den werktätigen Arbeitern und Bauern eine Mehrheit von indolenten, der west-europäischen Demokratie ergebenen oder gar der feudalistischen Tradition anhängenden Elementen die Räterepublik als bestimmenden Faktoren von vorn herein unrettbar diskreditieren, und sie an der Erfüllung ihrer revolutionären Mission hindern würden, nämlich die Überführung der Reste der kapitalistischen Wirtschaft in die sozialistisch-kommunistische Produktions- und Lebensordnung zu gewährleisten. Ohne Zweifel war diese Gefahr groß, ohne Zweifel konnte ihr aber auf andere Art gesteuert werden, als dadurch, daß über die Räteinstanzen eine Parteiregierung und damit ein zentraler Staat gestülpt wurde, dessen monopolitische Politik wohl die konterrevolutionären Bestrebungen der Menschewisten, der rechten Sozialrevolutionäre und der übrigen Helfershelfer der von der geeinten revolutionären Arbeiter- und Bauernschaft niedergeworfenen Weißgardisten unterdrückte, zugleich aber auch, und zwar in viel höherem Maße als Passive und Indifferente, die aktive vorwärtsdrängenden linken Revolutionäre aller Richtungen, die Anarchisten, linken Sozialrevolutionäre, Maximalisten und die Linkskommunisten, soweit sie nicht der bolschewistischen Partei angehörten, niederhielt und unter Verfolgung stellte, also gerade die Kräfte, ohne deren energische Beteiligung die Oktoberrevolution niemals hätte siegreich sein können.

Der Grundirrtum der marxistischen Theorie, das zentralistische Prinzip gewann in Rußland Geltung. Aus der Räterepublik wurde ein "Räte-Staat", ein Widerspruch in sich selbst. Eine Staatsregierung, an deren Wesensart der Name "Räte-Regierung" nichts ändern kann, erläßt Staatsgesetze, und das Gefäß des Staates füllt sich langsam und unaufhaltsam mit dem Inhalt, für den die Form des Staates ursprünglich geschaffen, für dessen Aufnahme sie allein geeignet ist: mit dem Inhalt kapitalistischer Konzessionen.

Das russische Revolutionsproblem läßt sich nicht von einem Punkt aus beurteilen. Die krisenhafte Zuspitzung der Differenzen wegen der russischen Staats- und Wirtschaftspolitik und mithin der Taktik und der Methoden der kommunistischen Internationale, die heute die populärsten Persönlichkeiten der revolutionären Heroenzeit in Opposition gegen das herrschende Regime zeigt, unter ihnen Trotzki, Sinowjew, Kamenew und selbst Lenins Witwe, Krupskaja, hat zahlreiche Gründe, die zum allergeringsten Teil in persönlichen Rivalitäten, geschweige denn in gewolltem Verrat oder mangelndem Idealismus zu suchen sind. Die Tatsachen sind überall stärker als die Menschen, zumal die Tatsachen der Ökonomie. Nur stellen auch Tatsachen, an deren Auswirkungen die Menschen nicht mehr vorbeikommen, ihr Verhalten unter dem Gesichtspunkt zur Kritik, ob nicht ein anderes Verhalten andere Tatsachen gezeitigt hätte. Und da sollte man bei der Erörterung der russischen Frage nicht an der Möglichkeit vorbeigehen, daß die Gesamtanlage des bolschewistischen Staatssystems an einem Konstruktionsfehler leidet: an dem, daß die föderative Rätemacht durch eine zentralistische Staatsmacht ersetzt ist.

Die bevorstehenden Revolutionen der westeuropäischen Proletariate haben aus den Erfahrungen der russischen Arbeiter und Bauern in ernster Prüfung zu lernen. Sie können unendlich viel Nachahmenswertes von ihnen annehmen. Die warnende Lehre der russischen Revolution aber ist ihre Kapitulation vor der Idee des Staates. Staat, man mag ihn kneten wie man will, ist Unterwerfung der Arbeitenden, ist Klassenscheidung der Gesellschaft. Ein “Räte-Staat” ist niemals eine Räterepublik. Denn Staat ist immer die Ausdrucksform unterdrückender Zentralgewalt: Räterepublik aber ist die föderalistische Ordnungsform der Anarchie, d. h. der obrigkeitslosen Selbstbestimmung der gesellschaftlichen Gesamtheit. Die Revolution, die den Staat nicht austilgt, so daß an seiner Stätte nichts ähnliches je wieder wachsen kann, wird ohne Hoffnung sein, die klassenlose kommunistische Gesellschaft zu verwirklichen. Die Diktatur des Proletariats ist nötig als Diktatur der Klasse, solange die feindliche Klasse noch Atem hat: als Diktatur der Revolution gegen die Konterrevolution. Der Ersatz der proletarischen Diktatur durch die Diktatur einer obrigkeitlichen Regierung bedeutet die Preisgabe der sozialen Revolution an den Staat. Der Staat aber ist unvereinbar mit dem Recht des Arbeiters; er ist der Todfeind der sozialen Gleichheit. Wo Staat ist, kann keine Freiheit sein und keine werden.

Die proletarische Linke

Proletarische Linke! Das ist eine ganz dumme Überschrift. Sie bezeichnet nicht im geringsten das, wovon hier die Rede sein soll. Sie ist nur eine Konzession an den albernen Sprachgebrauch, eine Konzession, die notwendig ist, damit der revolutionäre Proletarier, von schlechten Schlagworten gegen klare Formulierungen abgestumpft, auf den Inhalt des Artikels vorbereitet ist.

Die politische Scheidung von Rechten und Linken ist ursprünglich eine Übung parlamentarischer Zweckmäßigkeit. Die Auszählung der Stimmen durch den Präsidenten wird erleichtert, wenn er die Gruppen, die in der Regel gemeinsam stimmen, zusammen auf einer Seite vor sich sieht; so wurde es allmählich in allen Ländern Brauch, daß die systemerhaltenden Parteien zur Rechten und die grundsätzliche Opposition zur Linken des Wortführers Platz zu nehmen hatten.

Die proletarische Linke war in Deutschland vor der Zerspaltung und Zersplitterung der marxistischen Sozialisten unbestritten die sozialdemokratische Partei, denn sie allein stellte in den Parlamenten außerhalb der bürgerlich-liberalen Opposition die Vertreter der proletarisch organisierten Wähler. Heutzutage versteht man unter der proletarischen Linken allenthalben den revolutionär entschlossenen Teil des Proletariats im Gegensatz zur unrevolutionären proletarischen Rechten. Daß die Ausdrucksweise dem Parlament entstammt und nur im Zusammenhange mit parlamentarischen Sitten Sinn hat, ist selbst bei den strammsten Antiparlamentariern in Vergessenheit geraten, die mit der stolzen Betonung ihrer Linksheit ungewollt die parlamentarischen Vorstellungen im Proletariat stärken und beleben. Allenfalls, mag man sich für revolutionäre Antiparlamentarier das neuerdings von bolschewistischen Sprachbereicherern eingeführte Prädikat "ultralinks" gefallen lassen. Ultra- ist eine lateinische Präposition und heißt auf deutsch jenseits, darüber hinaus. Ein Ultralinker ist also einer, der noch jenseits der äußersten Linken des Parlaments steht, der seinen Platz über die Bänke der proletarischen Linken hinaus, somit außerhalb des Sitzungssaales hat. Die Anwendung freilich, die der neue Begriff bis jetzt findet, als moralhaltiges Schimpfwort gegen antirevisionistische kommunistische Partei-Parlamentaristen, entbehrt nicht der Komik. Immerhin ist es anständiger und den gemeinsamen Interessen des revolutionären Proletariats dienlicher, die radikaleren Genossen Ultralinke zu nennen und sich mit diesem Wort gesinnungsmäßig von ihnen abzugrenzen, als daß man sie, wie es leider bei der Führung der Kommunistischen Partei üblich geworden ist, persönlich suspekt macht und die Ehrlichkeit ihrer Überzeugung verdächtigt.

Der Titel "Die proletarische Linke" ist für diesen Artikel gewählt, weil er, trotz seiner parlamentarischen Herkunft, bei unserer Armut an allgemein verständlichen Begriffen, noch am umfassendsten die Bewegungen zu bezeichnen scheint, die wenigstens im subjektiven Wollen, der proletarischen Klasse die revolutionäre Mission der Beseitigung der bourgeoisen Klassendiktatur und die Überführung des kapitalistischen Staates in sozialistische Gesellschaftsformen mit den Mitteln des Aufstandes und des Umsturzes zuerkennen. Die Sozialdemokratie scheidet bei dieser Betrachtung selbstverständlich aus; sie rangiert längst als konservativste Partei des gegenwärtigen Staatsystems auf völlig bürgerlich-demokratischen Geleisen und ist sogar da schon vom fortschrittlichen Geist pazifistischer Republikaner weit überholt worden. Auch die Unabhängigen Sozialdemokraten können in diesem Zusammenhang übergangen werden. Ihr Streben beschränkt sich doch zu einseitig auf die Zurückleitung der Arbeiterschaft zu den Traditionen der Sozialdemokratie mit Bebels Deklamationen und Eisners Reformatoren-Romantik. Es sind aufrichtige und sympathische 48er, aber fast 80 Jahre Kapitalismus und Imperialismus haben einige Voraussetzungen ihres Idealismus erschüttert. Etwas anderes ist es mit Ledebours Sozialistischem Bund - der mit Gustav Landauers revolutionärer, Tatgemeinschaft nichts als den Namen gemeinsam hat -, hier scheint mir das Bett gegraben zu sein, in dem, vielleicht gar nicht in sehr langer Zeit, die vom kapitalistischen Polizeigeist ihrer Minister-Anwärter abgestoßenen Massen der Sozialdemokratie mit den resignierenden Scharen der Kommunistischen Partei in breitem Strom zu der großen, einigen, im Parlament zu grundsätzlicher demonstrativer Opposition vereinten sozialistisch-kommunistischen deutschen Arbeiterpartei zusammenfließen werden. Hier wird dann wieder eine "proletarische Linke" im eigentlichen Sinne ihrer parlamentarischen Bedeutung Leben gewinnen und vielleicht als Sammelbecken der Kräfte wirken, die dem ersten revolutionären Schlage der konzessionsfeindlichen radikalen Minderheit die Sicherung des Erfolges durch das Eingreifen der Massen folgen lassen. Die trüben Erfahrungen, die die deutschen Arbeiter bisher mit dem übersteigerten Partei-Zentralismus gemacht haben, lassen hoffen, daß sie sich in der Stunde der Erhebung die Direktiven nicht wieder von beamteten Führern, sondern aus der Erkenntnis des eigenen revolutionären Gewissens holen werden.

Was sich im Augenblick innerhalb der revolutionären deutschen Arbeiterbewegung vollzieht, ist bei allen betrübenden Erscheinungen der Prozedur eine Gesundungs-Operation. Es ist keineswegs eine Widerlegung des Parteiprinzips, daß jetzt die K.P.D. sich zur Massen-Amputation von Gliedmaßen der linken Seite genötigt sieht. Es ist aber eine Widerlegung des Wahns, als ob je und irgendwo eine Partei die historische Berufung haben sollte, durch ihren zentralen Verwaltungsapparat Revolutionen anzusetzen, zu leiten, durchzuführen, zu begrenzen und in ihrem Verlauf zu bestimmen. Eine zentralistische Partei hat alle Eigenschaften eines zentralistischen Staates und jeder andern zentralistischen Organisation, die Eigenschaften nämlich, die einen Mechanismus von einem Organismus unterscheiden. Es kann so wenig Selbstbestimmung von Parteimitgliedern geben, wie es Selbstbestimmung von Staatsbürgern geben kann. Initiative ist Angelegenheit derer, die mit der Aufgabe angestellt sind, Initiative innerhalb bestimmter starrer Vorschriften zu entfalten. In der Starrheit der Vorschriften erstarrt auch die Initiative der beamteten Initiatoren. Dagegen empört sich der Aktivitätsdrang der menschlichen Natur und so entsteht Bewegung, die den Parteirahmen zu erweitern sucht. Parteirahmen aber lassen sich nicht erweitern, sie lassen sich nur sprengen, und das hieße Zerstörung der Partei, die bei ihren Betreuern vermöge ihrer Struktur wie jeder zentralistische Apparat längst Selbstzweck geworden ist. Es ist klar, daß das Bestreben, eigene Initiative zu entwickeln, in einer Partei stets grade bei den Mitgliedern zu oppositioneller Aktivität drängt, deren revolutionäres Empfinden der Erstarrung im Bürokratismus am längsten trotzt. Die Monopolisierung der revolutionären Initiative für eine Parteileitung bedeutet also die Verdrängung jedes rebellischen Geistes, den Verzicht auf Rausch und Feuer im elementarischen Geschehen der schöpferischen Stunde, bedeutet Welterneuerung in der Retorte nach den in behaglicher Muße ertiftelten Formeln eines Rechenexempels. Die Ausschlüsse der Linksopposition aus der K.P.D. sind Notwehrakte derer, die, ohne selbst die Erstarrung der Partei zu empfinden, doch mit vollem Recht die Behinderung dieses Vorgangs als Angriff auf das Leben der Partei auffassen. Daß diese Krise der Kommunistischen Partei grade jetzt zur Auswirkung kommt, ist bei dem Abhängigkeitsverhältnis der Partei von der russischen Parteiregierung selbstverständlich. Da heute niemand mehr das Absterben des in Rußland den Sowjets übergeordneten Staates behauptet, sondern der Streit nur noch darum geht, ob die Festigung der wirtschaftlichen Verhältnisse als sozialistischer Aufbau innerhalb des Staates zu gelten habe oder nicht, stößt dieser Staat alle seine endgültige Stabilität gefährdenden Elemente aus, und dieser Prozeß überträgt sich fast automatisch auf seine als Keimzellen im Ausland etablierten Partei-Filialen.

In Rußland ist man der Überzeugung, daß der Kapitalismus im europäischen Westen sich wieder befestigt habe, daß also die Bedingungen zu einer sozialen Revolution vorläufig nicht mehr gegeben seien. Daraus ziehen die in Staat und Partei maßgebenden Persönlichkeiten die logisch einwandfreie Folgerung, daß Sowjetrußland sich mit der kapitalistischen Umwelt abzufinden habe und daß die Kommunistischen Parteien des Auslands sich innerhalb des geordneten kapitalistischen Staats- und Wirtschaftsbetriebes als Dauer-Opposition einrichten müssen. Diese von Stalin und Bucharin vertretene Auffassung mag unrichtig sein - ich bin der unumstößlichen Meinung, daß sie verhängnisvoll falsch ist - so kann doch kein Zweifel bestehen, daß ein straff diszipliniertes Gebilde wie die Kommunistische Internationale, will sie ihre Struktur, die ihr Wesen ist, nicht preisgeben, von ihren Mitgliedern die Unterwerfung unter ihre noch so verkehrten Anschauungen verlangen kann, da doch das gesamte praktische Verhalten der Partei, um einheitlich zu sein, von der unbedingten Anerkennung der von oben diktierten Anschauungen bestimmt wird. Die K.P.D. hat unbestreitbar das Recht, sich wie jede andre

Vereinigung diejenigen Statuten zu geben, die ihr richtig scheinen. Wer mit den Statuten der Vereinigung nicht einverstanden ist, gehört nicht hinein. Mit dem Ausschluß der Opposition stärkt die Partei trotz zahlenmäßiger Verluste ihre ideologische Position, verliert aber zugleich den letzten Anspruch auf die Führung der Revolution, deren Akutwerden in abschätzbarer Zeit sie selbst ja für so unwahrscheinlich hält, daß sie ihre gesamte Politik dem Fortbestehen der gegenwärtigen Verhältnisse anpaßt.

Ob die revolutionsgläubig gebliebenen Genossen der K.P.D. nach ihrem Ausschluß eine neue parlamentarische kommunistische Partei links der offiziellen werden aufbauen können, hängt davon ab, was sie den Dutzend Tageszeitungen der alten Partei an Werbemitteln entgegenzustellen ermöglichen. Der Unterschied zwischen den beiden Parteien nach einer regulären Spaltung wird nicht größer sein als seinerzeit zwischen S.P.D. und U.S.P.; die theoretische Basis bleibt die gleiche, aber die verschiedene Abschätzung der augenblicklichen historischen Situation schafft Differenzen über die anzuwendende Taktik, die eine organisatorische Trennung bedingen, bis klarere Sicht die Wiedervereinigung möglich macht. Die rüde Schimpferei in beiden Lagern sollte nicht allzu wichtig genommen werden. Erbitterte Liebe tobt immer ärger als sachliche Feindschaft, und meinen Geifer kann ich nur dem ins Gesicht spucken, der mir ganz nahe steht.

Liest man die Blätter der antiparlamentarischen Marxisten, so möchte man glauben, es gäbe in der ganzen Welt überhaupt nichts andres mehr anzufeinden als die Kommunistische Partei und ihre russischen Kommandeure.

Allenfalls übertroffen wird die Ruppigkeit ihrer Tonart, mit der die linkskommunistischen Blätter die Zentrale-Anhänger und die Partei-Offiziosi die linke Opposition regalieren, nur noch durch den Jargon, mit dem sich die Linken untereinander die marxistische Bibel auslegen. Auch da stellen immer die Richtungen, die einander ideologisch am nächsten verwandt sind, im Kampf gegeneinander die Rekordleistungen auf. Die Wortführer der K.A.P.D. und der A.A.U.E. gießen in der letzten Zeit Schlammkübel übereinander aus, als ob es Schande wäre, mit dem anderen die gleiche Luft zu atmen; dabei ist die ganze Sturzflut von Schimpf-Unflat nur die Wirkung des Scheiterns erst vor kurzem geführter Einigungsverhandlungen. Der junge Spartakusbund linkskommunistischer Organisationen, der doch die Grundlage eines Kartells aller revolutionären Organisationen schaffen wollte, beteiligt sich kräftig an dem mißtönenden Konzert und beweist damit, daß das unbedingt anzustrebende Bündnis zwischen den proletarischen Revolutionären Deutschlands anders geartet sein muß als der eigentümliche Dreibund, dessen Versuch verdienstvoll war, aber an seinen Inkonsequenzen zerschellen mußte.

Die Festlegung des Spartakusbundes auf die marxistische Theorie schloß von vorneherein eine große Anzahl bester kommunistischer Revolutionäre aus und zog wiederum die Schranke nur gegen links: gegen die Bakunisten. Gleichzeitig verpflichtete das Kartell die zum Anschluß bereiten Organisationen auf die Prinzipien nur einer der drei Körperschaften, die sich zunächst zusammenfanden, der Allgemeinen Arbeiter-Union (Einheitsorganisation). Das Parteiprinzip, die Beteiligung am Parlamentarismus und an staatlich-legalen Einrichtungen sowie jegliche Gewerkschaftspolitik wurde verworfen, während doch die Katz-Gruppe ausgesprochenen Partei-Charakter trägt, auch noch durch mehrere Vertreter am parlamentarischen Leben teilnimmt und der Industrieverband des Verkehrsgewerbes eine gewerkschaftliche Korporation ist, die an gesetzlichen Betriebsratswahlen teilnimmt. Das Programm des Spartakusbundes ist zu eng und seine bisherige Wirksamkeit war viel zu sehr die Schaustellung einzelner rednerisch geübter Führer, als daß größere revolutionäre Massen sich zu diesem Kartell sollten drängen mögen. Dennoch ist die Kartellierung der Revolutionäre die organisatorische Lösung des Problems der proletarischen Einheitsfront. Ich verkenne gewiß nicht die zahllosen Schwierigkeiten, die sich dem Bündnis im Bekenntnis und im taktischen Operieren weit unterschiedener revolutionärer Formationen entgegenstellen. Die Sekten-Verbissenheit bei den meisten Anarchisten - mit deren Tugenden und Nachteilen sich demnächst ein besonderer Aufsatz befassen soll, ein weiterer mit den proletarischen Jugendbewegungen -, auf der andern Seite die autoritative Alleswisserei sämtlicher marxistischer Richtungen kann nicht anders in ein dauerhaftes kameradschaftliches Verhältnis gebracht werden, als durch eine Föderation mit den Gesichtspunkten, die den Sektionen der Allgemeinen Arbeiter-Assoziation bei der Aufrichtung der Ersten Internationale maßgebend waren: völlige Autonomie aller angeschlossenen Gruppen, Verbände und Individuen, aber regelmäßige Verständigung durch räteartige Delegationen über den gemeinsamen Kampf gegen das kapitalistische System und für die internationale Solidarität der proletarischen Klasse.

Die Zersplitterung und Zersetzung der sogenannten linken Organisationen der deutschen Arbeiterbewegung kann, richtig, verstanden und benutzt, zur Genesung des durch zentralistische Irrtümer, katechisierte Theorien und autoritäre Mißleitung in Reformismus und Opportunismus geratenen Klassenkampfes führen. Keine Verbreiung und Verkittung der Splitter ist nötig, sondern ihre Sammlung zu gelegentlichen gemeinsamen Aktionen. Der bevorstehende schwere Winter wird nicht vorübergehen, ohne daß die Reaktion gegen Hungersnot und Verzweiflung den § 48 aus dem Fache holen wird. Dessen Ruten schlagen auswahllos auf alle Revolutionäre. Die Reaktion, in Weltanschauung, politischem Glauben und staatsbürgerlicher Denkweise mindestens ebenso zerrissen wie die revolutionäre Arbeiterschaft, ist - gestützt auf die zum Kampf gegen die proletarische Revolution zum äußersten entschlossene Sozialdemokratie - in der Verteidigung der kapitalistischen Ausbeutungs-Privilegien ohne jede zentrale Befehlsgewalt unlöslich verbunden. Das Klassengefühl einigt sie. Das einigende Band des Klassengefühls ist auch beim revolutionären Proletariat vorhanden. Es muß nur erfaßt werden, und es kann nicht reißen, wenn alle, die sich daran halten, erfüllt sind vom Glauben an die revolutionäre Mission des Proletariats und vom unbeirrbaren Willen zum Kampf!

Parlamentarischer Kretenismus

Das "allgemeine gleiche, geheime und direkte Wahlrecht" war von jeher das A und 0 der sozialdemokratischen Agitation in Deutschland. (...)

Da man nun doch vor dem Kriege "Opposition" trieb, konnte man sich mit dem, was man hatte, schlechterdings nicht zufrieden geben, und so verlangte man denn die Ausdehnung des Wahlrechts auf Frauen und Soldaten, die Einführung des Proportional Wahlsystems (dessen Wirksamkeit als Schutz der Minderheit Proudhon einmal glänzend widerlegt hat) und schimpfte auf die ungerechte Wahlkreiseinteilung. Jedes Jahr zur Saure-Gurken-Zeit drohte überdies ein "Attentat" auf das Reichstagswahlrecht, das dann der sozialdemokratischen Presse und den mit Volksrechten hausierenden Versammlungsrednern Stoff zu wildem Klassengeschrei lieferte. Außerdem verfügte man zum Glück auch noch über die preußische "Dreiklassenschmach", einem nach Steuerleistungen gestuften Wahlmodus, mit dem die herrschenden Klassen in grotesker Überschätzung der Stimmzettelkraft die Abstimmungsergebnisse von vornherein im gewünschten Sinne regulierten.

Das Reichstagswahlrecht für Preußen! Das war die große revolutionäre Forderung der Sozialdemokratie in ganz Deutschland. Selbst in den süddeutschen Ländern, wo man es längst hatte, jagten einander die Massenversammlungen unter dieser Parole, und auf dem Parteitag 1913 rief Ludwig Frank emphatisch: "Wir werden das allgemeine Wahlrecht in Preußen haben, oder wir werden den Massenstreik haben!"

Ja, als am 22. Januar 1906 im ganzen Reiche Riesensympathiekundgebungen zur Feier der Wiederkehr des Tages veranstaltet wurden, an dem die Gapon-Demonstration die russische Revolution eingeleitet hatte, verquickte die Sozialdemokratie mit dieser ernsten Angelegenheit eine Propaganda-Aktion für das preußische Wahlrecht und nahm ihr damit den Stachel. Ein Flugblatt, in dem ich zur Durchkreuzung dieser Jämmerlichkeit und zur Bekundung wahrer Solidarität mit den russischen Brüdern im Auftrage der Anarchisten Deutschlands die Massen zum sozialen Generalstreik auf rief, trug mir, neben wüsten Beschimpfungen der Parteidemagogen, wegen Aufreizung meine erste Verurteilung ein.

Wahlrecht vorn und Wahlrecht hinten - damit ist die deutsche Arbeiterschaft ein halbes Jahrhundert lang gepäppelt worden, und ein halbes Jahrhundert lang plärrte sie in allen Versammlungen und bei allen Maikränzchen die bezaubernde Strophe ihrer philiströs-komischen "Arbeitermarseillaise":

> "Das freie Wahlrecht ist das Zei-hei-chen,
> in dem wir siegen, nun wohlan!
> nicht predigen wir Haß den Reichen,
> nur gleiches Recht für je-hedermann,
> nur gleiches Rä-hächt für je-he-dermann!"

Das war der ständige Refrain, der dem Hoch auf die "internationale, revolutionäre, völkerbefreiende Sozialdemokratie" folgte. (...)

Dann kam, zunächst in der Form erfolgreicher Matrosen- und Soldatenaufstände und der Improvisierung von Soldaten- und Arbeiterräten, die Revolution, die mit einem eleganten Griff eskamotiert wurde, und nun erlebte der verblüffte Zeitgenosse die Etablierung des reinen parlamentarischen Systems in Deutschland, der "freiesten Demokratie der Welt" mit allen Schikanen der allgemeinen, gleichen, geheimen und direkten Proportionalwahl für Männer, Frauen und Soldaten.

Wer jedoch glaubt, daß mit der "Errungenschaft" der Revolution die höchste Sehnsucht der anspruchsvollsten Demokraten erfüllt wäre, irrt sich. Während ich dies schreibe, (wir haben den 10. März 1920), erhalte ich die neueste Zeitung und finde darin den Bericht über die letzte Sitzung der Nationalversammlung in Berlin. Danach hat gestern der als ultraradikal verschriene unabhängige Herr Henke gesagt: "Wir wollen einen weiteren Ausbau des Parlamentarismus im Sinne der Demokratie", und am Schlusse seiner Rede wird "Beifall bei den Unabhängigen" vermerkt.

Ich hege kein Zweifel, daß Henkes Verlangen befriedigt werden wird, bin aber gespannt, bis zu welchem Ausmaß von Gerechtigkeit der "weitere Ausbau" des bürgerlich-kapitalistischen Parlamentarismus die Entwicklung Deutschlands "im Sinne der Demokratie" noch führen wird.

Soll man lachen oder weinen? Die ganze revolutionäre Rückständigkeit des deutschen Proletariats ist allein auf den parlamentarischen Kretinismus zurückzuführen, in dem ehrgeizige, unwissende und in bourgeoiser Ideologie verkommene Führer es hielten, bis es von keiner anderen Waffe mehr Mißte, als vom Stimmzettel, bis es den Nachttopf, in den es alle fünf Jahre ein vorgedrucktes Papier legen durfte, wie einen Fetisch anbetete, bis es zugunsten seiner gewählten und mit jeder Vollmacht ausgestatteten "Vertreter" auf den Rest eigenen Denkens, eigenen Entschließens, ja eigenen Empfindens verzichtete, bis es, "Heil dir im Siegerkranz" und die "Wacht am Rhein" grölend, blindlings und fatalistisch in den Weltkrieg hineinstolperte.

Keine Enttäuschung durch das Ausbleiben irgendwelcher greifbaren Erfolge für die Arbeiterschaft, kein Versagen ihrer Parlamentarier bei allen Gelegenheiten, wo es nötig war, sozialistische Prinzipien wenigstens in Reden zu formulieren, hat die deutschen Proletarier an der Wählerei irre gemacht. Immer fanden die Bonzen neue Trostgründe, immer neue Versprechungen, als sich bei richtiger Zettelabgabe alles, alles wenden müsse.

Bei den Reichstagswahlen von 1913 stellte man den Rekord von drei Millionen sozialdemokratischer Stimmen mit über 80 Abgeordneten auf. Der "Vorwärts" verfiel in einen Paroxysmus der Begeisterung: "Unser das Reich! Unser die Welt!" schmetterte er taumelnd. Wo blieb die Weltwende?

Ich zitiere, was ich 1912, (...) im Anschluß an den Parteitag in Chemnitz schrieb; "Als auf dem internationalen Kongreß in Amsterdam im Jahre 1905 Jaurès den drei Millionen deutschen Sozialdemokraten ihre gänzliche Einflußlosigkeit vorhielt, erwiderte ihm Bebel: Laßt uns erst acht oder zehn Millionen Stimmen haben, dann werden wir schon zeigen, was wir können. In Chemnitz sprach Haase denselben Gedanken aus und gab zu, daß die vier Millionen Wähler von 1912 noch gar keine positive Macht bedeuten. Beide Herren scheinen nicht bedacht zu haben, daß die Stimmenzahl, die sie für nötig halten, um damit erfolgreich auftrotzen zu können, gar nicht anders erreicht werden kann als durch Heranziehung des Bürgertums zur sozialdemokratischen Unterstützung, und zwar in noch viel weiterem Umfange, als sie bisher schon geübt wird. Wir haben alle gesehen, wieviel Konzessionen die Partei dem mit dem Kapitalismus völlig einverstandenen Kleinbürger bei jeder Wahl macht, um seinen Zettel zu kriegen. Sollen jene Reserven bis zur Komplettierung der verdoppelten und verdreifachten Zahl sozialdemokratischer Wähler mobil gemacht werden, so bleibt gar nichts anderes übrig, als völliger Verzicht auf jede Demonstrationspolitik und völliges Aufgehen in positiver demokratischer Staatspolitik. Die Eroberung der politischen Macht geht somit Hand in Hand mit dem Aufgeben der revolutionären Ziele und hat, wenn sie perfekt ist, gar nicht mehr die Möglichkeit, für den Sozialismus gebraucht zu werden."

Man sollte meinen, für deutsche Kommunisten wäre nach diesen Beobachtungen der Gedanke an Wahlbeteiligung zu gleichviel welchen bürgerlichen Parlamenten endgültig begraben gewesen. Zwar war die Frage bei der Konstituierung der KPD im Dezember 1918, als es sich um die Entschließung handelte, ob die verfassunggebende Nationalversammlung beschickt werden sollte, noch Gegenstand von Meinungsverschiedenheiten; es ergab sich aber, daß der Beschluß des Kongresses, die Beteiligung an den Wahlen abzulehnen, von der vordersten Linie des Proletariats nicht nur verstanden, sondern geradezu als das Stichwort der Revolution aufgegriffen wurde. Die Idee der Räte-Demokratie wäre niemals so plausibel zu machen gewesen, wie sie im Verlauf der revolutionären Wallung wurde, wenn sie nicht stets als die dem Proletariat allein gemäße Form der gesellschaftlichen Exekution im Gegesatz zur bürgerlichen und besitzdiktatorischen parlamentarischen Demokratie herausgehoben worden wäre. Der Gegensatz würde aber notwendig verwischt werden, wenn nicht mit der Aufnahme des Rätegedankens in die

Herzen und Hirne der Arbeiterschaft die vollständige theoretische und praktische Abkehr vom Parlamentarismus korrespondierte. (...)

So begann schon im Sommer 1919 in der kommunistischen Presse ein geschäftiges Orakeln, ein Einerseits und ein Anderseits, ein Hin- und Hersalbadern über das Wie, Wann, Wo und Warum einer eventuellen Beteiligung an der Wählerei. Wer die Bedenklichkeit eines Rückfalls der um die Revolution verdientesten Partei in sozialdemokratische Sitten erkannte, mußte diese Entwicklung mit Sorge beobachten. Die Befürchtung lag nahe, daß die KPD, hatte sie erst einen Fuß auf die schiefe Ebene gesetzt, in rapidem Tempo in die Methoden der vulgärsten Parteipolitik abrutschen, daß sie das Niveau verlieren werde, das sie bisher hoch über dem Gehudel der politischen Schachermacherei gehalten hatte.

Ich hatte der Partei bis dahin nicht angehört, hatte aber seit der Gründung ihrer Münchener Ortsgruppe, in der die "Vereinigung revolutionärer Internationalisten" allmählich aufging, engste Kameradschaft mit ihr gehalten, war in Dutzenden ihrer Versammlungen als Referent aufgetreten und hatte ihr in München und in auswärtiger Agitation Tausende von Mitgliedern zugeführt. Im September 1919 entschloß ich mich, unter Überwindung schwerster Gewissensbedenken von meiner Festungshaft aus den Beitritt zu vollziehen. Ich erließ zur Begründung eine öffentliche Erklärung in den kommunistischen Blättern, worin ich die kommunistischen Anarchisten aufforderte, meinem Beispiel zu folgen, und der Hoffnung Ausdruck gab, "der Zustrom an Kampf und Verfolgung gewöhnter Rebellen werde die Tatkraft der Partei befeuern und sie vor Verknöcherung und Verbonzung dauernd bewahren". Nachdem ich vorher auf die frühere "Versumpfung der Arbeiterbewegung in Parlamentsschwätzerei, Tarifmeierei und Vereinsbürokratismus hingewiesen hatte, konnte kein Zweifel bestehen, was ich mit meinem Schritt beabsichtigte.

Die Freude meiner Parteizugehörigkeit war kurz. Wenige Wochen nach meinem Beitritt erschienen die Leitsätze der Kommunistischen Partei Deutschlands (Spartakusbund). Beschlossen auf dem Parteitag Oktober 1919, und darin heißt es: "Die KPD ist sich bewußt, daß dieser Kampf (um die Machtergreifung des Proletariats) nur mit den größten politischen Mitteln (Massenstreik, Massendemonstration, Aufstand) zum siegreichen Ende gebracht werden kann. Dabei aber kann die KPD auf kein politisches Mittel grundsätzlich verzichten, das der Vorbereitung dieser großen Kämpfe dient. Als solches kommt auch die Beteiligung an Wahlen in Betracht, sei es zu Parlamenten, sei es zu Gemeindevertretungen, sei es zu gesetzlich anerkannten Betriebsräten usw." Und der Punkt 7 der "Leitsätze über kommunistische Grundsätze und Taktik" verfügt: "Mitglieder der KPD, die diese Anschauungen über Wesen, Organisation und Aktion der Partei nicht teilen, haben aus der Partei auszuscheiden." Damit war ich also automatisch wieder an die Luft gesetzt und verschwand lautlos mit zahlreichen anderen überzeugten revolutionären Kommunisten durch die Kulisse links.

Die große Bannbulle, als welche sich die "Leitsätze" der KPD-Zentrale darstellen und deren einzelne Schönheiten hier noch bespiegelt werden sollen, erhält ihre besondere Beleuchtung als Ausfluß kleinlich-bürokratischer Vereinsmeierei und borniertem Bonzentums durch ein "Rundschreiben des Exekutiv-Komitees der Kommunistischen Internationale", das als dessen Vorsitzender Genosse Sinowjew schon am 1. September erlassen hatte. (Die Kommunistische Internationale Nr. 3 1919 S. 71 ff.) Und das den KPD-Päpsten also schon bekannt sein mußte, als sie zum Parteitag zusammentraten. Daß dieses Rundschreiben ein Wink mit dem Zaunpfahl speziell für die deutschen Kommunisten sein sollte, ist ihm deutlich anzumerken. Genosse Sinowjew empfiehlt da genau das, was ich, natürlich noch ohne Kenntnis des Manifestes, mit meiner Beitritts-Erklärung bezweckt hatte, nämlich weitgehende Tolerierung der linksradikalen Revolutionäre in der Partei, und in der Frage des Parlamentarismus, mit der sich der Brief als eigentliches Thema beschäftigt, den Verzicht auf intransigente Bockbeinigkeit.

Er schreibt eingangs: "In Frankreich, Amerika, England, Deutschland schließen sich gleichzeitig mit der Verschärfung des Klassenkampfes alle revolutionären Elemente der kommunistischen Bewegung an, indem sie sich vereinen oder ihre Handlungen unter der Parole der Sowjetmacht koordinieren. Die anarchistisch-syndikalistischen Gruppen und die Gruppen, die sich bisweilen einfach anarchistisch nennen, schließen sich dabei dem allgemeinen Strom an. Das Exekutivkomitee der Kommunistischen Internationale begrüßt das aufs wärmste." (Die KPD-Zentrale aber hält für diese Gruppen Fußtritte bereit.)

Am Schlusse sagt Sinowjew, nachdem er es als nicht lohnend bezeichnet hat, sich wegen der parlamentaristischen Differenzen zu spalten: "Die Praxis des Prostituierens im Parlament war dermaßen ekelhaft, daß sogar die besten Genossen in dieser Frage Vorurteile haben. Diese sollen im Verlauf des revolutionären Kampfes überwunden werden. Wir wenden uns daher eindringlich an alle Gruppen und Organisationen, die einen wirklichen Kampf für die Sowjets führen, und rufen sie zum engsten Zusammenschluß, sogar trotz der Uneinigkeit in dieser Frage. Alle, die für die Sowjets und die proletarische Diktatur sind, wollen sich baldmöglichst vereinen und eine einheitlich kommunistische Partei bilden."

Ja, wenn wir in Deutschland nicht schon eine kommunistische Partei hätten! Aber die - mindestens ihre sehr scharfsichtige Zentrale (vulgo Parteivorstand) - sperrt nicht nur ängstlich alle Eingänge gegen jeden nicht stramm levigläubigen Eindringling ab, sondern schmeißt auch noch ihre eigenen besten Parteigenossen zum Tempel hinaus. (...)

Lenin sagt das eigentlich Entscheidende über den Gegenstand in seiner ausgezeichneten Polemik gegen Kautsky in dieser Form: "Die Teilnahme am bürgerlichen Parlament (das nie über die wichtigsten Fragen in der bürgerlichen Demokratie zu entscheiden hat, sie werden von der Börse, den Banken entschieden) ist den werktätigen Massen durch tausend Hindernisse versperrt, und die Arbeiter wissen, fühlen und sehen genau, daß das bürgerliche Parlament eine fremde Institution, eine Waffe zur Unterdrückung der Proletarier durch die Bourgeoisie, die Einrichtung einer feindlichen Klasse, der ausbeutenden Minderheit ist." (Lenin, Die Diktatur des Proletariats und der Renegat K. Kautsky.)

Die KPD zog aus ihrer antipariamentarisehen Erkenntnis keine Folgerung, sondern machte im Gegenteil aus der Forderung, "auf kein politisches Mittel grundsätzlich zu verzichten", die Bedingung für die Mitgliedschaft.

Hören wir ihre Gründe: "Sind die großen Kämpfe ohne entscheidenden Sieg abgeflaut, oder sind sie in Vorbereitung, so treten naturgemäß die kleinen Mittel in den Vordergrund. Lediglich diese Erwägung ist für die Stellung der KPD zur Frage der Anteilnahme an Wahlen und parlamentarischen Aktionen entscheidend. Die Frage ist eine rein taktische."

"Die Teilnahme an parlamentarischer Wahl und Tätigkeit dient allein dem Ziel, jene Aktionen (nämlich der Massendemonstration, Massenstreiks und Aufstände) agitatorisch und organisatorisch vorzubereiten."

Großartig. "Sind die großen Kämpfe ohne entscheidenden Sieg abgeflaut -"! Der kommunistische Parlamentarier soll also wohl so eine Art Wettermännchen spielen: scheint der Revolution die Sonne - raus aus dem Parlament! Regnet es - rein ins Parlament!...

Ein Verfechter der Zentrale-Politik, beschäftigt sich angelegentlich damit, die Bald-so-bald-so-Taktik in der Wahlfrage plausibel zu machen. Er sagt in einer Polemik gegen die Hamburger Unionisten: "Es ist richtig: wer für die Diktatur des Proletariats kämpft, der darf nicht die kapitalistische 'Demokratie' 'stützen', sich auf ihren Boden stellen. Tun wir das aber, wenn wir die Arbeiter evtl. in unserer Wahlagitation vor allem Vertrauen zum Parlament warnen und zur Wahl von Kommunisten auffordern, deren 'parlamentarische Aktion' eben darin bestehen wird, daß sie von der parlamentarischen Bühne aus der kapitalistischen 'Demokratie' die Maske vom Gesicht reißen?" (Struthahn (Radek), Die Entwicklung der deutschen Revolution und die Aufgaben der kommunistischen Partei. Herausgeber: Zentrale der KPD. 1919. Verlag Spartakus. Stuttgart-Degerloch. S. 25.)

Da haben wir's: die Maske vom Gesicht reißen! Als ob die kapitalistische "Demokratie" überhaupt eine Maske vor dem Gesicht trüge! Als ob nicht das ganze Gesicht nur Maske wäre; die nur entfernt werden kann, wenn der Kopf mit heruntergerissen wird! Und darüber, daß das Parlament dazu der ungeeignetste Boden ist, waren wir ja wohl einig, nicht wahr?

Aber wir hören den Genossen Struthahn verkünden, daß man die Wahlagitation brauche, um die Arbeiter vor allem Vertrauen zum Parlament warnen zu können. Zugegeben, daß die

Wählerversammlungen vor den Wahlterminen dazu die beste Gelegenheit geben: muß man deswegen eigene Kandidaten aufstellen? Ist das nicht eine merkwürdige Manier, Arbeiter überzeugen zu wollen, daß man ihnen sagt, der Parlamentarismus ist Schwindel, er kann euch nie und nimmer mehr vom Kapitaldespotismus, von der Ausbeutung, von der Lohnsklaverei befreien, - darum wählt nicht den Meier, sondern den Levi! Man sollte denken, es wäre ein wirksameres Argument, das gerade in Wahlversammlungen und während der Wahlagitation gesagt wird: weil der Parlamentarismus Schwindel, weil das Parlament ein Unterdrückungsorgan der Bourgeoisie gegen das Proletariat ist, beteiligen sich die Kommunisten nicht daran. Das unterscheidet sie von allen anderen Parteien ohne Ausnahme, das erhebt sie über sie, daß sie nicht auffordern: wählt den Hinz oder Kunz, oder den Müller, oder den Meier, oder den Levi! - sondern sagen: Wählt gar nicht! Seid Revolutionäre! (...)

Jedoch Struthahn beruft sich auch auf die revolutionäre Ausnutzung des Parlamentsmandats selbst! "Es können in der Revolution Situationen eintreten, in denen vieles davon abhängt, ob die Vertreter des Proletariats aus mehreren Orten Zusammenkommen können, ob sie von einer weithin sichtbaren Tribüne aus dem Proletariat Losungen zurufen können. Selbst die kürzeste Frist der Bewegungsfreiheit und Immunität der proletarischen Vertreter kann von großer Bedeutung sein."

Wenn solche Situationen eintreten, dann wird nicht nur die Verbindung der Proletariats-Vertreter in den verschiedenen Orten unterbunden sein, sondern vorher noch werden alle ihre Zeitungen und Organisationen aufgeflogen sein. Die Arbeiter werden also die Reden, die auf der Parlamentstribüne gehalten werden, gar nicht zu sehen kriegen, - oder glaubt Genosse Struthahn, die bürgerliche Presse werde sie vermitteln? Dann möge er doch seinen Blick in irgendein Bourgeoisblatt senken und nachsehen, in wieviel Zeilen dort die stundenlangen Parlamentsreden auch nur der Unabhängigen zusammengedrängt werden, dann erinnere er sich daran, wieviel die deutschen Proletarier von 1914/16 von Liebknechts Reden zu lesen bekamen. Nein, in solchen Situationen nützt auch die Immunität nichts, selbst für die kurze Dauer nicht, für die Struthahn selbst nur auf sie und die Redefreiheit Hoffnungen setzt. Da nützt nur unterirdische Arbeit und wahrhaft revolutionäre Arbeit, für die das Parlament kein Feld bietet.

Auch Sinowjew verteidigt die revolutionäre Ausnutzung der Parlamente. Er sowohl wie Struthahn verweist auf das Beispiel Karl Liebknechts. Ich bin der allerletzte, der das heldenhafte Verhalten dieses ewig vorbildlichen Revolutionärs im deutschen Reichstag und preußischen Landtag während der Kriegszeit herabwürdigen möchte. Aber der Vergleich stimmt nicht. Worin lag das überwältigende Große in Liebknechts Haltung? Er war 1912 als einer von 110 Abgeordneten in den Reichstag gewählt worden, zu einer Zeit, als an den Weltkrieg erst sehr wenig Leute glaubten (...). Er hatte vor dem Krieg zur Linken gehört, das war alles, was man wußte; (...). So war er ein Parlamentarier wie alle, unter den gleichen Parolen gewählt, unter den gleichen Umständen ins Parlament eingetreten, unter den gleichen Voraussetzungen zu beurteilen wie die anderen. Das Land war nicht nur in keiner revolutionären Situation, sondern in fanatischen Kriegsjubel befangen, das Proletariat bis in die ärmsten Hütten von wilder Psychose ergriffen, patriotisch, hohenzollerisch, menschenfresserisch durchrast vom Haß gegen die "Feinde".

Das war das Bild Deutschlands, als Liebknechts Gestalt im Reichstag auf stieg und über den verzerrten Nebeln von Gesinnungslosigkeit und Ehrvergessenheit, die sich aus den nationalistisch umbrandeten Gehirnen seiner "sozialistischen" Kollegen hoben, die leuchtende Fackel des Prinzips, des Klassenkampfes und der Internationalität strahlen ließ. Mitten in der zischenden Wut nicht nur der auf Kriegsgewinn geilen bourgeoisen Parlamentsmeute und ihres "sozialistischen" Anhangs, sondern des ganzen verhetzten Volkes, seiner eigenen Wähler und proletarischen Auftraggeber, stand er aufrecht da, ein Prophet der Revolution in der Wüste des Verrats.

Wie klar ist doch der Unterschied zwischen Liebknechts schicksalhafter Mission und der "taktischen" Ausklügelung der KPD-Zentrale: Leute mit dem Programm ins Parlament schicken zu wollen, Liebknecht zu sein! (...) Und nun will man diesen in allen Voraussetzungen und in seiner ganzen Bedingtheit einzigartigen Fall typisieren. Geht hin und macht's wie Liebknecht! (...)

Liebknecht ist kein Beweis für die Nützlichkeit der revolutionären Parlamentstätigkeit, sondern ihre Widerlegung. Der unvermeßliche Wert seiner parlamentarischen Agitation bestand darin, daß man sie ihm beschnitt und mit allen gesetzlichen und ungesetzlichen Mitteln zu verhindern suchte. Man ließ ihn nicht zum Reden kommen; hatte er das Wort trotzdem, so entzog man es ihm nach wenigen Sätzen. Was er sagte, wurde dem Volk verschwiegen oder total entstellt und gefälscht mitgeteilt, wobei er nicht bloß als Verräter, sondern auch als Narr und Poseur hingestellt wurde. (...) Man vertuschte seine Aufklärungen und ging dabei so weit, daß man die offiziellen Reichstagsstenogramme "korrigierte". Man brutalisierte, man schlug ihn sogar. Endlich versagte man ihm die Immunität und lieferte ihn an die Schergen, den Militärrichtern, dem Zuchthause aus. Liebknechts unvergängliches Verdienst war, daß er das Parlament - in der Zeit der wütendsten Reaktion, von der das ganze Volk durchseucht war - zu dem Beweise ausnutzte, daß es als Propagandatribüne untauglich ist, daß es der Bourgeoisie nicht einfällt, die garantierten Rechte des Proletariats zu respektieren, wenn ihr daraus Schaden erwachsen kann. (...)

Denn nicht so sehr seine Reden haben den Widerhall gehabt, von dem Sinowjew spricht, sondern der Umstand, daß man den Inhalt dieser Reden nicht erfuhr, daß man nur spürte, er hielt Reden, die Unerhörtes bedeuten mußten, da sie so sorgfältig verschwiegen wurden. (...)

Agitationsmöglichkeit (...) Die war nur einmal und unter den ganz besonderen Verhältnissen gegeben, unter denen Liebknecht sie genützt hat; Karl Liebknecht und neben ihm Otto Rühle, (...) der als treuer Helfer Liebknechts still und tapfer seine Pflicht tat; derselbe Rühle, der die opportunistische Schwenkung der KPD nicht mitmachen wollte und der deswegen - o Schande! - von der Kommunistischen Partei Deutschlands ausgestoßen worden ist.

Aber die Zentrale wollte ja nur parlamentarisch wählen und tätig sein, um die eigentlichen Aktionen "agitatorisch und organisatorisch vorzubereiten." Das soll doch wohl heißen, daß man die für die Revolution noch nicht gewonnenen Schichten des Proletariats, des Bauerntums, des Mittelstandes, der Beamtenschaft über Art und Sinn des Kommunismus in Parlamentsreden aufklären möchte. (...)

Siehe da! Die "Leitsätze" lassen nicht im Stich. Ihr zweiter Abschnitt über den Parlamentarismus lautet in extenso: "Nicht nur die Tätigkeit innerhalb der Parlamente, sondern nach Lage der Verhältnisse auch das Ausscheiden aus den Parlamenten könnten von revoltierender Wirkung auf das Proletariat und ein revolutionärer Akt sein. Die Kommunisten in den Parlamenten haben dementsprechend in entscheidenden politischen Konflikten entweder auszuscheiden oder ihren Ausschluß aus den Parlamenten durch die Bourgeoisie herbei zuführen. Das Ausscheiden soll in den Augen der gesamten Arbeiterschaft als revolutionäre Aktion erfaßt werden und zur Auslösung der revolutionären Massenaktion führen. Ihre Tätigkeit ist auf die Herbeiführung solcher Konflikte zu richten." (Verfasser: Paul Levi.)

So. So steht es da, - so und nicht anders. Ich will versuchen, ernst zu bleiben. Die Kommunisten sollen also in die Parlamente hineingehen, um den Moment abzupassen oder zu provozieren, wo sie mit stolzer Geste wieder hinausgehen können bzw. hinausgeworfen werden. Und das ist dann der Moment der Revolution, so soll er "erfaßt" werden und zur "Auslösung der revolutionären Massenaktion" führen. So hat Levi sich die Sache ausgedacht: der Dirigent erhebt den Taktstock, und die Kapelle intoniert. (...)

Der Gedanke, den Parlamentarismus anzunehmen, um eines Tages demonstrativ den Saal verlassen zu können, richtet sich von selbst. Er ist grotesk. Er ist aber überdies auch gefährlich. Denn der Appell an die Arbeiter, aufzupassen, was die Pariamentarier machen, und danach ihre eigenen Entschließungen und Aktionen einzurichten, macht das Parlament von neuem zum Mittelpunkt der ganzen proletarischen Bewegung und führt mit Sicherheit die alte Überschätzung und Sakrilegierung des Parlamentarismus wieder herbei, mit der wir in Deutschland doch so üble Erfahrungen gemacht haben und die wir endlich glaubten begraben zu haben. (...)

Worauf die KPD-Zentrale wieder hinaus will, zeigt sich ja deutlich genug in ihrer Erklärung, daß sie nicht bloß Parlamente, sondern auch Gemeindevertretungen kommunistisch infizieren möchte. Kommunistische Gemeindedelegierte! Kommunistische Stadträte! Man muß es nur aussprechen, um das Absurde der Idee zu erkennen. Aber man Will ja "auf kein politisches Mittel grundsätzlich verzichten" - was beileibe kein Opportunismus ist! Als ob nicht die Revisionisten genau dieselbe Weisheit auskramten, als sie zu Hofe gingen und Orden annahmen.

Wo ist die Grenze? Wird man nicht nächstens auch Ministersessel anstreben? Warum soll man diese Plätze nicht ebensogut für die Zwecke des Proletariats "ausnützen" können, wie das anerkannt konterrevolutionäre Bourgeoisparlament? (...) Und waren nicht die deutschen Sozialdemokraten zu Anfang ihrer Parlamentstätigkeit auch fest entschlossen, nichts anderes unter den Bourgeois zu unternehmen, als ihnen im eigenen Hause "die Maske vom Gesicht zu reissen"? Heißt mich nicht reden, heißt mich schweigen!...

Im Geiste Bakunins

Die Zeitungsschreiber links und rechts des nationalen Begeisterungspfeilers haben den hundertsten Geburtstag Michael Bakunins entweder garnicht registriert, oder sind darüber mit jener überlegenen Handbewegung hinweggegangen, die bedeutet: hier habt ihr auch die Lebensdaten dieses Mannes, wenngleich es nicht eben nötig ist, ihn zu kennen. Die Abonnenten erfuhren dann, daß es sich um ein Mitglied des russischen Hochadels handelte, das um die Mitte des vorigen Jahrhunderts nach Westeuropa kam, Revolutionär wurde, nach Rußland zurückkehrte und verurteilt nach Sibirien mußte, von dort floh, und dann Ende der sechziger und Anfang der siebziger Jahre beim Entstehen der modernen Arbeiterbewegung die bald vergessene Rolle des anarchistischen Widersachers Marxens und seiner Palladine spielte. Die sogenannten „bürgerlichen" Blätter hatten gewiß wenig Ursache, den Lesern, die mit Hofklatsch und Detektivkniffen unterhalten sein wollen, mehr vom Leben und Wirken des heißesten Rebellengeistes zu erzählen. Die Sozialdemokraten aber taten wohl daran, rasch über einen Gedenktag wegzugehen, der mit der Erinnerung an die Schicksale eines großen Mannes das Gedächnis eines traurigen Kapitels menschlicher Niederträchtigkeit wecken mußte. Einer Niederträchtigkeit, deren schmutzige Flecken kein parteifrommer Reinigungsversuch je aus dem Charakterbild des Massenheiligen Karl Marx wird fortwaschen können.

Dies ist nicht die Stunde und hier nicht der Platz, um die ganze Jauche der Verleumdungen, Verdächtigungen, Lügen und Denunziationen, die Marx über den besten und reinsten Menschen goß, noch einmal aufzuwühlen. Man lese darüber das ausgezeichnete Buch „Marx und Bakunin" von Fritz Brupbacher, das hier (vgl. die Notiz über James Guillaume, Kain III, 11), schon einmal genannt wurde und das originellerweise im Münchener sozialdemokratischen Parteiverlage (G. Birk u. Co.) erschienen ist. Der Verfasser hat sein Werk mit dem Ausschluß aus der sozialdemokratischen Partei bezahlen müssen. Hier mag nur daran erinnert werden, daß die Infamie, Anarchisten als Spitzel zu verdächtigen, seither bei den Sozialdemokraten ekler Brauch geblieben ist. Davon können wir alle ein Lied singen, die wir die Arbeiter auffordern, sich auf die eigene Kraft zu verlassen, statt von Staatsgesetzen und Wählereien Erfolge zu erhoffen. Denn Marx war in allen Dingen ein tüchtiger Lehrmeister und die Skrupellosigkeit in der Bekämpfung solcher Gegner, deren Gründe schwer zu widerlegen sind, hat Dühring von Engels, haben manche andere von Liebknecht und vielen Parteigrößen noch erfahren müssen. Manche Leser denken vielleicht auch noch daran, wie ich selbst im Jahre 1907, als die Münchener Sozialdemokratie Arm in Arm mit dem Zentrum, Herr von Vollmar Ann in Arm mit dem neuen Kardinal Bettinger, in den Kampf zog, mich von der „Münchener Post" als Lockspitzel und Bestochenen der Liberalen besudeln lassen mußte und wie damals Ritter Georg selbst in einer Versammlung die Vermutung aussprach, ich sei aus unsauberen Quellen gespeist.

Die so lästern und verleumden, sind also nur Plagiatoren ihres Altmeisters Marx. Wir aber, die die Opfer ihrer borniertenen Gemeinheit sind, wollen uns dabei gern als Nachfolger Michael Bakunins fühlen, in dem Bewußtsein, wieviel größer und schöner dieser unbestechliche freie Geist vor der Geschichte dasteht als seine diplomatisch rechnenden, mit gedungenen Kreaturen gegen ihn intriguierenden Feinde.

Zugleich wollen wir das Bekenntnis ablegen zu seinen Lehren, die unser Streben geworden sind. Wir wollen Anarchisten sein. Das heißt: Menschen von gradem Geist, freie Persönlichkeiten mit dem Mute zur Wahrheit und dem Willen zur Freiheit. Wir wollen kämpfen gegen die Mächte der Unterdrückung und der Ausbeutung, nicht, indem wir uns mit ihnen vereinigen, um alte Staatsdekrete durch neue zu ersetzen, sondern um die Verbündungen und Gesetze der Menschen aus dem natürlichen Recht unseres Lebens herauswachsen zu lassen. Wir wollen kämpfen gegen Zwang und Autorität, nicht um uns selbst zu autoritativen Machthabern zu erheben, sondern um Ordnung zu schaffen, die auf Gerechtigkeit und Freiwilligkeit beruht. Wir wollen anrennen gegen die Bollwerke der bestehenden Gewalten, gegen Kapital und Militär, gegen Staat und Kirche. Und nicht mit Stimmzetteln und demagogischem Paktieren wollen wir fechten, sondern mit der Leidenschaft überzeugter Herzen, die nicht um Teilzahlungen bittet, die alles auf sich selbst nimmt und auf ihr Wissen um das, was recht ist.

Inbrünstig warten und hoffen aber wollen wir auf den kommenden Tag, auf den Tag der Erneuerung und der Revolution. Und um ihn herbeizuführen und ihm die Wege zu ebnen, wollen wir im Volke Unzufriedenheit säen und Verzweiflung predigen. Wir wollen wühlen und hetzen, schüren und untergraben, damit das Volk endlich erkenne, daß es gehundsfottet und genasführt wird, und damit es endlich beginne, den Unterbau einer sozialistischen Gesellschaft zu errichten, vor dessen drängender Kraft Kapital und Staat zusammenstürzen muß. Auseinanderreißen aber wollen wir die Gefüge des Glaubens an eine Vorsehung und des Vertrauens auf die Weisheit der Regierenden, um Raum zu schaffen für freien Atem und eigene Zuversicht. Michael Bakunin hat es uns gelehrt, daß alles Destruieren ein Aufbauen des Besseren schon in sich schließt, oder um dasselbe mit seinen eigenen Worten zu sagen:

Die Lust am Zerstören ist eine schaffende Lust!

Wider die Zensur!

Wo die Kultur des Geistes frei, stark, um kein Reglement bekümmert Werte schafft, da weckt sie zugleich mit der Freude zukunftsfroher Menschen das Mißtrauen aller, die in der Versteinung der Gewohnheiten die Gewähr für die Ungestörtheit ihrer Bequemlichkeit ehren. Das sind die Spießbürger, die (mögen sie politisch wählen, wen sie wollen) die Kerntruppe aller Reaktion bilden, weil sie sich in der Stagnation ihres eigenen Lebensinhaltes nur sicher fühlen, wenn auch außerhalb ihrer persönlichen Gehirnsphäre jede Emotion gebremst ist. Es läßt sich leider nicht in Abrede stellen, daß der dem Geiste widerstrebende Rumpf der Unkultur aus der gewaltigen Überzahl aller Mitmenschen besteht. Die einzige, aber furchtbare Waffe dieses Heeres gegen den Geist ist Indolenz und Passivität. Die völlige Teilnahmslosigkeit der Meisten, die gänzliche Abwesenheit von Initiative, Produktivität und Kritik bei ihnen, die die letzte Ursache aller Regierung ist, hat sich unbewußt und ohne Ahnung von solchen Zusammenhängen das aktive Werkzeug gegen die vitalen Mächte schaffender Geistigkeit selbst geboren.

Der dumpfe Haß der Bequemlichkeit gegen das Leben ist Behörde geworden. Das gähnende Maul träger Geschäftlichkeit schnaubt Paragraphen aus. Die Polizei, ihrem ursprünglichen Wesen nach die Dienstmagd der Allgemeinheit, hat sich, da sie ihren Auftraggeber willenlos und zur Abwehr unlustig fand, zu ihrer Herrin ge macht. Die nahezu unumschränkte Macht, die die Polizei sich nach und nach und ohne bei ihrem Brotherrn Widerstand zu finden, erobert hat, und die heute schon weit größer ist, als die Macht von Fürsten und Gesetzgebern, mußte ganz natürlich eine unbändige Herrschsucht mit sich großziehen, eine Herrschsucht, die — ebenso natürlich — ihre Spitze hauptsächlich gegen die Wenigen richtet, die sich nicht gottergeben in jede Laune fügen mögen.

Man mag sagen, Polizei ist ein Abstraktum, etwas Unpersönliches also, das persönliche Eigenschaften nicht haben und nur in einzelnen Beamten betätigen kann. Aber das ist falsch. Es gibt Abstrakta, die in ihren Daseinsäußerungen völlig aus geprägte Charakteristika zeigen, als wenn ein leibhaft funktionierendes Gehirn in ihnen arbeitete. Das gilt für den Staat, für die Polizei, für Ministerien, Redaktionen, Gerichtsbarkeiten etc. Das einzelne Individuum, das als Beamter oder Teilnehmer Substrat des abstrakten Wesens ist, denkt, fühlt und handelt ganz anders als der Organismus, dessen Teil er ist. Der einzelne Polizeibeamte kann ein ganz prächtiger Mensch sein, ja, alle Polizeibeamte können vortreffliche Menschen sein, die in ihrem privaten Charakter niemanden wehtun möchten und ganz freiheitlich empfinden. Aber zur Behörde vereinigt, streifen sie ihre persönliche Wesenheit ab, und es entsteht ein unsichtbares abstraktes Ungeheuer, es entsteht eine korporative Seele, die selbständige Persönlichkeit in sich entwickelt, selbständig denkt und selbständig fühlt, die sogar ausgeprägter Affekte fähig ist, aber, weil sie keinen Horizont hat, in all ihren Maßnahmen lähmend und lebenerstickend wirkt.

Wenn diese fast metaphysische Erklärung richtig ist, kann ich, ohne einzelnen Personen nahezutreten, die ihre Funktionäre sind, von der Polizei behaupten, daß sie herrsch- und rachsüchtig ist, und daß ihren Sinn gegen alles, was sich gegen ihre Tyrannei auflehnt, ein unversöhnlicher und ungebändigter Haß beseelt.

Wesen und Zweck der Polizei ist, die Abwicklung alles öffentlichen Geschehens zu regulieren, einzuschachteln und zu nummerieren. Das Recht zu verbieten und zu strafen hilft ihr zur Erfüllung ihrer Aufgabe und das indifferente Allesdulden der Spießbürger erleichtert ihr die Tätigkeit. Ausserhalb der paragraphierten Geschäftsordnung steht der Mensch des geistigen Lebens, der Forscher und der Künstler. Die Polizei hat einen Instinkt dafür, daß auch hier ein Korporativwille waltet und zwar ein solcher, der der Beschaffenheit der amtlichen Seele diametral entgegensteht. Auf diesen Willen reagiert die Polizei mit Haß, und dieser Haß ist gemeingefährlich, weil er sich auf physische Machtmittel stützt.

Am unerfreulichsten ist der Polizei das Phänomen der Kunst. Denn — auch hier ist sie von richtigem Instinkt geleitet — Kunst als individuellster Ausdruck seelischer Beweglichkeit duldet kein Reglementieren und widersetzt sich seiner Natur gemäß gegen den Zwang einer schematischen Ordnung. Um diesen Widerstand zu beugen hat sich die Polizei wenigstens gegen die Art

Kunst, die zur Vermittlung an den Genießer fest organisierter Anstalten bedarf, eine Handhabe der Oberaufsicht geschaffen: die Zensur.

Durch die Hintertür der Verordnung, da ein Staatsgesetz ihr den Weg nicht freigab, hat sich die Polizei die Möglichkeit gesichert, Kunst zu verhindern. Den Vorwand aber, Theater, Dichter und kunstwilliges Publikum zu schädigen, bietet ihr die Sittlichkeit, diese von Priestern eingeführte Institution, die der Kirche ihr Lebenselement, die Sünde, liefert. Damit trifft die Polizei die Kunst an ihrem wichtigsten Nerv, damit durchsticht sie ihr die Schlagader. Denn die Achse, um die alles Leben kreist, ist die Sinnlichkeit, und der stärkste Antrieb aller Kunst ist die Erotik. Das abstrakte Gehirn der Polizei aber ist unsinnlich, unerotisch, daher verfolgt sie alles, was vom Geschlechtlichen weiß, was das Geschlechtliche im Menschen bejaht, mit ihrem Haß.

Wieder einmal hat sich der Haß der Münchner Polizei, die in ihrer sittlichen Beschränktheit jede Schwesterbehörde in den Schatten stellt, gegen ein Kunstwerk von Weltbedeutung entladen. Wedekinds dramatisches Gedicht „Simson oder Scham und Eifersucht" ist ihrer Moral zum Opfer gefallen. Unter den Gratulanten zum fünfzigsten Geburtstage durfte der nicht fehlen, der dem Dichter das Leben seit Jahrzehnten vergällt, und der doch nicht hindern konnte, daß sein Werk den Geist unserer Zeit reicher befruchtet hat als der jedes anderen Dichters. Seit Monaten war das Stück vom Schauspielhaus angenommen und der Zensur eingereicht, seit Wochen hatten die Proben gewährt, zu denen Künstler von der Bedeutung Friedrich Kayßlers und Helene Fehdmers hergekommen waren, aber erst wenige Tage vor der Aufführung kam, wie aus hämischer Absicht, das Verbot.

Es scheint, als wollte nun endlich auch der Münchener Zensur und ihrem lieblichen Beirat die Hybris kommen. Ich tue mir etwas darauf zugute, daß es meine Initiative, mein Entschluß und meine Tat war, eine öffentliche Versammlung zu veranstalten, um der Macht des Säbels die Macht des Geistes entgegenzustellen. Am 6. Juli sprach ich im vollbesetzten Saale der Schwabinger Brauerei über das Thema: „Die Bevormundung des Geistes durch den Säbel." Die Tagespresse („Münchn. Neueste Nachrichten", „Münchner Ztg." und „Münchner Post") hat diesmal ihre Pflicht getan und ausführlich und korrekt über den Hergang der Versammlung referiert. Ich kann mir daher eine Wiederholung sparen. Der vorläufige Erfolg der Veranstaltung war der mit überwältigender Majorität angenommene Beschluß, folgender von mir vorgelegten Resolution zuzustimmen:

„Die am 6. Juli in der Schwabinger Brauerei tagende Versammlung beschließt folgende Kundgebung: Die polizeiliche Theaterzensur ist ein Rudiment vormärzlicher politischer Zustände. Sie bewirkt die Unterbindung einer Verständigung zwischen den geistig Schaffenden und dem Volk. Sie bedeutet eine Bevormundung des kunstfreundlichen Publikums, die die Versammlung als überflüssig, schädlich und unwürdig bezeichnen muß.

Die Münchener Zensurbehörde insbesondere handhabt ihr Amt in einer Weise, die unausgesetzt Mißtrauen und Verbitterung erregt. Das Verbot des dramatischen Gedichts „Simson" von Frank Wedekind muß, nachdem das Werk in Wien und Berlin ohne Beanstandung aufgeführt worden ist, wie beabsichtigte Schikane wirken. Die Versammlung protestiert nachdrücklich gegen dieses Verbot und verurteilt gleichzeitig das Verhalten des Zensurbeirates in der Angelegenheit.

Die Versammlung erwartet, daß die dem Zensurbeirat an gehörenden Herren angesichts des subalternen Charakters und der Einflußlosigkeit ihrer Tätigkeit unverzüglich auf ihr Ehrenamt verzichten und sich solidarisch den gegen die Zensur gerichteten Bestrebungen ihrer Standes- und Bildungsgenossen anschließen werden.

Die Versammlung hält eine starke Volksbewegung für zeitgemäß und geboten, die die völlige Abschaffung der als überlebt und kulturwidrig erwiesenen Polizeizensur zum Ziele hat."

Der Erfolg dieser Willensäußerung ist, wie gesagt, nur ein vorläufiger. Es wird gar keiner sein, wenn nicht starke Gegenmaßregeln gegen die kunstfeindlichen Handlungen der Zensur schleunigst ergriffen werden. Ob die Herren vom Zensurbeirat der Aufforderung von über 700 Akademikern und Künstlern folgen und ihr Amt niederlegen werden, ist dabei am wenigsten belangvoll. Tun sie es nicht, so wird man wissen, daß man sie allesamt neben Herrn v. Possart (dem in der Versammlung, nicht nur von mir, übel zugesetzt wurde) aus der Reihe der Kulturförderer streichen und in die Liste der Polizeifunktionäre einzureihen hat. Wenn sie sich in der Rolle von Amtsberatern, deren Stimme nur gehört wird, wenn sie gegen die Kunst spricht, wohl fühlen, — dann verlieren wir anderen nicht viel mit diesen Kollegen.

Meine Vorschläge, praktische Mittel gegen die Zensur anzuwenden, mußten sich auf platonische Anregungen beschränken, die ich gleich bat, cum grano salis aufzufassen. Erstens stellte ich zur Erwägung, ob nicht die Theaterdirektoren, nach dem Beispiel der Berliner Filmfabrikanten, sich fortan weigern sollten, Stücke zur Zensur einzureichen. Wenn so etwas aus ideellen Gründen geschieht und das Publikum eine Zeit lang nur Rekapitulationen alter Reportoirestücke zu sehen bekommt, würde das doch vielleicht einen Druck auf die Regierung aus üben und mindestens die Zusicherung eines weniger rigorosen Verfahrens bewirken können. Als zweites Mittel deutete ich eine Möglichkeit an, wie man gegen jedes Zensurverbot durch Schädigung der kgl. bayerischen Staatskasse demonstrieren könnte, da ja die Münchner Polizei jeden Protest der kommunalen Behörden damit beantwortet, daß sie eine königliche Einrichtung sei, die Stadt ihr also nichts zu sagen habe.

Man sollte deshalb versuchen, meinte ich, nach jedem Zensurverbot einen vierwöchigen Demonstrationsboykott über das staatliche Institut zu verhängen, das am meisten auf das Wohlwollen des Publikums angewiesen ist: über das Hofbräuhaus. Meine Bedenken gegen diesen Vorschlag habe ich gleich selbst geäußert, deshalb hätten die „Münchner Neuesten Nachrichten" nicht garso schweres Geschütz dagegen aufzufahren brauchen. Dieser Passus war ja auch wirklich nicht der wichtigste in meiner Rede. Da das Blatt indessen auffordert, ernste Vorschläge zu machen, wie dem Mißstande der Polizeizensur zu begegnen sei, will ich eine weitere Anregung zur Diskussion stellen, die ich auf ihre Durchführbarkeit juristisch zu prüfen bitte. Bekanntlich hat die Münchner Polizei für geschlossene Aufführungen ganz bestimmte Normen aufgestellt, die sehr streng sind, aber wenn sie strikt innegehalten werden, die Zensur der Möglichkeit einer Einmischung berauben. Danach kann ein Verein für seine Mitglieder und deren Angehörige, falls auf öffentliche Voranzeigen und auf Billetenverkauf an der Abendkasse verzichtet wird, zensurfreie Aufführungen veranstalten.

Die Bestimmung, daß auch im redaktionellen Teil der Zeitungen keine Mitteilungen erfolgen dürfen, halte ich für ungesetzlich. Das ist ein Versuch, auf Umwegen wieder eine Zeitungszensur einzurichten, gegen den die Presse sich energisch wehren sollte. — Um nun die Verbote der Polizeizensur dauernd unwirksam zu machen, schlage ich folgendes Mittel vor: Nach jedem Verbot konstituiert sich ein besonderer Verein mit dem Zwecke, seinen Mitgliedern und deren Angehörigen die betreffende Vorstellung zugänglich zu machen.

Zum Beispiel: Es konstituiert sich der Verein „Simson."

Statuten:

§ 1. Zweck des Vereins ist, seinen Mitgliedern und deren Angehörigen die Vorstellung von Frank Wedekinds dramatischem Gedicht „Simson" in München zugänglich zu machen.

§ 2. Der einmalige Beitrag beträgt 1 Mark.

§ 3. Jedes Mitglied hat das Recht, den vom Verein zu veranstaltenden geschlossenen Aufführungen des „Simson" beizuwohnen und seine Familienmitglieder mit einzuführen.

§ 4. Als Entgelt für jede Vorstellung hat das Mitglied den jeweils gültigen Preis für seine Plätze im Theater zu bezahlen. Das erste Mal erhält das Mitglied für seine Person 1 Mark Ermäßigung.

§ 5. Geschlossene Vorstellungen werden veranstaltet, so oft eine genügend große Zahl Mitglieder vorhanden ist, die noch an keiner Aufführung teilgenommen haben, oder sobald von einer genügend großen Zahl alter Mitglieder eine Wiederholung gewünscht wird.

§ 6. Der Verein löst sich auf, falls das Drama von der Zensur freigegeben wird, oder falls sein Zweck mangels Beteiligung neuer Mitglieder gegenstandslos geworden ist.

Ich bin nicht Jurist genug, um beurteilen zu können, ob die Polizei irgendwelche rechtliche Möglichkeiten hätte, solchen Vereinen ihren Zweck zu unterbinden. Daher bitte ich die Tageszeitungen, soweit sie die Abschaffung der Zensur zu ihrer eigenen Forderung gemacht haben, sich mit meiner Anregung zu beschäftigen. Falls der Vorschlag gut ist, bitte ich interessierte Persönlichkeiten fofort zwecks Konstituierung des Vereins mit mir in Verbindung zu treten. Vielleicht spielt dann Kayßler doch noch bei uns den Simson.

Natürlich dürfen wir uns nicht mit solchem Katz- und Mausspielen mit der Polizei zufrieden geben. Die Forderung, die im letzten Absatz der Resolution zum Ausdruck kommt, muß mit allem Nachdruck in ganz Deutschland erhoben werden. Die Polizeizensur muß rasch und dauernd aus dem geistigen Leben des deutschen Volkes verschwinden.

Ich wiederhole deshalb hier den Aufruf, mit dem ich meine Rede in der Versammlung schloß, und den ich auch in der von Friedenthal besorgten Wedekind-Anthologie, die in diesen Tagen bei Georg Müller erscheint, zur Geltung brachte:

Alle Organisationen, die künstlerische und kulturelle Tendenzen verfolgen, mögen sich in der Forderung vereinigen: fort mix der Zensur! Mit diesem Streben möge der Goethebund zu neuem Leben erwachen! Diesen Schlachtruf mögen alle künstlerischen Vereine erheben, alle Organisationen der Schriftsteller, Schauspieler, Theaterdirektoren, bildenden Künstler und Musiker. In Schriften und Volksversammlungen mögen sie Stimmung machen gegen die Einrichtung, die den Geist unter die Willkür ungeistiger und kulturfeindlicher Mächte beugt. Was die Polizei treibt, mit der Macht des Gewalthabers gegen den Geist und die Kunst zu arbeiten, das ist Haß. Wir, die wir die große Liebe zum Geist und zur Kunst haben, wir wollen gegen Gewalt und Bevormundung auch in uns den großen Haß züchten. — Und ihn betätigen!

Nachtrag: Inzwischen ist die Beschwerde des Direktors Stollberg gegen das Verbot des „Simson" von der Regierung zurückgewiesen worden. Wer lacht da? Der Ministerialrat ist Vorgesetzter des Polizeipräsidenten, über beiden steht der Minister. Kein Verbot erfolgt ohne Zustimmung aller dieser Leute, die nachher mit ernster Miene das Verbot bestätigen. Die Staatsbürger aber lassen sich diese Instanzenkomödie gefallen, ohne mit der Wimper zu zucken.

Das große Morden

Immer wieder überraschen einen die Mitmenschen – selbst solche, die die Bezirke geistiger Lebendigkeit bewohnen – mit ernsthaft gemeinten Gegengründen gegen die Forderungen der selbstverständlichsten Menschlichkeit. Immer wieder sagt man den Spruch auf, daß es doch wohl natürlich wäre, wenn die Menschen einander hülfen und versuchten, im Frieden nach innen und außen Gerechtigkeit zwischen Arbeit und Verbrauch zu schaffen, und immer wieder begegnet einem das überlegene mitleidsvolle Lächeln der Weltklugheit, die Krieg und Spionage, Ausbeutung und Unterdrückung als gottgewollte schöne und gute Notwendigkeit zu verteidigen weiß. Man schämt sich allmählich vor sich selbst, immer und immer wieder den moralischen Gemeinplatz aussprechen zu müssen, daß Krieg schlecht und häßlich, Friede gut, natürlich und notwendig ist. Aber wir wollen noch tausendmal die Gründe der anderen widerlegen, um vor der Nachwelt nicht in der lächerlichen Haltung solcher dazustehen, die vor der Dummheit und Herzenskälte resignieren und kapitulieren.

In diesem Zeitalter raffiniertester technischer Zivilisation gibt es für den Erfindungsgeist immer noch keine höheren Aufgaben als die Vervollkommnung der kriegerischen Mordinstrumente. Wessen Gewehre und Kanonen am weitesten schießen, am schnellsten laden, am sichersten treffen, der hat den Kranz. Das Scheußliche und das Groteske gehen Hand in Hand durchs zwanzigste Jahrhundert und rufen die Völker auf zur Bewunderung der Welt Vollkommenheit.

So sieht unsere Kultur haute aus: Hunderttausende junger arbeits- und zeugungsfähiger Männer werden aus ihrer Beschäftigung gerissen, in komisch-bunte Gleichtracht gekleidet, mit blanken Knöpfen, goldblechbeschlagenen metallenen Kopfbedeckungen und nummerierten Achselbeschlägen. An der Seite hängt ihnen ein langes Messer, scharf geschliffen, zum Stechen so geeignet wie zum Hauen. Über die Schulter tragen sie ein Schießgewehr, aus dessen Lauf sie oftmals hintereinander Geschosse jagen können, geeignet, auf große Entfernung Menschen zu durchbohren, mit einer Durchschlagskraft, daß gleich zwei hintereinander davon getötet werden können. Der Griff der Waffen aber ist schwer und wuchtig. Er dient zum Zertrümmern von Menschenschädeln. Vor den Nabel ist diesen Leuten ein Täschchen gebunden, das noch viele Geschosse enthält, für den Fall, daß die im Gewehrlauf ihre Pflicht nicht erfüllt haben. Ihre Tätigkeit besteht im jahrelangen Einüben in die Benützung der bezeichneten Gegenstände für den Bedarfsfall. In den Höfen der Häuser, in denen sie zu Hunderten zusammen wohnen müssen, stehen aus Holz gefertigte, menschenähnliche. Soldatenpuppen. Die Phantasie der Kriegseleven wird dazu geschult, in diesen Puppen lebendige Ebenbilder Gottes zu erblicken, und dann müssen sie darauf schießen. Außerdem aber werden sie erzogen, anderen Leuten, zu denen sie im gewöhnlichen Leben gar keine Beziehungen haben, blinden Gehorsam zu leisten. Um sie daran zu gewöhnen, werden ihnen Aufgaben gestellt, denen ein erkennbarer praktischer Sinn überhaupt nicht innewohnt. Zum Beispiel müssen sie oft, wenn sie in Gruppen angeordnet zum Gehen aufgefordert werden, alle gleichzeitig das Knie bis vor den Bauch hochheben, alsdann die Zehenspitze weit vorwärts schleudern und den Fuß mit lautem Klappen auf den Boden schlagen und so immer abwechselnd mit dem linken und dem rechten Bein verfahren. Den Vorgesetzten müssen sie besondere Ehren erweisen, wozu ihnen je nach der Situation das Gewehr, die Kopfbekleidung oder die Hosennaht behilflich ist. Aber ihr Gruß gilt nicht der Person des Vorgesetzten, sondern dessen Kleidern, die mit noch mehr Goldblech verziert sind als ihre eigenen.

Die Bezahlung dieser Dinge muß das Volk mit einem riesigen Prozentsatz seines Arbeitsertrages leisten, und so groß sind bereits die Anforderungen an die Steuerkraft der Menschen, daß seit Jahren kein Aufhören der Wirtschaftskrisen mehr ist, und die Folgen dieser Krisen sind Arbeitslosigkeit und Geburtenrückgang, aus denen wiederum verminderte Leistungsfähigkeit des Volkes und mithin – da die Forderungen des Militarismus sich nicht reduzieren, sondern ständig steigen – Erzeugung und Permanenz weiterer, immer ärgerer Krisen resultiert.

Der Wert dieser Opfer an Eigenwillen und Volkskraft wird sich jedoch erweisen, wenn eines Tages die Kriegsfahne entrollt wird. Dann wird der Begeisterung in allem Volk kein Ende sein.

Dann wird sich dieses Bild entfalten: Zu denen, die gerade in den Kasernen zum Kriege gedrillt werden, treten noch die leistungsfähigen früheren Soldaten hinzu und die jungen Leute, die eigentlich noch auf ihre Schulung warten sollten. Junge Gatten und Väter werden aus dem Haus ihrer Hoffnungen geholt. Die Söhne müssen hinaus ins Feld der Ehre. Studenten, Lernende aller Berufe müssen ihre Entwicklung abbrechen, um am Kriege teilzunehmen, dessen Gründe sie nicht kennen und auch nicht erfahren, die auch mit ihren Interessen nichts zu tun haben. Nicht freiwillig gehen sie hinaus in Gefahr und Tod, sondern gezwungen und ohne Wahl. Weigerung wäre Tod.

Und nun kommt Bewegung in das Heer, dessen Gesamtstärke etliche Millionen Menschen beträgt. Die einzelnen Abteilungen suchen die Grenze des Landes zu erreichen, mit dessen Armee die Kämpfe zu führen sind. Im eigenen Lande schon herrscht Trauer und Verzweiflung. Die Mütter, die Frauen und Mädchen jammern den Männern und Söhnen nach. Die Saaten werden von Pferden und Menschen zerstampft, aller Handel, alle Produktion stockt, die Nahrungsmittel werden schlecht und unerschwinglich teuer, Krankheiten breiten sich aus, das Elend meldet sich überall.

Soll ich schildern, was weiter geschieht? Brauchte ich nicht Stunden und Stunden, um all das Gräßliche aufzuzählen, das das Wesen des Krieges ausmacht? Denkt an die Schilderungen derer, die solche Heldenzüge mitgemacht haben. Denkt daran, daß Städte umzingelt und ausgehungert werden, wobei Hunderte und Hunderte Hungers sterben, denkt an den Sturm auf die Städte, wie sie in Brand geschossen werden und Kinder, Frauen, Greise, Kranke und Krüppel ihr Leben lassen müssen - fürs Vaterland! Denkt an die Eroberungen der Städte, wie die Soldaten, wochenlang keiner Schürze nah, sich mit geilen Nerven auf die fremden Frauen stürzen. Denkt an die innere Verwilderung des einzelnen, der in ununterbrochener Angst um das eigene Leben täglich Sterbende und Leichen sieht, dem schon dadurch die Raubtierinstinkte wach werden und dem noch dazu stündlich gelehrt wird, daß das Umbringen von Menschen Tapferkeit sei. Und denkt an die Schlachten in den modernen Kriegen selbst! Wo ist da noch etwas von persönlichem Heldenmut? Wie maschinell und untapfer wird heutzutage gekämpft! Aus verdeckten Gräben schießt man aus Kanonenläufen Maschinengewehren auf die Stelle, wo man Feind vermutet, läßt Sprengstoff explodieren und wird selbst von Granatsplittern zerrissen, ohne zu sehen, woher der Mord geschieht. Der Kampf von Unsichtbaren gegen Unsichtbare - ist das nicht der furchtbarste Hohn auf alle Menschenwürde?

Aber unter den Lesern selbst dieser Zeilen sind genug, denen ich mit meinem leidenschaftlichen Haß gegen den Krieg kindlich und dumm vorkomme, solche, die gegen Einrichtungen und Gebräuche keinen Haß kennen, weil sie abgeklärt sind und das Leben zu beurteilen wissen. Sie sagen einfach, daß der Militärdrill eine gesunde Körperausbildung ist, und für die Einsicht, daß Körperübungen, die erzwungen und unter Abtötung der eigenen Willensbestimmung vorgenommen werden, niemals gesund sein können, haben sie kein Gefühl. Sie sagen, daß die Natur Seuchen über die Menschheit schicke, die mehr Opfer fordern als die blutigsten Kriege und daß Kriege ebenso weise Maßnahmen der Natur seien wie Krankheiten, bestimmt, die von Blut und Kraft übermäßig strotzenden Völker wohltätig zur Ader zu lassen. Wie kommen denn diese Logiker dazu, jeden Fortschritt der Wissenschaft zu bejubeln, der die Bezwingung einer Epidemie bewirkt? Wer den Krieg mit solchen Argumenten verteidigt, hat kein Recht, die Zurückdrängung von Pest- und Choleraseuchen, die Erfindung von Serum, Salvarsan, Mesothorium als Siege der Menschheit zu feiern. Was den Menschen recht ist, sollte doch wohl dem lieben Gott billig sein. Entweder wollen wir die schicksalsgewollten Auskehrungen unter den Menschen willig tragen, dann ist der Kampf gegen die Bakterien eine Heuchelei, oder wir wollen uns gegen verheerendes Unglück schützen, dann müssen wir den Krieg verhüten wie jede andere Pest.

Aber die wirtschaftlichen Bedürfnisse der Völker bedingen Kriege. Wenn ein Land seine Leute nicht mehr füttern kann, muß es dem Nachbarn Äcker wegnehmen. Schwindel. Seit der Kapitalismus die Welt beherrscht, ist noch fast jeder Krieg vom Reichen gegen den Armen geführt worden. Der Große saugt dem Kleinen das Blut aus. Es ist mit den Staaten genauso wie mit den Einzelnen. Die Machtanhäufung wird von keinem Bedürfnis bestimmt, sondern ist Selbstzweck, wie die Ansammlung von Kapitalien, deren Ertrag niemandem zunutze kommt, für die modernen Geldmagnaten Selbstzweck ist. Die Machtanhäufung der Staaten aber, um derentwillen Kriege geführt werden, ist in Wahrheit Kapitalsanhäufung bei einzelnen Kapitalisten. Die anderen haben Leben, Habe, Arbeit, Hoffnung und Glück zum Opfer zu bringen wie die Kleinstaaten Selbständigkeit, Nationalbesitz und Volksart. Das Kreuz Christi aber, der Name Gottes, die Postulate der Gerechtigkeit und Sittlichkeit liefern allemal das Glockengeläute, unter dem die Kanonen zum Kriege geladen werden.

Ein Musterbeispiel für die Art, wie gewissenlose Habgier Kriege inszeniert, liefern gegenwärtig die Vereinigten Staaten von Nordamerika, repräsentiert in dem würdigen, pazifistisch geschminkten Präsidenten Wilson, Professor und sozial aufgeklärten Schriftsteller.

Das Land Mexiko steckt seit Jahren in hellem innerem Aufruhr. Die infamen Landgesetze des Porfirio Diaz trieben die Leidenschaften hoch, und in höchst wechselvollen Kämpfen, die die Rebellen mehrmals dem Siege nahebrachten, mußten sie es immer wieder erleben, daß sie ihre Waffen gegen den Verrat der eigenen Führer wenden mußten, die die Revolution zum Vorwand ihrer persönlichen ehrgeizigen Ziele machten. Was für eine Sorte Führer die Rebellengeneräle Villa und Carranza sind, läßt sich von Europa aus schwer erkennen. Die Tatsache aber, daß sie sich das wohlwollende Augenzwinkern der Vereinigten Staaten in ihrem Kampf gegen den demokratischen Despoten Huerta gefallen ließen, läßt sie wenig vertrauenswürdig erscheinen. Jetzt zeigt sich ja, was die biederen Volksbeglücker Wilson und Bryan mit ihrer Rebellenfreundlichkeit bezweckt haben: die völlige Verwirrung im Lande, um leichter zum Gewaltstreich ausholen zu können.

Der Vorwand zum mexikanischen Kriege ist ebenso schimpflich wie lächerlich. Tagelang war die brennendste Frage in aller Welt, ob Huertas Schiffe die Yankeeflotte mit einundzwanzig Schüssen begrüßen werden, ob Wilsons Kanonen ihnen antworten würden und ob Huertas Forderung, die Salutschießerei solle abwechselnd erfolgen, angenommen oder stattdessen ein Krieg ausbrechen werde. Natürlich geschah, was mit der ganzen demütigenden Albernheit bezweckt war: Die Amerikaner besetzten Veracruz, brachen also - ohne Kriegserklärung, um sich die Pose als Zuchtmeister geben zu können - den Krieg vom Zaun. Selten ward solche Aktion mit so ekelhafter Heuchelei begonnen wie diese "Strafexpedition". Die nordamerikanischen Friedensapostel vergossen Tränen der Verzweiflung, daß in ihrem Namen Blut fließen mußte, und Herr Wilson erließ eine Kundgebung an das mexikanische Volk, wonach er es nur auf den Präsidenten, beileibe nicht auf die Mexikaner abgesehen habe. Währenddem machte er sich auch schon zum Herrn ihrer Städte. Daß ihm der Raubzug nun doch etwas schwerer gemacht wird, als er es sich vorgestellt hatte, und daß er deshalb geneigt scheint, die Intervention der südamerikanischen Republiken anzunehmen, ändert nichts an der Tatsache, daß dieser Mann, der europäische liberale Blätter mit menschheitsbeglückenden Manifesten füllt, als Werkzeug ausbeuterischer Milliardäre in fremdes Land eingedrungen ist, um im Trüben zu fischen. Nach seiner Auslegung: um Ordnung zu schaffen - Ordnung zu schaffen in dem Moment, wo im eigenen Lande im Staat Colorado die ihm unterstellte Soldateska blutige Schlachten gegen streikende Arbeiter führte und Frauen und Kinder unter scheußlichen Martern umkommen ließ.

Na also, höre ich meine militärentzückten Freunde triumphierend ausrufen. Hier zeigt sich wieder, wie gottgewollt und unanfechtbar die Pflege einer starken, stets kampfbereiten Armee ist. Selbst in Zeiten des Friedens muß sie bereit sein - gegen den inneren Feind!

Patrioten

Das Vaterland, als Ding an sich betrachtet, ist gewiß eine schöne Sache. Nur wissen wir von seines Wesens Besonderheit nicht vielmehr, als was uns der Barde E. M. Arndt in seinem Trutzliede versichert: Es muß größer sein. Der beliebte Dichter spricht dabei zwar nur vom deutschen Vaterland, und die patriotische Lyrik unseres Erbfeindes ist mir nicht geläufig, — aber es ist wohl bestimmt zu hoffen, daß auch in den Kampfgesängen der Franzosen, Engländer, Russen und Turkestaner das Vaterland als ein geographisches Gebiet gedeutet wird, das größer sein muß. Denn darin haben sich die Völker der Erde gegenseitig nichts vorzuwerfen: haben sie sich einmal in einen Begriff verliebt, dann stehen sie dafür ein mit Leib und Leben, und es gibt keine Dummheit, die ein Volk nicht um einer Redensart willen begehen würde.

Patriotismus ist bei allen Völkern eine Voraussetzung, die keines Beweises bedarf, eine Eigenschaft, die der Kritik entzogen ist. Ich gestatte mir dennoch auf die Frage: Was ist Patriotismus? zu antworten: Ein gutes Geschäft oder eine leere Phrase.

Die wertgeschätzten Leser, die sich jetzt in ihren heiligsten Empfindungen verletzt fühlen, werden freundlichst ersucht, diese Empfindungen einen Augenblick neben sich zu stellen und ihren bewährten kritischen Verstand an deren Platz zu lassen. Dann werden sie erkennen, daß Patriotismus ein dem natürlichen Heimatgefühl künstlich aufgepfropfter Begriff ist. Ein Sentiment, das räumliche Grenzen voraussetzt, das bei uns Deutschen bis weit ins dänische, französische und polnische Nationalgebiet hineinstrebt und bei der Basler und Salzburger Zollrevision seine Wirksamkeit einstellt. Oder ist Patriotismus etwas anderes? Etwa das Bewußtsein einer nationalen Zusammengehörigkeit, einer Verschmolzenheit seelischer Interessen? Das wird zu prüfen sein.

Unsere gesellschaftlichen Einrichtungen sind solche, daß die Lebensmöglichkeit des Einzelnen sich nicht auf persönliche, oder korporative Tüchtigkeit gründet, sondern durchaus nur auf die Ruderkraft der Ellenbogen im sozialen Kampf. Da eine Minderheit der Menschen im Alleinbesitz aller Produktionsmittel ist, und die Mehrheit von ihrer Gnade abhängt, um auch nur zur Arbeit zugelassen zu werden (gegen den Preis kärglicher Entlohnung und frühzeitiger Kräfteabnutzung), da diese Mehrheit ferner unterernährt zur Welt kommt, unterernährt aufwächst und alle Energie für die Möglichkeit, primitiv zu existieren und schon im Keimzustand entrechtete Kinder zu zeugen, aufwenden muß, so ist der soziale Kampf der Menschen der ungleichste Kampf im ganzen Naturgeschehen. Ausbeuter und Ausgebeutete — so setzt sich ein Volk in diesen Zeitläuften zusammen. Und unter diesen Menschen soll das Bewußtsein nationaler Zusammengehörigkeit bestehen, unter ihnen sollen irgendwelche seelischen Interessen verschmolzen sein? Wer das behaupten wollte, müßte die Augen zehnfach verbinden vor dem Haß, der Gier, der Skrupellosigkeit, mit der die Menschen des gleichen Volksstammes gegeneinanderwüten. Wo aber wirkliche Interessen ineinandergreifen, da sind sie nicht an den Raum gebunden. Die Verbindungen der Reichen gegen die Armen greifen über die Grenzen der Länder hinaus und zeigen den Armen damit an, daß auch sie sich international verbinden müssen, wollen sie je wieder zu menschenwürdigen Zuständen gelangen.

Versuchen wir also, der Ergründung des Patriotismus von einer anderen Seite beizukommen. In welchen Formen äußern sich die Gemütswallungen der Patrioten? In devoten Kundgebungen für das Staatsoberhaupt oder die gerade gültige Staatsform und in säbelrasselndem Selbstlob auf Kosten des „Feindes". Daraus ergibt sich, daß Patriotismus stets eng verquickt ist mit äußerlichen Zeiterscheinungen, mit der oft zitierten „Liebe zur Scholle" aber garnichts zu tun hat. Die Liebe zur Scholle wird als Heimatsgefühl ursprünglich in jedem Menschen leben, ist aber von politischen Grenzabsteckungen ganz unabhängig und kann als ethisches Postulat überhaupt nicht verwendet werden, weil ihre Intensität von der Fülle und der Art individueller Jugendeindrücke bestimmt ist, und weil die gesegneten kapitalistischen Einrichtungen bei vielen, die nie eine Handbreit Scholle zu eigen besessen haben, das ursprüngliche Gefühl gar nicht haben aufkommen lassen. Ergo: Patriotismus ist, wo das Wort überhaupt eine Empfindung umschließt, politisch-konservative Staatsbejahung, verbunden mit kriegerischer Eitelkeit.

Das politische Bekenntnis ist bei den Meisten viel weniger im Temperament begründet als in praktischen Erwägungen. Daher ist auch der wahre Patriot der, der seinen Nutzen in der Erhaltung des bestehenden Staatssystems und in der Feindschaft der Völker gegeneinander erkennt. Wenn sich diejenigen, deren Interessen in direktem Gegensatz zum Kapitalismus und Militarismus stehen, gleichwohl ebenfalls als Patrioten, bezeichnen, so ist das ein demagogischer Kniff und eine Anerkennung der Überlegenheit der Konservativen, denen es noch immer gelungen ist, ihr Geschäft mit Hilfe einer suggestiven Phraseologie zum idealen Wert der Gesamtheit zu machen.

Es genügt vollkommen, einer parlamentarischen Opposition Antipatriotismus vorzuwerfen, um sie als gekränkte Unschuld zum Greinen zu bringen. Der Begriff ist selbst den rötesten Schreiern als moralische Tugend so tief in Fleisch und Blut eingedrungen, daß sie uns, die wir uns aus Liebe zur Ehrlichkeit klar und offen als Antipatrioten bekennen, mit derselben Verachtung abschütteln, wie das die konservativsten Staatsstützen tun. Sie haben aber gegen die Loyalitätspächter den Nachteil, daß sie wider die Wahrheit Patrioten sind, und um ihre Suggestion zu erhalten, als Ideal konstruieren müssen, was den andern praktische Selbstverständlichkeit ist.

Wie sehr der Patriotismus bei seinen natürlichen Bekennern als geschäftliche Nützlichkeit gewürdigt wird, dafür hat die letzte Zeit beweiskräftiges Material in Hülle und Fülle geliefert. Und überall ergibt sich aus den Tatsachen das gleiche Bild: der spekulative Patriotismus der Staatsinteressenten schürt den ideellen Patriotismus der phrasengläubigen Völker und macht sein Geschäft dabei. Hier einige Beispiele.

Bulgarien. Ferdinand, ein aus Deutschland importierter Balkanfürst, ist ohne Anstrengung bulgarischer Patriot geworden. Er hat sein slavisches Volk gewöhnt, im Vivat-Schreien auf einen Westeuropäer seinen Patriotismus kundzutun. Er belohnt das Volk, indem er sich zum König macht. Da er Gebietserweiterungen anstrebt, die erhöhte Steuerleistungen und für ihn erhöhte Apanage zur Folge haben müssen, begibt er sich mit seinen slavischen Nachbarn auf den Kriegspfad und läßt zehntausende seiner durch Gottes Fügung dazu avanzierten Volksgenossen hinmorden, nicht ohne vorher erfolgreich an der Pariser Börse à la baisse spekuliert zu haben.

Montenegro. Nikita, der Fürst der schwarzen Berge, der sich ebenfalls bei günstiger Konjunktur zum König seines Ländchens befördert, erkennt die geschäftlichen Vorteile einer Beteiligung an dem Handel der übrigen Balkanländer. Die unterhandeln noch mit der Türkei, als ihm eine Wiener Bank anträgt, er solle ohne das Ergebnis der Verhandlungen abzuwarten, losschlagen, wofür ihm ein Trinkgeld von fünf Millionen Kronen zugesichert wird. Fünf Millionen Kronen sind ein tüchtiges Stück Geld, und Nikita enfesselt für diesen Preis den Krieg, der unzähligen Menschen das Leben kostet, unermeßliche Werte zerstört, unerhörte Infamie lebendig macht. Sein eigenes Land ist der Vernichtung nahe — aber Nikita hat seine 5 Millionen in der Tasche. Das Kriegsglück lächelt ihm. Skutari, das Ziel seines Strebens, fällt in seine Hand — durch den Verrat des Herrn Essad Pascha, der, bisher ein gefeierter türkischer Patriot, das ihm anvertraute Pfand dem Feinde unter der Bedingung überläßt, daß er künftighin — als König — albanischer Patriot sein dürfe. Die Geschäftsinteressen der in der Londoner Botschafter Konferenz repräsentierten Patrioten Westeuropas sind mit denen Nikitas nicht identisch. Er soll Skutari wieder hergeben. Er widersetzt sich und beschwört die Gefahr eines großeuropäischen Krieges herauf. Es scheint, er wird sich mit den Kompensationen abfinden lassen, die seinem kaufmännischen Prestige nicht zur Schande gereichen werden. Jedenfalls glaubt er es schon riskieren zu können, an der Wiener Börse à la hausse zu spekulieren.

Österreich-Ungarn. Die Donaumonarchie verfügt über ungewöhnlich gewandte Patrioten. So dumm wie unsere östlichen Bundesfreunde hat sich selten ein Volk bluffen lassen. So unverfroren wie dort ist aber auch selten der unbeteiligte Patriotismus des Volkes aufgekitzelt worden. Auf der Blutwiese des Balkankrieges wünschte auch Österreich sein Schäfchen zu weiden. Dazu empfahl es sich für das im Wesentlichen slavische Land, den Anwalt des nichtslavischen Europas zu spielen. Als der Krieg mit dem Unterliegen der Türkei ausging, mischte sich Österreich-Ungarn hinein, um die Sieger um den Ertrag ihrer Anstrengungen zu bringen und schuf den ganz Europa bedrohenden Konfliktsfall Skutari. Das darf nicht an Montenegro fallen, weil das für die Geschäfte der österreichischen Patrioten nicht opportun ist. Montenegro wehrt sich natürlich so lange es kann gegen die Herausgabe — und nun spielt Österreich den Beleidigten, spielt ihn mit so ausgezeichneter Mimik, daß die Volksseele in jedem Bürger der Wiener Josephsstadt kocht. Die Bevollmächtigten des österreichischen Patriotismus haben es allmählich so weit gebracht, daß ihnen die Opfer ihrer Spekulationen in die Ohren schreien: Es ist eine Affenschande, was ihr für Schlappschwänze seid! Wir schämen uns Österreicher zu sein, wenn ihr Euch die Frozzeleien Nikitas noch länger gefallen laßt! Wir wollen Krieg! Krieg! Krieg! — Ob Österreich-Ungarn den heldenhaften Feldzug gegen das winzige Balkanländchen unternehmen wird, oder ob es bei der Verhängung des Belagerungszustandes in den Kronländern bleibt, läßt sich, während ich dies schreibe, noch nicht übersehen. Auch nicht, ob im ersteren Falle Österreich-Ungarn Cetinje oder Montenegro Wien okkupieren wird. Das aber läßt sich übersehen, daß das Losmarschieren der Österreicher vor der Geschichte nicht als eine Abwehrmaßregel gegen schmähliche Herausforderungen, sondern als ein ganz ordinärer Raubzug dastehen würde, dessen Folgen unabsehbar wären. Denn daß die Österreicher-Patrioten sich nicht mit einer polizeilichen Aktion begnügen würden, steht doch fest. Wenn die Monarchie aber erst einmal nach Balkanland für den eigenen Bedarf langt, dann werden Rußlands Patrioten gewiß nicht müßig zusehen — und dann gnade uns Gott.

Deutschland. Im Reichstag hat Dr. Karl Liebknecht einige Mitteilungen gemacht, die den geschäftlichen Charakter einer gewissen Sorte von Patriotismus magisch beleuchtet. Danach unterhält die Firma Krupp eine reguläre Spitzelorganisation, die berufen ist, mit Hilfe von Bestechungsgeldern die Absichten der Regierungsämter zu ermitteln und darauf Spekulationen zu gründen. Danach hat die Deutsche Waffen- und Munitionsgesellschaft falsche Nachrichten über neue französische Rüstungsaktionen in die französische Presse zu lanzieren versucht, um die deutsche Regierung auf Kosten der Steuerzahler und zum Nutzen der Waffenindustrie zu weiteren Militärausgaben zu veranlassen. Diese Mitteilungen sind nicht gerade überraschend, aber wichtig, weil sie endlich einmal positives Material bringen. Psychologisches Interesse bietet dabei auch das Verhalten der patriotischen Presse. Die konnte zwar nicht anders, als im Brustton der Überzeugung schonungslose Aufklärung fordern, erging sich aber gleichzeitig in Beschimpfungen gegen Dr. Liebknecht und suchte mit dem bewährten (und von den Sozialdemokraten keineswegs mißachteten) Mittel der persönlichen Verunglimpfung die Wucht der erbaulichen Tatsachen abzuschwächen. Die Bewilligung der von Deutschlands Patrioten als notwendig erachteten neuen Wehrmittel mit all ihren scheußlichen Nachwirkungen auf die Volkswirtschaft des Landes wird denn auch über die Kleinigkeit dieser patriotischen Schweinereien nicht stolpern. Man soll übrigens nicht ungerecht sein und die deutsche Militärindustrie für korrupter halten als die ausländische. Kein ehrlicher Mensch zweifelt daran, daß die Geschäftschancen der französischen, englischen und italienischen Waffenfabriken genau die gleichen sind. Der Patriotismus der Völker gedeiht dabei überall vortrefflich.

Wir erkennen an allen diesen Beispielen, daß die Woge der nationalen Begeisterungen einem cirulus viciosus gleicht. In den Geschäftskontoren der Interessenten wird der Patriotismus erregt. Der fertige Patriotismus schafft aus sich selbst heraus fortgesetzt Reibungen und Skandale (wie z.B. den Dummenjungenkrach in Nancy), aus den Reibungen entwickelt die Geschäftigkeit der Interessenten neuen Patriotismus. Die Völker aber, die lieber verrecken, als sich von ihrer patriotischen Phrase trennen, zahlen die Kosten.

Kultur und Frauenbewegung

Wir bilden uns gewaltiges darauf ein, daß der erfinderische Geist der Menschen in unseren Tagen fast alle Elemente der Natur in seine Macht gezwungen hat. Die philosophische Erkenntnis von der Irrealität der Zeit hat die Technik mit der Konstruktion der Eisenbahnen, Schnelldampfer, Automobile, Luftschiffe und Flugzeuge durch die praktische Irrealisierung des Raumes ergänzt. Telegraph und Telephon haben vollends jede räumliche Entfernung aus der Welt geschafft. Das Grammophon und das bewegte Lichtbild rettet die Erinnerung an alles Geschehen für die kommenden Geschlechter. Die Bewaffnung unserer Armeen und Flotten ist derartig, daß die Massenvernichtung streitbarer Menschen das Werk weniger Handgriffe geworden ist. Die Mediziner haben die Erreger der meisten Krankheiten erkannt und wissen sie zu vernichten. Die Physiker sind auf gutem Wege, die Urkräfte der Natur, Meeresflut und Sonnenlicht, für die Bedürfnisse der Menschen einzufangen und die Erforschung der geheimen Eigenschaften des Radiums scheint einen starken Schritt auf dem Wege zur endlichen Entdeckung des Steins der Weisen zu bedeuten.

Alle diese und noch viele weitere Beispiele intellektueller Wunder zählt der Zeitenthusiast auf, dem man die ganzen Jahrhunderte seit der Renaissance als Epoche völliger kultureller Stagnation zu schmälern wagt. Denn aller Zauber technischer Bequemlichkeit und Zweckmäßigkeit hat nicht vermocht, in den Menschen dieses Zeitalters das Bedürfnis nach einer Weihe der äußerlichen Zivilisation durch die Innerlichkeit einer Kultur zu wecken.

Kultur ist Adel der Völker: das gemeinsame Wissen um Schönheit und Gerechtigkeit. Wo der Buchstabe den Geist beherrscht, kann keine Kultur sein. Wo Knechtung ist, Zwang, Gewalt, Dogma und Dünkel, herrscht Unkultur. Die Gegenwart aber mit allen Errungenschaften praktischer Dynamik ist tiefer als irgend eine Zeit vorher befangen in Vorurteilen, moralischen und gesellschaftlichen Dogmen, Größenwahn und sozialer und geistiger Verworrenheit. Die religiösen und sittlichen Begriffe der Menschen sind erstarrt, während die Beweglichkeit des menschlichen Verstandes in der Ersinnung raffinierter Apparate Rekorde schlug. Und so sehen wir jetzt als Herrn der Erde ein Wesen, dessen Hand die Erdachse zu steuern weiß, und dessen Seele in Indolenz und Barbarei verknöchert ist.

Jeder Versuch, die ungeheuerliche Kluft zwischen Zivilisation und Kultur durch Anstrebung anständiger Beziehungen zwischen den Menschen zu überbrücken, zerschellt an dem Wahn, dem die Ausnützung der Naturkräfte für mechanische Bedarfszwecke als die Vollkommenheit des Glückes gilt. Bewegungen und Bestrebungen gibt es freilich genug, deren Existenz allein die ethische Verwahrlosung unseres Zusammenlebens beweist. In ihnen allen kommt die Sehnsucht nach gesünderen Verhältnissen deutlich zum Ausdruck. Sie alle aber leiden unter dem Dilettantismus einer äußerlich interessierten Einseitigkeit und unter dem Mangel an Einsicht, daß Kultur nur aus der Verinnerlichung des gesamten geistigen Lebens erwachsen kann.

Überall fehlen die großen Gesichtspunkte. Überall soll die Welt von einem Punkte aus kuriert werden. Überall kleben die Problemchen am Tage, und jeder kräftige Antrieb zu umwälzender Neuerung erstickt unter der Angst vor den Konsequenzen. Wie eng ist ringsum der Horizont der Kulturethiker! Wie zaghaft ihr Revolutionarismus!

Da sind die Freidenker. Sie wollen der Menschheit den Knebel der pfäffischen Zwanglehren aus dem Halse ziehen, und stopfen ihr dafür einen Ballen fragwürdiger Wissenschaftlichkeit hinein. Dekretiert die Kirche: du mußt glauben! — so dekretieren die Freidenker: du darfst nicht glauben! — und droht die Kirche den Zweiflern und Abtrünnigen mit dem Verlust der ewigen Seligkeit, so drohen die Freidenker den Frommen und Insichgekehrten mit dem Spott und der Verachtung der Jahrtausende. Ob Ernst Haeckel wirklich der Welt tiefere Wahrheiten zu sagen hat als Jesus Christus? Ich leugne nicht, daß mir die Bergpredigt ernstere Gedanken nahelegt, als das Buch von den Welträtseln.

Da sind die Pazifisten. Sie wollen die Erde von den Schrecken der Kriege erlösen, die sie mit Recht als das entsetzlichste Symptom barbarischer Verkommenheit erkannt haben. Aber die Idee, den Willen der Massen, die die Soldaten zu stellen haben, zu Aktionen zu beeinflussen, und den Krieg dadurch praktisch unmöglich zu machen, weisen sie weit von sich. Sie paktieren mit den Organisationen der waffenklirrenden Mächte um möglichst „humane" Anwendung der Kanonen und schreien Triumph!, wenn Deutschland und England ein Abkommen treffen, das das Wettrüsten der Flotten auf das Verhältnis 10:16 beschränkt. Der dauernde Völkerfriede ist ihnen ein fernes Idol, der Kampf gegen den Militarismus eine frivole Voreiligkeit. Welche philiströse Genügsamkeit!

Da sind die Bodenreformer. Sie wollen die Erde, die natürliche Stätte alles Werdens und Seins, der wucherischen Spekulation des Kapitals entziehen. Sehr schön. Aber gegen die folgerichtige Erweiterung ihres Strebens, die Sozialisierung der gesamten Volkswirtschaft, wehren sie sich mit Händen und Füßen. Ach, Herr Damaschke, ob dem Armen, der seine Hände nicht bewegen darf, die Möglichkeit zur selbstgewählten Arbeit von einem feudalen Grundbesitzer oder vom allvermögenden Staat genommen wird, das ist ihm herzlich einerlei. Damit, daß das Land niemandem gehört, ist es nicht getan. Es muß es auch jeder benutzen dürfen.

Da sind die Sozialdemokraten. Sie haben eingesehen, daß die Not der Zeit in den Privilegien der besitzenden Minderheit begründet ist. Aber sie haben sich einer schwachmütigen Philosophie verschrieben, die ihnen die Mühe des Kampfes abnimmt, und das Volk auf die selbsttätige Entwicklung der Zeit vertröstet. Inzwischen doktoren sie in schöner Eintracht mit den befehdeten Kapitalisten an tausend Nebensächlichkeiten und Gleichgültigkeiten herum, werben mit erstaunlichem Eifer und Erfolg für ihre staatserhaltende Tätigkeit Bürgerstimmen und hüten sich in berechtigter Besorgnis, diese Stimmen könnten wieder verloren gehen, vor jedem Schritt, der geeignet wäre, ein Spürchen sozialistischer Gestaltung in Gesichtsnähe zu bringen. Politische Parteispießer wie alle andern.

Da sind die zahllosen Gruppen und Bewegungen, die durch die Propaganda einer Weltanschauung oder durch die Regulierung der Lebensweise die verschobene Ordnung der Dinge glauben ins rechte Gleis rücken zu können. Vegetarier, Temperenzler, Theosophen, Keuschheitsbündler, System-Müllerer, harmonische Gymnastiker, Sportakrobaten aller Art und hunderterlei anderer Weltverbesserer. Sie alle wissen die einleuchtendsten Gründe anzuführen, warum gerade ihre Methode, das Leben anzufassen, das Heil der Menschheit herbeiführen müsse. Sie alle aber haben Brillen auf der Nase, die ihren Blick auf irgend ein unwesentliches Etwas im großen Getriebe des Weltgeschehens hinlenken, dies kleine Etwas gigantisch vergrößern und alles verdunkeln, was ringsum treibt und wirkt. So wahr es ist, daß an jedem Punkt angesetzt werden muß, um Helligkeit und Ordnung in das Chaos der Dinge zu bringen, so wahr ist es auch, daß Kultur nur aus dem starken und großen Willen entstehen kann, durch Einsicht und Tat das gesamte Wesen der Dinge zu erfassen.

Der beschämendste Vorwurf, der gegen die würdelose Unkultur dieses vom mechanischen Erfindungsgeist besessenen Zeitalters zu erheben ist, betrifft die Behandlung der weiblichen Hälfte der Menschheit. Die ungeheuren Veränderungen, denen sämtliche Angelegenheiten der menschlichen Gemeinschaft im Laufe der Weltgeschichte unterworfen waren, haben naturgemäß auch die Beziehungen der Geschlechter zu einander und die Stellung des Weibes zur Gesellschaft grundsätzlich verschoben. Aber das traditionelle Recht der Männer, allein auf die Einrichtungen der menschlichen Dinge bestimmend einzuwirken, hat veranlaßt, daß die Frauen heute noch um den kleinsten Anspruch auf Beteiligung an der Gestaltung des gemeinsamen Lebens erbittert kämpfen müssen.

Die Industrialisierung der Volkswirtschaft und die Entfaltung des Kapitalismus zwangen die Frauen aus den Küchen und Kinderzimmern ihres hausmütterlichen Waltens in die Offizinen der Werktätigkeit. Die Notdurft des Daseins stellte sie mitten in den Konkurrenzkampf zu den Männern, denen sie allmählich — unter Überwindung der hartnäckigsten Widerstände — das Recht zum Wettbewerb in fast allen Gebieten der praktischen Betätigung abtrotzten. Heute stellen die Frauen in den manuellen wie auch den gelehrten Berufen ein so starkes Arbeiterkontingent, daß die Weisheit abgeklärter Mannsbilder, die das zarte Geschlecht für Kochtopf, Waschfaß und Ehebett reserviert sehen möchten, nicht mehr widerlegt zu werden braucht.

Dabei darf nicht verkannt werden, daß die Inanspruchnahme der Frauenkräfte für die Beschaffung der lebensnotwendigen Werte keineswegs in der natürlichen Organisation der Welt vorgesehen ist. Unter den zahllosen mörderlichen Verfahrenheiten unserer Zeit ist eine der mörderlichsten der den Frauen abgezwungene Mißbrauch ihrer Kräfte für Männerwerk. Es ist abscheulich zu denken, daß die Mehrheit der Frauen in den zivilisierten Ländern die Möglichkeit, Kinder zu gebären, zu nähren und zu erziehen, mit dem Verbrauch ihrer besten Energieen für Erwerbszwecke selbst bezahlen muß; ja, daß unzählige arme Weiber durch diesen von Männern konstruierten, von Männern geleiteten Irrsinn um das Recht auf Mutterschaft überhaupt betrogen werden.

Umsomehr Ursache haben aber die Frauen, mit dem ganzen Aufgebot ihres Willens dahin zu streben, daß ihnen neben der Pflicht zur Arbeit das Recht zur Mitbestimmung am sozialen Geschehen zuteil werde. Die Zweifel an ihrer Fähigkeit zu solcher Beteiligung, wie sie unter Männern immer wieder laut werden, sind frevelhafte Anmaßung. Wir brauchen nur an die Zeit der Romantik zu erinnern, und Namen wie Charlotte v. Kalb, Bettina v. Armin und Rahel auszusprechen, um zu wissen, wie vermessen die Behauptung ist, Frauen seien nicht fähig, geistige Werte zu schaffen. Im Gegenteil: es ist fast mit Sicherheit anzunehmen, daß der praktische Einfluß der Frauen auf die Gestaltung der öffentlichen Zustände am schnellsten und radikalsten dem furchtbaren Unglück steuern könnte, das die Vernachlässigung und Unterernährung der Keime im Leibe arbeitender Mütter für die gesamte Menschheit bedeutet. Denn Frauen sind allgemein viel eher als Männer bereit, wo ihre Leidenschaft bewegt ist, ohne Rücksicht auf kleinliche Bedenken geraden Weges aufs Ziel los zu gehen. Das beweisen in der allerjüngsten Zeit die Frauen der russischen Volkserhebung, die die aktivste Mannschaft der ganzen Revolution in den Kampf gestellt haben. Das beweisen jetzt wieder die Suffragettes in England, die ohne vor dem Gefängnis und selbst vor dem Tode Angst zu zeigen, dem Lande ihren Willen mit den Mitteln der terroristischen Aktion aufzuzwingen versuchen.

Wie dumm und schäbig ist doch der Hohn, der feixend aus allen Zeitungsrinnen auf die „Wahlrechts-Weiber", die doch wohl für eine Sache der Allgemeinheit streiten, niedertrieft. Man möchte den Helden hinter ihren geschützten Redaktionspulten wohl ein bißchen von dem opferwilligen Wagemut wünschen, der jene Frauen auszeichnet. Mit den. Mitteln, die das Beispiel der Männer ihnen anweist, die ja zur Durchsetzung ihrer Dekrete auch nichts besseres wissen, als rohe Gewalt, kämpfen sie für ihre Überzeugung, lassen sich monatelang einsperren und verweigern mit einer Selbstüberwindung, die jedem Revolutionär Ehre machen würde, die Aufnahme der Nahrung in den Gefängnissen, um durch solchen passiven Widerstand selbst die Muskelstärke der gegen sie aufgebotenen Schutzleute unwirksam zu machen.

Gewiß haftet allen Gewaltsamkeiten etwas Peinliches an. Wo zumal Gewalt ohne einleuchtenden Sinn verübt wird, verliert außerdem die brachiale Wut an überzeugender Wirkung. Aber es ist nicht zuzugeben, daß die Londoner Stimmrechts-Amazonen bisher in ihren Temperamentsausbrüchen allenthalben ohne Überlegung und Verstand zu Werke gegangen wären. Abgesehen davon, daß die Provozierung von Verhaftungen und Gefängnisstrafen eo ipso einen starken agitatorischen Eindruck nie verfehlen kann, wo sie zur Erringung öffentlicher Rechte geübt wird, haben die Suffragettes zumeist auch an und für sich wirksame Gesten für ihren Zorn gefunden. Straßenumzüge haben etwas Imposantes stets an sich, Volksversammlungen sind geeignet, schwankende Gemüter durch das Wort zur Einsicht zu bestimmen, das Attentat auf die (leerstehende) Wohnung des für die Harthörigkeit der Regierung verantwortlichen Ministers kann als Willensausdruck ebenfalls nicht mißverstanden werden. Selbst den Sinn der Petroleum-Unternehmungen gegen die Briefkasten glaube ich deuten zu können. Wenn die Frauen mit dem Exempel, daß sie imstande sind, in Handel und Verkehr Unordnung zu stiften, dartun wollen, daß sie auch fähig sind, an der Organisation des Verkehrs positiv mitzuarbeiten, so ist das keine üble Beweisführung. Unverzeihlich aber ist der Überfall einzelner Damen auf die Orchideen- und Gewächshäuser. Blumenzerstörende Frauen — das ist häßlich, weil es aller Weibheit ins Gesicht schlägt.

Was ich indessen aufs Ernsteste gegen die ganze Frauenbewegung, wie sie heutzutage geführt wird, und wie sie in den Londoner Exzessen zum Ausdruck kommt, einzuwenden habe, ist der Mangel an Radikalismus in ihren Zielen und Absichten. Die Kleinheit der weiblichen Rechtsforderungen steht in gar keinem Verhältnis zu dem Aufwand an Leidenschaft, Heldenmut und Aufopferung, die dafür aufgeboten werden. Mit dieser selbstgewollten Beschränkung degradieren die Frauen ihren Kampf völlig auf das Wertmaß der Forderungen von Freidenkern, Pazifisten, Bodenreformen und Vegetariern und hören auf, Kulturstreiterinnen zu sein. Ich habe das vor genau einem Jahre schon einmal hier ausgeführt (vgl. „Kain" 1. Jahrgang Nr. 12 „Die Stimmrechts-Amazonen"). Damals schrieb ich:

"Dass die Frauen nicht wählen dürfen, ist gewiss albern und ungerecht, da nun einmal der Parlamentarismus als eine freiheitliche Errungenschaft gilt. Aber man möchte wünschen, dass so entschlossene Vertreterinnen ihres Geschlechts sich für wichtigere Dinge aufopferten, als für Männerrechte, die keine Rechte sind. Die Verweigerung der politischen Mitwirkung ist unter den Misshandlungen, denen die Frauen in allen Ländern ausgesetzt sind, die gleichgültigste. Ist es ihnen um freieren Atem zu tun, so sollten sie ihre Anstrengungen zunächst auf eine würdigere Einschätzung ihrer persönlichen Lebensbedürfnisse richten. Solange das private Tun des Weibes der Kontrolle der Männer untersteht, solange die geschlechtliche Unerfahrenheit des Mädchens von der Gesellschaft als Wertmass der Tugend Geltung hat, solange das sexuelle Leben der Frauen ausserhalb der staatlich gestempelten Ehe als verächtlich und unsittlich angesehen wird, solange wird das weibliche Geschlecht in der Tat dem männlichen untenan sein, und solange sollten die Frauen nicht nach äusserlichen Gleichberechtigungs-Titeln greifen. Eine Frau, die sich schämt, Mutter illegitimer Kinder zu werden, hat keinen Anspruch auf Ämter, für die Energie, Selbständigkeit und eigene Verantwortung geforden werden. Mögen sich die Frauen zunächst einmal von den Vorurteilen einer prüden Moral befreien, mögen sie in ihren persönlichen Entschliessungen den eigenen Willen statt des Urteils der Mitmenschen bestimmen lassen, dann werden sie sich bei den Männern schnell genug die Achtung verschafft haben, die auch ihren politischen Wünschen den erforderlichen Nachdruck geben wird, — zumal in England."

In der Tat: Eine Frauenbewegung, in rechte Bahnen geleitet, scheint mir berufen, die wichtigste Pionierarbeit aller Kultur zu leisten. Das schändlichste Verbrechen der von Männern inszenierten Weltwirtschaft ist die Entrechtung des Weibes in den Angelegenheiten ihres eigenen Willens und ihrer Kinder. Automobile, Kinematographen und Luftfahrzeuge bleiben ein Hohn auf alle Kultur, bis die Schweinerei der öffentlichen Kontrolle über die Geschlechtlichkeit der Frauen beseitigt ist, die Glorifizierung der Jungfernschaft, die der Deflorierung die Bedeutung einer moralischen Entwertung aufdrückt, aufgehört hat und die Vaterschaft als öffentlicher Rechtstitel verschwunden ist. „Die Frauenfrage ist eine Jungfrauenfrage", sagt Eduard v. Hartmann. Das Recht aber, das den Frauen zu erkämpfen keine Mühe zu groß sein sollte, heißt nicht Wahlrecht, sondern Mutterrecht. Jede Frau und jedes Mädchen sollte sich tief die wundervollen Worte einprägen, die Rahel von Varnhagen im Jahre 1820 in ihr Tagebuch schrieb: „Kinder sollten nur Mütter haben, und deren Namen tragen...: So bestellt es die Natur; man muß diese nur sittlicher machen ...Fürchterlich ist die Natur darin, daß eine Frau gemißbraucht werden kann, und wider Lust und Willen einen Menschen erzeugen kann. — Diese große Kränkung muß durch menschliche Anstalten und Einrichtungen wieder gut gemacht werden und zeigt an, wie sehr das Kind der Frau gehört. Jesus hatte nur eine Mutter ...Alle Mütter sollten so unschuldig und in Ehren gehalten werden wie Maria".

Polizeidiktatur

In diesem Jahre der nationalen Erinnerung, der nationalen Beglücktheit, der nationalen Phrase haben wir tropfenden Auges der Tatsache zu gedenken, daß es nun hundert Jahre her sind, daß die Macht des letzten verantwortungslosen Despoten gebrochen wurde. Was nach Napoleons Sturz noch an fürstlicher Selbstherrlichkeit gesehen wurde, ist kümmerliche Karrikatur. Der neurasthenische Angstbold, der als Herr aller Reußen vor der Bombe zittert, die eines Tages das Blut an seinen Fingern rächen könnte, ist ein trüber Popanz in den Klauen bestochener Volksaussauger. Die Mandschus spüren unter dem Körperteil, mit dem sie früher am Throne Chinas klebten, den Tritt eines erwachten Volks. Und selbst die Großherzöge der beiden Mecklenburg tragen die Bürde ihrer Allmacht nur nolens volens weiter, weil ihre getreuen Vasallen, die Standesherren, ihnen die Einführung einer Verfassung durchaus nicht gestatten wollen. Die Scheitel der übrigen Potentaten aber sind längst mit dem bekannten Tropfen demokratischen Öls gesalbt, der selbst unter der Krone hervorquillt, unter der noch immer der schöne Traum geträumt werden mag, daß regis voluntas suprema lex sei.

Die Selbstbestimmung des Bürgertums, das erhabene Ziel der Revolutionen von 1830 u. 48, ist längst Ereignis, und das Bürgertum nachgerade in solchem Maße an seine Selbstbestimmung gewöhnt, daß es keine Ahnung hat, wieviel tiefer es heute in Abhängigkeit und in Drill steckt als je vor den Ausbrüchen seiner demokratischen Freiheitssehnsucht. Zwar droht dem Einzelnen nicht mehr die launenhafte Willkür eines königlichen Gebieters, der nach Belieben strafen und lohnen kann. Aber die Angst vor der Selbständigkeit hat aus dem Philistergehirn selbst einen Ersatz herauswachsen lassen, durch den die Gefahr eigenmächtiger Lebensbetätigung der Menschen vollständig beseitigt ist. Der zivilisierte Mitteleuropäer des 20. Jahrhunderts hat mit wahrhaft erfinderischem Geist das Mittel ersonnen, das ihm zugleich das stolze Bewußtsein seines demokratischen Selbstbestimmungsrechts erhält und ihn doch zum hörigen Befolger diktatorischer Anweisungen von oben macht: er besoldet einen Beauftragten zu dem Zweck, ihm die Faust in den Nacken zu setzen und ihm alles zu verbieten, was er gern täte.

Unter dem Vorwand, sich eine dienstbare Kreatur zu schaffen, die sein Leben und sein Eigentum gegen sträfliche Rechtsbrecher schützen solle, begab sich der Bürger allmählich in die unbedingte Gewalt der Polizei. Es hat lange gedauert, bis diese Behörde selbst den Umfang ihrer Machtbefugnis begriffen hat. Aber jetzt ist es soweit, daß der Schutzmann Herr ist über alle unsre Entschließungen, daß er neben uns steht und uns in unseren privatesten Daseinsäußerungen bevatert, daß er unsern Willen, unsre Lebenshaltung, unsre Gewohnheiten, unsre Vergnügungen, unsere Geschlechtlichkeit und unsern künstlerischen Geschmack überwacht, und wo es nötig ist, zurechtknetet. Diese Erscheinung erklärt sich aus dem Bedürfnis jedes Philisters nach Tyrannei, das seinerseits wieder auf die immer noch übliche Verschüchterungspädagogik der Kinderstuben und Lehrinstitute zurückzuführen ist. Man erziehe die Kinder zu selbständigen Menschen, man lehre sie, daß sie sich die Prügel der Erwachsenen nicht gefallen lassen sollen (denn die Eltern prügeln ihre Kinder nur, weil sie körperlich stärker sind), dann werden wir als nächste Generation ein Geschlecht erleben, das den Namen Polizei nur noch als historische Kuriosität kennen wird.

Der Einwand, daß es sich ja doch um ein von der Öffentlichkeit überwachtes Institut, sozusagen um eine demokratische Einrichtung handele, verfängt nicht. An der Spitze jeder Polizeiverwaltung steht ein einzelner Mann, ein Polizeipräsident, der auf seinen Posten vom Minister des Innern berufen wird, und nur von ihm abgesetzt werden kann. Der Minister aber ist nur der Krone verantwortlich. Die einem Polizeipräsidenten übergeordneten Stellen aber müßten ihr eigenes Interesse schlecht verstehen, wenn sie sich nicht der Beflissenheit freuten, mit der Hinz und Kunz sich unter die schrankenlose Autorität des Polizeipräsidenten beugen.

Der Typus des modernen Polizeipräsidenten wird gegenwärtig durch zwei Individuen hervorragend repräsentiert: durch Herrn v. Jagow in Berlin und durch Herrn v. d. Heydte in München. Beide auch charakteristisch für die Seelenbeschaffenheit der unter ihren Schutz Befohlenen. Jagow ist — das kann man ohne sein Freund zu sein, getrost zugeben — immerhin eine Persönlichkeit, jemand, der hinter der Amtsmiene eine ziemlich prägnante Physiognomie zeigt. Seine Erlasse haben Schmiß, Stil, Charakter, und die Art, wie er den Berlinern Raison beibringt, imponiert diesem witzigen und schlagfertigen Volk. Wird er einmal pedantisch in seinen Verordnungen — wie bei der neuen Straßenordnung —, dann gröhlt ihn von seinen Schützlingen der fröhlichste Hohn an, und er erlebt, daß kein Mensch sich um seine Autorität kümmert. Dadurch ist Herr v. Jagow einigermaßen vor der Gefahr gefeit, die ein solches Maß von Machtbefugnis immer in sich birgt; einer Art von Caligula-Wahnsinn zu verfallen, einem Überschnappen des Despotenbewußtseins, wie ihm subalterne Naturen am leichtesten ausgesetzt sind. Der Berliner hat Kritik und übt sie, deshalb kommt ihm auch die tatsächlich fast unbeschränkte Macht seines Polizeipräsidenten weniger ins Bewußtsein, wie den kritischen Naturen anderswo, die von ihrer Kritik keinen Gebrauch machen können, weil sie vereinzelt sind.

Am bösesten sind wir wohl in München dran. Die persönliche Bekanntschaft des Herrn v. d. Heydte ist mir bis jetzt erspart geblieben, und da dieser Herr im Gegensatz zu seinem Berliner Kollegen in seinen öffentlichen Kundgebungen keinerlei individuelle Züge verrät, kann ich über ihn selbst kein Urteil abgeben. Zu seinen Gunsten wäre vielleicht anzuführen, daß er gegen die Bevölkerung bisher Schieß erlasse nicht herausgegeben hat. Was seine Manifestierungen auszeichnet, ist dagegen eine schikanöse Kleinlichkeit, ein ewiges Quängeln um Gleichgültigkeiten, eine Fürsorglichkeit in Angelegenheiten, denen selbst mit der Lupe kein öffentliches Interesse angemerkt werden kann. Aber die Münchner sind ein geduldiger Menschenschlag, und es scheint fast, als ob sie froh sind, grade dem Mann zu gehorchen, dessen Geboten sie nicht den geringsten Sinn entnehmen können. Solange der Münchner Durchschnitts-Banause seine acht Maß Bier ungestört trinken kann (aber richtig eingeschänkt müssen sie sein!), und solange die Kalbshax'n das gewohnte Format behält, ist er mit allem zufrieden, was eine hohe Obrigkeit für gut befindet. Er geht eh' um elf Uhr schlafen.

Die übrigen aber — etliche Zehntausend sind es immerhin — fügen sich, weil sie zu bequem sind, einmal energisch aufzumucken. Sie schimpfen zwar tagtäglich weidlich über die Art, wie die Münchner Polizei sich in ihr Privatleben einmischt, aber der Gedanke, daß es auch ohne Diktatur des Herrn v. d. Heydte gehn könnte, kommt ihnen nicht auf. Ich halte gewiß nicht viel von einem Personalwechsel in Ämtern, die mir an und für sich gefährlich, schädlich und überflüssig scheinen. Aber es wäre schon ein Segen, wenn endlich einmal eine Bewegung unter die Leute käme, die die Beseitigung des bestimmten Mannes betriebe. Ich gedenke, ungeachtet der Gefahr als ein oppositioneller Communal-Banause angesehen zu werden, weiterhin gegen die Person des Polizeipräsidenten Stimmung zu machen, unter dessen Fuchtel die schönste deutsche Stadt zur Metropole aller Muckerei, Schuhriegelei und Bevormundung geworden ist.

Mein Eifern gegen die Polizeistunde mag den Lesern des „Kain", die mich um wichtigere Dinge bemüht wissen, pedantisch scheinen. Mir scheint aber gerade diese Schulmeisterei, die jeden Menschen zwingt, zu einer bestimmten Zeit nach Hause zu gehen, besonders geeignet, die Unmündigkeit zu illustrieren, in die sich Menschen, die ihren eigenen Entschlüssen trauen dürfen, pressen lassen. Ein Kreis von Künstlern, die oft bis spät in die Nacht hinein gearbeitet haben, sitzt in guter Unterhaltung beisammen. Irgend ein Problem, von dessen Existenz Herr v. d. Heydte vielleicht keine Ahnung hat, wird erörtert, die Geister werden produktiv, neue Einsichten werden ausgesprochen, mancher läßt sich von der Diskussion zu guten künstlerischen Ideen inspirieren, — und plötzlich erscheint ein Schutzmannhelm in der Tür. Man muß aufbrechen, und da in dem riesigen Umkreis der Stadt keine einzige Unterkunft mehr offen ist, sich trennen, sich eilig trennen, da jeder weiß, eine Weigerung würde mit Gewaltsanwendung beantwortet werden. Das sind keine Nebensächlichkeiten, das sind höchst bemerkenswerte Symptome einer grenzenlos unwürdigen Versklavung.

Wie sehr durch die widerspruchslose Hinnahme solcher Eingriffe in die persönlichen Entschließungen das Autoritätsgefühl des Polizeipräsidenten gestärkt wird, hat sich nun eklatant im letzten Fasching gezeigt. Die kurzen Karnevals-Wochen waren von jeher in München eine Erholung und eine Lust. In diesem Jahre griff plötzlich der Polizeipräsident mit Verordnungen ein, die garnichts anders bezwecken können, als die Erdrosselung des Karnevals durch den

Schutzmann. Herr v. d. Heydte verbot das Konfetti-Werfen, er verbot die Schiebetänze, er verbot das Tanzen in öffentlichen Lokalen überhaupt. Cui bono?

Man stelle sich vor: bei den lustigsten Festen und Maskeraden waren Leute aufgestellt, die im Auftrage der Polizei zu kontrollieren hatten, ob nicht etwa „geschoben" werde. Wurden diese ehemaligen Unteroffiziere durch den Tanz einzelner Paare in ihrem verfeinerten Sittlichkeitsgefühl peinlich berührt, dann griffen sie mit ihren Schutzmannsfäusten ein und rissen die vergnügten Menschen auseinander. Sonst sind doch die Männer anders, sonst spielen sie sich als Kavaliere auf, sonst schützen sie ihre Frauen und Mädchen gegen jede Beschimpfung. Ist es denn etwas anderes, wenn von Polizei wegen dekretiert wird, daß das Verhalten der Dame, mit der man tanzt, „unzüchtig" sei? Wenn die Frauen coram publico von Polizeivigilanten der Unsittlichkeit geziehen werden! — Es ist sehr bezeichnend, daß die Veranstalter des Pressefestes — das sind doch wohl die Hüter der öffentlichen Freiheit? — davon „Abstand genommen" haben, gegen die unerhörte Beschimpfung der Teilnehmerinnen an diesem Feste zu protestieren. Die wenigsten Blätter wagten überhaupt nur einen schwachen Einspruch.

Kam man früher an den Redoutentagen ins Café Luitpold, — was war das für eine famose Stimmung! Alles tanzte, jubelte, küßte durcheinander — hat das jemandem wehgetan? In diesem Jahre wurden die Leute, die harmlos tanzen wollten, am Arm gepackt und auseinandergezerrt. Pfui Teufels! hat man genug gehört dabei, aber am Aschermittwoch war alles wieder vergessen.

Der Polizeipräsident tut, was er mag. Ich bin sogar überzeugt, er tut alles in bester Absicht. Woher soll der Mann wissen, daß alles Tanzen Erotik ist? Beim Schieber hat er es zufällig gemerkt, — da greift er ein. Denn sein Bestreben ist wohl letzten Endes, die Erotik in München überhaupt zu verbieten. Von diesem Bestreben hat er ja in den letzten Jahren in seiner Tätigkeit als Theaterzensor schon hinlängliche Beweise geliefert. Es ist nur immer wieder erstaunlich, wie engelsgeduldig die Münchner Bevölkerung zusieht, wie dieser eine Mann der Stadt den Atem einschnürt, der Jugend das Jungsein, den Fröhlichen das Fröhlichsein verbietet.

Ach nein, es ist nicht erstaunlich. Bei Protesten gegen Muckerei und Zelotik pflegt ja sonst die Geistigkeit voranzugehen. Hinter Herrn v. d. Heydte her aber trabt ein ganzer Troß literarischer Trabanten, sein Zensurbeirat. In einer Stadt, wo es möglich ist, daß moderne Literaten der Polizei gegen ihre eignen Standesgenossen Helfersdienste leisten, darf man sich über garnichts wundern. Die Herren Ruederer, Weigand, v. Gleichen-Rußwurm und (leider! leider!) Thomas Mann haben immer noch nicht die Geste gefunden, zu der ihnen Max Halbe das Beispiel gab: dem Polizeipräsident das „Ehrenamt" vor die Füße zu schmeißen, das sie in den Augen jedes Menschen, der in dem Recht der Behörde in Kunstwerken herumzufingern eine Affenschande erblickt, zu Polizeibütteln degradiert. Es ist weit gekommen mit uns. Wir sollten das Gedenkjahr des Sturzes des letzten Despoten nicht gar so laut feiern.

Kindersegen

Die unleugbare Tatsache, daß viele Arbeiter unserer Tage mit 40 und mehr Mark wöchentlich entlohnt werden, ist den Leuten, deren Kouponschere größer ist als ihr Verstand, Anlaß zu der Behauptung, daß das sogenannte Proletariat ein wahres Wohlleben führe, und daß alles Elend nur noch von gewissenlosen Hetzern in die Massen hineindiskutiert werde. Es ist einigermaßen verdrießlich, daß gerade solche Personen am aufgeregtesten die Not des Volkes bestreiten, die am eigenen Leibe nie kennen gelernt haben, wie Hunger weh tut, solche Personen, die obendrein an einem Vorwand interessiert sind, den Kampf der Arbeiter um verbesserte Existenzbedingungen als „Begehrlichkeit" zu verdächtigen. In Wahrheit verhält es sich so, daß jede Lohnaufbesserung des produzierenden Arbeiters vom profitierenden Kapitalisten durch erhöhte Belastung der konsumierenden Arbeiter wettgemacht wird, so zwar, daß letzten Endes stets noch ein Gewinn für den Unternehmer herauskommt. Auf diese gar nicht zweifelhafte Erfahrung hat Lassalle sein „ehernes Lohngesetz" aufgebaut, und von diesem Gesetz leitete Marx (mit Unrecht, da er die Gegenmaßregeln des kapitalistischen Staates als Invaliditäts- und Altersversicherung etc. nicht in Betracht zog) seine Verelendungs- und daraus resultierend seine Katastrophen-Theorie ab.

Trotz der forcierten Fürsorge des Staates für Kranke, Arbeitslose, Witwen und Waisen und trotz der eifrigen Mitwirkung der in der Sozialdemokratie repräsentierten Arbeiterschaft an der Verhinderung des Zusammenbruches, häufen sich die Wirtschaftskrisen in den letzten Jahrzehnten in auffallendem Maße. Die entsetzliche Auspressung des Volkes für die Zwecke der Kriegsrüstung hat allmählich zu Verhältnissen geführt, die radikale Entschlüsse der konservativen oder der revolutionären Elemente im Staate zwingend machen. Der ständig wachsende Prozentsatz der Eigentumsvergehen in der Kriminalstatistik, die erhöhte Kindersterblichkeit, der steigende Verbrauch von Abfall-, Hundeund Katzenfleisch sind deutlich redende Symptome des wirtschaftlichen Niederganges.

Daß das von der deutschen Sozialdemokratie als Allheilmittel gepriesene allgemeine gleiche geheime und direkte Wahlrecht außer belanglosen Reförmchen innerhalb der bestehenden Einrichtungen garnichts nützen kann, beweist das Beispiel der Sozialdemokratie selbst an allen Enden. Einhundertelf (drei Schnäpse her!) würdige Volksmänner haben erst eben, ohne zu mucken, die ungeheuerste Militärvorlage über ihre Köpfe weg annehmen lassen, die je einem Parlament zugemutet worden ist. Kommt in einem halben Jahre eine entsprechende Flottenvorlage, dann werden sie es genau so machen. Fragt man sie aber, was werden soll, dann haben sie keinen anderen Rat, als: wählt rot!

Nun ist neuerdings aus den Reihen der Sozialdemokratie ein Vorschlag laut geworden, der unter Anarchisten längst erörtert, längst in die Praxis umgesetzt und von vielen (darunter von mir) längst verworfen ist: nämlich, unter den Frauen dahin zu wirken, daß die Geburtenziffer systematisch herabgemindert wird. In anarchistischen Kreisen rechnet man den Gebärstreik vielfach zu den Kampfmitteln der direkten Aktion. Man argumentiert dabei so: Der durch die Abnahme der Geburten bewirkte Menschenmangel trifft den Staat an seiner empfindlichsten Stelle, in der Armee, deren Leistungsfähigkeit und Schlagfertigkeit sehr wesentlich auf der automatischen Ersetzung der ausgedienten Soldaten durch jungen Nachwuchs beruht. Er trifft den Staat ferner in seiner Eigenschaft als Konkurrent auf dem Weltmarkt, da durch die Schwierigkeit, produzierende Arbeitskräfte in genügender Zahl zu erhalten, und durch das allmähliche Abschwellen der Konsumtion die Zirkulation der Waren verlangsamt wird. Dem konsumierenden Volk hingegen wird bei nachlassender Menschenvermehrung viel Sorge um Erhaltung und Heranziehung der jungen Generation erspart.

Es mag manchen mit einiger Genugtuung erfüllen, daß die von der Unfehlbarkeit ihrer „Wissenschaftlichkeit" so heftig durchdrungene Sozialdemokratie bei der Erörterung ernster volkswirtschaftlicher Fragen sich wieder einmal in die Rüstkammer der Anarchisten bemüht. Das Prinzip der gewerkschaftlichen Koalitionen hat sie den anarchistischen Bewegungen entlehnt und praktiziert es in der Verwässerung ihrer zentralistischen Organisationen. Gegen Produktivgenossenschaften und Konsumvereine, die den Anarchisten von Anfang an als wichtigste Waffen für sozialistisches Leben galten, hat sich die Sozialdemokratie jahrzehntelang mit Händen und Füßen gewehrt, bis sie die gegen ihren Willen aufblühenden anarchistischen Einrichtungen übernahm und durch geistlose Schematisierung um den revolutionären Sinn brachte. Das syndikalistische Obstruktionsmittel des Generalstreiks, das bisher als undiskutabel verworfen wurde, findet neuerdings in der entfetteten Form des politischen Massenstreiks unter den Sozialdemokraten immer mehr Anhänger, und nun beginnt man also auch, das unter den Anarchisten schon überlebte Verfahren der organisierten Geburtenverhütung zu einer sozialdemokratischen Erfindung zu machen.

Vorerst sträuben sich die Parteiführer und ihre Preßorgane gegen den von sozialdemokratischen Ärzten empfohlenen Weg der Selbsthilfe. Dieses Sträuben will aber bei dem konservativen Geist, der in der Partei vorherrscht, wenig besagen. Wie in allen erwähnten Fällen werden auch hier die liberaleren Elemente schließlich recht behalten. Deshalb scheint es notwendig, die Maßregel der Konzeptionsverhinderung als Massenkampfmittel rechtzeitig zu kritisieren.

Der Einwand, der von Rednern und Redakteuren bisher geltend gemacht wurde, ist nichtssagend und albern: Die sozialdemokratische Partei brauche Kämpfer, der künstliche Druck auf die Geburtenziffer bedeute also eine Schwächung der Partei und somit eine Verzögerung des köstlichen „naturnotwendigen Hineinwachsens" in den „Zukunftsstaat". Käme es auf die Anzahl streitbarer Unterdrückter an, um der Minderheit derer Herr zu werden, die im Besitz der Produktionsmittel sind, dann wäre es für die Viermillionenpartei wohl längst an der Zeit gewesen, „hineinzuwachsen". Das Problem liegt denn doch tiefer, und die Ablehnung des Vorschlages verlangt ernsthaftere Gründe.

Mein Widerstand fußt zuvörderst auf ethischen Erwägungen. Mutterschaft ist das ursprünglichste Recht des Weibes. Es darf keinen Zweck geben, der von den Frauen einen Verzicht auf dieses Recht beansprucht. So wahr es ist, daß der Zweck die Mittel heiligt, so wahr ist es erst recht, daß jeder Zweck verwerflich ist, der nur mit schlechten Mitteln erreicht werden kann. Es ist traurig genug, daß unsere im tiefsten Grunde verdorbenen Gesellschaftszustände in zahllosen Frauen längst den Wunsch nach Kindersegen erstickt haben. Die Abneigung, die besonders in den sogenannten „besseren" Ständen, vor allem aber unter Künstlerinnen, in der Boheme und unter ledigen Frauen gegen die Empfängnis vorherrscht, ist bei der verrückten Moral, die von Staat und Kirche gezüchtet wird, gewiß begreiflich, beweist aber doch eine höchst bedenkliche Abirrung von den Wegen der natürlichen Gesittung. Es ist natürlich wahr, daß sich in dieser abscheulichen Zeit Millionen Frauen und Mädchen die Mutterschaft selbst verbieten müssen, weil sie die Verantwortung nicht übernehmen können, ihre Kinder dem Hunger oder der Moral der Frommen auszusetzen. Dieser Not wird aber nicht gesteuert, indem man aus ihr eine Forderung macht. Das nenne ich Vogelstraußpolitik, wenn man den Schäden des öffentlichen Lebens das Objekt ihrer Wirkungen entzieht. Damit bekämpft man die Schäden nicht, man flieht sie nur. Die methodische Durchführung des Gebärstreiks wäre das denkbar beschämendste Eingeständnis der Hilflosigkeit gegen die Seuche des Kapitalismus und in der Wirkung auf Generationen hinaus der Verzicht auf alle kämpferische Auflehnung.

Außer solchen sittlichen sprechen aber auch Momente weitsichtiger Volksökonomie gegen die künstliche Dezimierung des Menschennachwuchses. Es ist wirklich erstaunlich, daß die hundertfachen Widerlegungen der Malthus'schen Lehre, wonach die Erde außerstande sein soll, alle Menschen zu ernähren, nicht ausgereicht haben, um diesen Aberglauben wenigstens unter Revolutionären endgiltig totzuschlagen. Wir wissen heutzutage, daß nur die in die Hände weniger Volksaussauger gelegte Möglichkeit, die Mehrzahl der Menschen von der Benutzung des Bodens auszuschließen, die Ursache aller Not und aller Ungerechtigkeit ist. Wir wissen, daß jedes Land bei geeigneter Bewirtschaftung in der Lage ist, seine Bewohner selbst mit allen notwendigen Lebensmitteln zu versehen. Und wir wissen, daß die Bewirtschaftung des Bodens überall um so intensiver betrieben werden kann, je mehr Menschenkräfte sich an der Produktion der notwendigen Waren beteiligen. Es kommt auf das Freimachen möglichst vieler Arbeitskräfte für die Beschaffung des dringlichen Konsums an, um der Volksgemeinschaft ein

Zusammenleben zu bereiten, in dem jeder sein reichliches Auskommen und reichliche Zeit für geistige Ausbildung und persönlichen Genuß findet. Diese Kräfte müssen freigemacht werden aus den Lagern des Militarismus, der Justiz, des Beamtentums, der kapitalistischen Faulenzerei und aus allen Industrieen und Gewerben, die im Dienst dieser Überflüssigkeiten arbeiten. Aber die Befreiungsarbeit ist Zukunftsarbeit, und die stärksten Kräfte, die ihr dienen sollen, sind die, die der Schoß unserer Frauen noch gebären muß. Darum ist es die Aufgabe der Gegenwart und der Zukunft, statt die Vermehrung der Menschheit zu verhindern, vielmehr darauf zu halten, daß wir ein körperlich und seelisch gesundes Frauengeschlecht haben, das imstande und willens ist, viele, gesunde, starke und denkende Menschen zur Welt zu bringen.

Selbstverständlich will ich mit meiner prinzipiellen Befürwortung der Geburtenförderung nicht etwa einer Pflicht der Frauen, Kinder zu gebären, das Wort reden. Ich wehre mich nur dagegen, daß dem weiblichen Teil der Menschheit aus mißverstandener Volksfreundlichkeit die Freude an der Mutterschaft vergällt werde. Dabei darf das freie Entscheidungsrecht der Mutter unter keinen Umständen angetastet werden. Die entsetzliche Tatsache, daß unzählige Kinder von unterernährten Frauen getragen und geboren werden, ungenügend ernährt aufwachsen, im unentwickelten Alter fürs Brot arbeiten müssen, um schließlich dahin zu gelangen, selbst wieder Menschen in die Welt zu setzen, die schon im Mutterleibe ans Hungern gewöhnt werden, — diese grauenhafte Tatsache sollte jede Frau ernsthaft bedenken, ehe sie einem Kinde das Leben gibt, das vielleicht schon im Säuglingsalter zum Hungertode verurteilt ist. So eifrig in jeder gesunden Frau der Wunsch, Mutter zu werden, geweckt werden sollte, so dringend muß doch darauf gesehen werden, daß kein Kind gegen den Wunsch der Mutter geboren werde. Der Mutter wegen nicht, weil eine widerwillige Schwangerschaft mit schrecklichen seelischen Kämpfen und Ängsten verbunden ist, die das ganze Leben eines Weibes vergiften können, vor allem aber des Kindes wegen nicht. Es gibt keine größere Sünde, als ein Kind fühlen zu lassen, daß es unwillkommen ist. Wo aber keine ehrliche Mutterfreude es umgibt, wird der feine Instinkt eines jeden Kindes den Mangel empfinden. Auch die sich häufenden Fälle scheußlicher Kindermißhandlungen und Kindesmorde reden eine deutliche Sprache.

Es ist eine kaum ausdenkbare Vorstellung, daß eine gewaltige Zahl von Menschen unter uns lebt, die ihr Dasein einer unüberlegten Laune verdanken, deren Mütter vor Angst und Grauen fast verzweifelt sind und die verflucht waren, ehe sie das Licht gesehen hatten. Könnte man eine Statistik anlegen über Zeugungen im Alkoholrausch, es würden erschreckende Zahlen offenbar werden. Es bedarf keiner Begründung, daß die Verhütung der Geburt solcher im Zeugungsbett gezeichneter Menschen für sie selbst, für ihre Mütter und für die gesamte Menschheit, die mit ihnen in höchst schädlicher Weise belastet wird, in jeder Weise erleichtert werden muß. Der billige Rat, die Frauen mögen sich eben vorsehen, ist ebenso dumm wie frivol. Denn ein absolut zuverlässiges Vorbeugungsmittel ist bis jetzt noch nicht erfunden, und die Manipulationen beim Geschlechtsverkehr, die während des Aktes vorsichtige Erwägungen bedingen, sind für mein Gefühl so häßlich, daß sie zum mindesten von Unbeteiligten nicht empfohlen werden sollten. Man soll aber auch nicht vergessen, daß der Liebesrausch plötzlich entsteht und, wo es sich nicht um ordnungsliebende Ehepaare handelt, ohne nüchterne Überlegungen zur Vereinigung drängt.

„Ein Seitenblick — des Bettes Planke kracht, — Das Weib stöhnt auf — da ist ein Kind gemacht", heißt es in einem Wedekind'schen Gedicht. Für Menschen, deren Sittlichkeitsgefühl noch nicht von Heinzemännchen in Paragraphen zerhackt ist, liegt gerade in dieser elementaren Kraft der Sinnlichkeit die Schönheit und die religiöse Weihe der Geschlechtsliebe.

Vom Staat und seinen Betreuern kann das gemütvolle Verständnis für die Poesie lendenstarker Leidenschaftlichkeit nicht wohl verlangt werden. Aber seiner scheinheiligen Praxis in der Unterscheidung zwischen Moral und Staatszweckmäßigkeit soll die gebührende Kennzeichnung nicht vorenthalten bleiben. Das nicht ordnungsmäßig im Ehebett gezeugte Kind gilt in der allgemeinen und vom Staat protegierten Auffassung als minderen Wertes. Seine Mutter ist eine „Gefallene", ist nicht „unbescholten", und der „Bastard" hat sein Leben lang durch die Moral der lieben Nächsten, die mit Amtsstempel und Kirchensiegel zur Welt gekommen sind, Spießruten zu laufen. Andererseits braucht aber der Staat Menschen und nimmt sie, wo sie ihm geboten werden. Für den Militärdienst sind ihm die illegitimen Kinder ebenso lieb wie die legitimen, und er wacht strenge darüber, daß seine Bataillone um keinen Rekruten betrogen werden.

Der § 218 des Strafgesetzbuches lautet: „Eine Schwangere, welche ihre Frucht vorsätzlich abtreibt oder im Mutterleibe tötet, wird mit Zuchthaus bis zu fünf Jahren bestraft. Sind mildernde Umstände vorhanden, so tritt Gefängnisstrafe nicht unter sechs Monaten ein. Dieselben Strafvorschriften finden auf denjenigen Anwendung, welcher mit Einwilligung der Schwangeren die Mittel zu der Abtreibung oder Tötung bei ihr angewendet oder ihr beigebracht hat." Hebammen oder sonstige Personen, die der Schwangeren gegen Entgelt Abtreibungsmittel verschaffen oder ihr beibringen, werden mit Zuchthaus bis zu zehn Jahren bedroht. (§ 219).

Der Staat zwingt also seine weiblichen Angehörigen, die Leibesfrucht auszutragen, auch wenn die Schwangerschaft nicht gewollt war. Die Frauen werden von der Moral unserer Tage als Menschen zweiten Ranges bewertet. Sie müssen es sich gefallen lassen, daß sie durchaus nur als Objekt der Gesetzgebung behandelt werden. Männer schreiben ihnen ihr Verhalten vor, dekretieren ihnen ihre Kinder weg, nehmen ihnen die Entscheidung über das Schicksal ihrer Kinder aus der Hand, verfehmen sie, wenn sie ohne Staatsausweis (Eheschein oder Kontrollkarte) ihren Trieben folgen, verordnen, ohne sie zu fragen, Gesetze über die Behandlung der Säuglinge (Saugflaschengesetz etc.) und lassen ihnen bei alledem nicht einmal das Recht, mit dem eigenen Körper anzufangen, was ihnen beliebt. Sie müssen gebären, auch wenn sie keine Möglichkeit wissen, dem Kinde zu essen zu geben, auch wenn der Verlust ihrer Existenz droht, selbst auch, wenn sie nach der Schwängerung erfahren, daß der Vater ihrer Leibesfrucht syphilitisch ist. Der Staat verlangt, daß sie gebären — mögen sie selbst, mag das Kind noch so unglücklich dadurch werden. Der Staat braucht Soldaten — und die Frauen haben sie zu liefern, auch wenn der Staat selbst dafür sorgt, daß sie für ihr gemeinnütziges Werk geächtet werden.

Man verteidigt den § 218 mit dem Gefühlsmoment, daß die Abtreibung einer Art Mord gleichkomme. Das ist nach der eigenen Auffassung des Staates nicht der Fall. Denn das Bürgerliche Gesetzbuch erkennt das Recht der juristischen Person erst mit der Vollendung der Geburt an. Tatsächlich ist die Beseitigung der Frucht nichts anderes, als eine Verletzung des eigenen Körpers, die nach allgemeinem Rechtsbrauch straffrei ist. Wer ohne Brille zu sehen versteht, der durchschaut, daß für den Paragraphen durchaus keine moralischen, sondern nur ökonomische Gesichtspunkte maßgebend sind.

Aber abgesehen von allen Gründen der Gerechtigkeit und Menschlichkeit verlangen auch sehr ernste Bedenken hygienischer Art die Aufhebung der gräßlichen Bestimmungen. Es braucht hier nicht erst erzählt zu werden, sondern jeder erwachsene Mensch weiß, daß — trotz der furchtbaren Strafdrohung — in Deutschland ebensoviel abgetrieben wird, wie in Frankreich, wo das Staatswohl offenbar keinen Schaden daran nimmt, — denn dort ist die Abtreibung erlaubt. Zahllose Personen nehmen es trotz der fürchterlichen Warnung des § 219 auf sich, teils aus Eigennutz, teils aus Nächstenliebe, unglückliche Frauen und Mädchen von der Angst ihrer Schwangerschaft zu befreien. Natürlich geschieht das nicht unter Wahrung aller hygienisch notwendigen Vorsicht und Sachkenntnis. Die von selbst gebotene Heimlichkeit der Operation und die Angst vor Entdeckung verursacht oft genug ein Außerachtlassen der primitivsten Reinlichkeit, — und alle Augenblicke liest man, daß eine Hebamme verhaftet wurde, da ihre Klientin infolge mangelnder Vorsorglichkeit bei der Entfernung der Frucht ums Leben kam. Noch gefährlicher und dabei noch häufiger ist die Selbsthilfe der Schwangeren. Mit allen möglichen ungeeigneten Instrumenten geht sich so ein armes Geschöpf zu Leibe, und die Folge ist allzuoft dauernder Schaden an der Gesundheit.

Gäbe man es in die Hand erprobter Ärzte, die an sich ja ganz unbeträchtliche Operation vorzunehmen, — die Gesundheit und das Lebensglück zahlloser junger Personen, die vielleicht sehr wohl imstande sind, unter günstigeren Bedingungen die gesunden Mütter gesunder Kinder zu werden, wäre nicht aufs Spiel gesetzt. Die Angst der Heimlichkeit, auf die heute zahllose Fälle von Körper- und Gemütskrankheiten zurückzuführen sind, und die Möglichkeit der Entdeckung mit der schrecklichen Folge des Zuchthauses und der häufigeren des Selbstmordes —

wäre ersetzt durch eine völlig ordnungsmäßige Krankheitsbehandlung, bei der die Todesfolge auf ein Minimum von Fällen beschränkt wäre.

Die Paragraphen 218 und 219 sind vielleicht die grausamsten und neben dem § 166 (Gotteslästerung), 184 (Verbreitung unzüchtiger Schriften) und 175 (Päderastie) sicher die sinnlosesten des ganzen deutschen Strafgesetzbuchs, — und das will etwas heißen. Es ist Pflicht aller, die ein Herz im Leibe haben, diese Paragraphen mit allen Mitteln zu bekämpfen. Auf den Kampf gegen derlei absurde, entsetzliche und obendrein verlogene Gewaltsamkeiten, wie die Entziehung des Verfügungsrechtes der Frauen über den eigenen Leib, sollten sich auch die Neu-Malthusianer beschränken, wenn ihnen am Wohl der Frauen und ihrer Kinder gelegen ist.

Die Gesundung des Volkes kann nur ausgehen von der Freiheit der Persönlichkeit. Von dieser Freiheit haben bis jetzt die Frauen am wenigsten erfahren. Ihr Kampf, der zugleich ein Kampf um die Freiheit der Kinder ist, muß unterstützt werden, damit sie nicht mehr gezwungen werden können, gegen den eigenen Willen Mutter zu werden, und damit sie zu ihrem besten Rechte kommen, nach freiem Ermessen Kinder zu gebären, sobald ihre gute mütterliche Natur danach verlangt.

Parteitagsrede

Nach dem Hoch auf die Völkerbefreiende (in das die Delegierten dreimal begeistert einstimmten) und nach dem Absingen der Arbeitermarseillaise (zu der sich die Sozialdemokraten endlich mal einen menschenmöglichen Text dichten lassen sollten), ging der Parteitag Jena 1913 auseinander. Ich hatte mir die Verhandlungen von der Journalistentribüne aus angehört, und in meinem Innern stieg die Lust auf, hinunter zu steigen und dem Proletariatsparlament jetzt nach Beendigung seiner Arbeit aus meinem parteifreien Gemüt heraus die Meinung zu geigen. Aber das wäre geschäftsordnungswidrig gewesen. So kommt es, daß die nachfolgende. Rede in den Parteitagsberichten nicht enthalten ist:

„Verehrte Anwesende! Denn die Anrede „Genossen" würden Sie sich jedenfalls entrüstet von mir verbitten. (Lebhafte Zustimmung. Vereinzelter Widerspruch.) Ihr neuer Parteivorsitzender Ebert hat soeben in seinem Schlußwort die Arbeit Ihrer jetzt abgeschlossenen Tagung mit Emphase als eine höchst fruchtbare und für das Proletariat segensreiche gepriesen. (Sehr richtig!) In welcher Hinsicht Ihre Verhandlungen der Herbeiführung einer sozialistischen Gesellschaft förderlich werdenkönnen, hat er nicht verraten. Es ging auch aus den Reden dieser Woche nicht hervor. (Oho!) Mißverstehen Sie mich bitte nicht. Ich bin weit davon entfernt, Ihnen daraus einen Vorwurf zu machen, daß der Gedanke an ein freiheitliches Endziel bei Ihren Beratungen völlig in den Hintergrund trat. Ich sehe durchaus ein, daß eine politische Partei mit gegebenen Verhältnissen rechnen und mit realen Werten operieren muß, und ich würde, um meine von den Ihrigen abweichenden Ideen zu propagieren, weiß Gott ein anderes Auditorium aussuchen, als gerade einen sozialdemokratischen Parteitag. (Zuruf: ein anarchistisches!) Nein, Herr Dr. David! Einem anarchistischen Auditorium könnte ich mit der Konstatierung, daß alle parlamentarische Advokatenschläue (Frau Luxemburg nickt fast unmerklich mit dem Kopf) und alle Mandatsjägerei gegen Kapitalismus und Militarismus nichts ausrichten kann, keine neue Weisheit predigen. Die Wahrheit, daß Sozialismus in werktätigem Beginnen erarbeitet werden muß, durch praktische Reorganisation der Produktion und der Zirkulation, in dem Sinne, wie der Sozialistische Bund es vorhat, — diese Wahrheit wird am ehesten von einem Publikum verstanden werden, das noch außerhalb Ihrer Parteidisziplin steht, das noch nicht von den stereotypen Schlagworten Ihrer Wahlaufrufe um die Kritik geredet ist. (Große Unruhe.) Mein ideales Auditorium wäre die hier mit einiger Verachtung behandelte unorganisierte Arbeiterschaft (Gelächter), wären die Opfer der von Ihnen seit fünfzig Jahren erfolglos bekämpften kapitalistischen Gesellschaftsordnung, die Arbeitslosen aus Haß und Ekel, die Verbrecher, Landstreicher, Vagabunden — und vielleicht auch die jungen Studenten, die noch unverdorben von parteikluger Zeitungslektüre ein leidenschaftliches Sehnen nach Freiheit und Menschenglück in sich tragen: kurz alle, die Brachland sind für Ideale und revolutionäre Gedanken. (Zur Sache! Zur Sache!)

Sie haben recht. Der Hinweis auf Umwälzung, Erneuerung und Sozialismus gehört nicht zur Sache Ihrer Parteitage. Ich werde mich also befleißigen, mit meiner Kritik bei den Gegenständen ihrer Beratungen zu bleiben. Ich wollte mit dem Gesagten nur die Entfernung meiner prinzipiellen Forderungen von den Ihrigen markieren. Um dabei nicht unbescheiden zu sein und die Grenzen, die ich mir als Gast und Geduldeter in Ihrem Kreise stecken muß, nicht zu überschreiten, will ich vorweg bemerken, daß ich mich nur an ein paar Hauptpunkte Ihrer Debatten halten werde, die mir zur Beurteilung der diesjährigen Tagung wesentlich scheinen. Wie Sie den Beschluß, der Herrn Radek unter Beraubung aller Verteidigungsmöglichkeiten ruiniert, einen Beschluß, der in weiten Kreisen wie ein Justizmord beurteilt wird, vor Ihren demokratischen Wählern und vor denen, die in Ihnen die wandelnden Säulen einer zukünftigen Gerechtigkeit erblicken, vertreten wollen, das ist Ihre Sache (Hört! Hört!). Mich geht am Ende das Wohl Ihrer Partei so wenig an wie das des Herrn Radek, den ich nicht kenne und dessen Schuld oder Unschuld ich trotz Herrn Staatsanwalt Müller-Berlin (große Heiterkeit) so wenig beurteilen kann wie bis jetzt irgend einer von Ihnen (Dr. Liebknecht: Sehr gut!). Auch die Maifeierfrage betrachte ich als Ihre interne Parteiangelegenheit (lebhaftes Hört! Hört!). Ich weiß, daß ich mich darin im Widerspruch zur Mehrzahl meiner anarchistischen Kameraden befinde. Mir scheint aber die Forderung des Achtstundentages, der die Demonstration des 1. Mai ursprünglich ausschließlich gewidmet war, letzten Endes doch recht untergeordneter Natur (Widerspruch), und ob nun alle an diesem Tage bezahlten Arbeiter, ob nur die Partei- und Gewerkschaftsbeamten das am 1. Mai verdiente Geld an die Parteikasse abliefern, das geht mich um so weniger an, als ja die Durchführung der Maifeier seit zwanzig Jahren schon überall äußerst lax gehandhabt wird (Zustimmung und Widerspruch). Endlich möchte ich auch bei der Frage der Arbeitslosenversicherung, deren Wichtigkeit ich keineswegs verkenne, nicht allzu lange verweilen. Das von Herrn Timm überaus fleißig zusammengetragene Zahlenmaterial hat ja doch kaum mehr als statistischen Wert (oho!), solange keine ernsthafteren Abhilfsmaßregeln empfohlen werden, als die fast kindliche Forderung an die staatlichen Kommunen, den Arbeiterorganisationen in die Arbeitslosen-Unterstützungskassen Beiträge zu zahlen. Wenn Sie das erreichen sollten, was doch sehr unwahrscheinlich ist, so begeben Sie sich damit in eine vom Staat, und das heißt von den Kapitalisten, abhängige Stellung, und mit der Autonomie Ihrer Koalitionen ist es einfür allemal aus. Wenn ich mir eine Anregung in dieser Frage erlauben darf, so rate ich Ihnen, sich mal mit Hans Ostwald in Verbindung zu setzen, der bekanntlich unter staatlicher Protektion die Urbarmachung von Ödland durch Arbeitslose betreibt (Lachen). Ich glaube, daß Ihre Mitwirkung bei seinen Bestrebungen manches Gute fördern könnte. (Peus-Dessau: Das wäre noch gar nicht so dumm.)

Ich komme nun zu den beiden Hauptpunkten Ihrer Beratungen: zur Massenstreik- und zur Steuerfrage. Verehrte Anwesende! Nach der Art, wie Sie diese beiden Gegenstände hier erledigt haben, lehne ich es ab, meine von Ihren Beschlüssen weit abweichenden Meinungen näher zu begründen (große Unruhe). Ich begnüge mich damit, aus Ihrem Verhalten selbst einige Schlüsse zu ziehen (Lärm und Schluß-Rufe). Regen Sie sich doch nicht auf! Sie verraten damit nur, daß Sie ein schlechtes Gewissen haben (Ledebour: Sehr wahr!). Die Resolutionen, die Sie in den beiden Angelegenheiten gefaßt haben, die Referate, mit denen die Resolutionen begründet wurden, und die Diskussionen, die sich an diese Referate anschlössen, weisen dem eben beendeten Parteitag in der Geschichte der deutschen Sozialdemokratie in der Tat einen besonderen Platz an. Seit Ihrem Jena von 1913 wird man von Revisionisten in Ihrer Partei nicht mehr wohl reden können. Die Revision ist vollzogen. Sie haben sich in diesem Saal in optima forma selbst als eine staatserhaltende, nationale, bürgerliche und militärfromme Partei bekannt (großer anhaltender Lärm). Lesen Sie doch das „Berliner Tageblatt", lesen Sie die ganze liberale Kapitalistenpresse, und schämen Sie sich der Zärtlichkeit, mit der man Sie als verlorenen und endlich heimgefundenen Sohn in die Arme schließt! Diese Blätter haben ganz recht, wenn sie in der Freude über Ihren vollkommenen Verzicht auf alle Opposition gegen die neuerdings vom Staat inaugurierte Steuerpolitik zur Deckung der Heereskosten für Ihre platonische Liebeserklärung an den politischen Massenstreik ein verzeihendes Lächeln finden. Sie wissen genau, daß Dr. Franks plötzlich wild gewordene Opportunistenseele (Glocke des Vorsitzenden) auch in der preußischen Wahlrechtsfrage weitaus sanfter ist als sie scheinen möchte (Protest Dr. Franks).

Ach ja, Herr Doktor! Ihr schönes Schlagwort: Wir werden das freie Wahlrecht in Preußen haben, oder wir werden den Massenstreik haben! hat keinen Anspruch darauf, sehr feierlich genommen zu werden (lebhafter Widerspruch). Ihr Eintreten für die unverbindliche Parteivorstands-Resolution beweist doch, daß auch Sie die Frage, wie lange Sie noch auf die Abänderung des Wahlrechts warten sollen, ehe Sie zu dem Zwangsmittel der allgemeinen Arbeitseinstellung greifen werden, lieber nicht beantworten möchten. (Rosa Luxemberg: Sehr richtig!) Und Scheidemanns Referat? Was war das für ein ängstliches, vorsichtiges Beschwichtigungsgetue! Die Resolution, die den Eindruck erwecken soll, Sie seien für das herrliche Gut des preußischen Wahlrechts zum Äußersten entschlossen, wurde begründet unter Beschwörungen, man möge nicht über den Massenstreik reden. Seit Scheidemann zu Ihrem Bebelino avanciert ist (Pfui!), hat sich sein gärend Drachengift in die geronnene Milch der frommen Denkart gewandelt (vereinzelter Beifall, Protestrufe). Aber es scheint, wem Gott ein Amt gibt, dem nimmt er auch den Verstand (heiterer Beifall bei den Radikalen). Die Resolution Luxemburg unterschied sich ja eigentlich nicht sehr bedeutend von der zum Beschluß erhobenen. Aber es war doch wenigstens im Unterton eine Art Entschlossenheit darin zu spüren, und die Begründungsrede der Frau Luxemburg zeichnete sich denn doch sehr wesentlich vor Scheidemanns und gar erst Bauers Elegieen aus durch einen erfreulich energischen, temperamentvollen, männlichen — (stürmische Heiterkeit). Na ja, es kann ruhig einmal ausgesprochen werden, daß sich der Rest von Tatkraft, Angriffslust und Idealismus, der noch in Ihrer Partei lebt, fast ganz auf diese eine Frau konzentriert hat (oho!), auf diese Frau, die um ihrer Leidenschaft willen von dem witzlosen Hohn aller liberalen Schmöcke vogelfrei erklärt ist (lebhafte Zustimmung), und vor deren Klugheit und Charaktergradheit ich trotz meiner überall abweichenden Ansichten respektvoll den Hut ziehe (Bravo!). Woran sich Frau Luxemburgs Logik festrannte, das war die Kleinheit des Zwecks der empfohlenen Aktionen (Widerspruch). Doch, Herr Ledebour! Daß Frau Luxemburg selbst nicht alles Heil im Parlamentarismus erkennt, wird sie wohl selbst nicht leugnen, und ihr Antipode Bauer hat den Idealismus der Gewerkschafter für die preußische Wahlreform hier sehr eindeutig in Frage gestellt. (Bauer: Das ist ein Mißverständnis.) Ja, Bauer, das ist ganz was anderes (große Heiterkeit): ob man nämlich gegen einen Parteigenossen oder gegen einen Anarchisten polemisieren soll. Ich hätte gewünscht, einer Ihrer Redner, die den Massenstreik als stärkstes Mittel, über das die Arbeiterschaft verfügt, anerkannt haben, hätte seine Anwendung auch für den Zweck der Verhinderung eines Krieges in Erwägung gezogen (aha!). Das ist von keiner Seite geschehen, und so bleibt das Resultat Ihrer Massenstreikdebatte, daß im Ausland das Odium auf der deutschen Sozialdemokratie lasten wird, ihr sei ein allgemeines Wahlrecht in Preußen wichtiger als die Erhaltung des Friedens (lärmender Widerspruch.).

Dieser Gedankengang führt mich nun zu der merkwürdigen Haltung des Parteitages zum Verhalten Ihrer Reichtagsfraktion in der Deckungsfrage (Hört! Hört!). Ich will mich nicht lange bei dem interessanten Naturschauspiel aufhalten, das sich hier vor unseren Augen vollzog, indem der blutrote Wurm sich plötzlich als ein sanft schillernder Schmetterling entpuppte (stürmische Heiterkeit). Ich glaube überdies, daß der verjüngte Wurm, der nun zum ersten Male an den duftigen Blüten des Opportunismus nippt (erneute Heiterkeit), nur die Konsequenz zieht aus der Taktik, die Ihre ganze parlamentarische Vergangenheit bezeichnet hat (Zustimmung und Widerspruch). Die steuerpolitischen Grundsätze, die Wurm dargelegt hat, sind vom staatssozialistischen Standpunkte aus unanfechtbar, und Geyers, Luxemburgs und Ledebours Widerstand dagegen ist wohl mehr im revolutionären Gewissen als in marxistisch faßbarer Logik begründet. Mir, der ich kein Marxist bin, werden Sie freundlich gestatten, in diesem Gewissen mehr Wahrheit zu finden, als in all Ihrer pedantischen Gelehrsamkeit. Für mich bleibt die verhängnisvolle Tatsache bestehen, daß eine sich antimilitaristisch gebärdende Partei dem kapitalistischen Staat geholfen hat, die Mittel zur Deckung einer geradezu unerhörten Armeevergrößerung herbeizuschaffen (sehr wahr!). Die Folgen dieser Konzession an Ihre Wahlbündnisfähigkeit — denn allein darauf läuft Ihr Verhalten hinaus (lebhafte Zustimmung) — werden Sie noch schmerzhaft zu spüren bekommen, und mit der landläufigen Redensart: Diesem System keinen Mann und keinen Groschen! werden Sie fernerhin keine Geschäfte mehr machen können! (Sehr gut! bei den Radikalen.)

Aber, verehrte Anwesende, das Ärgste, was die Fraktion auf dem Gewissen hat, ist in Ihren Debatten kaum gestreift worden. Das ist die Lässigkeit, mit der die sozialdemokratischen Abgeordneten die Heeresvorlage selbst bekämpft haben (sehr richtig!). Wenn mein Gedächtnis nicht trügt, hat nur Heilmann-Chemnitz in mildem Tadel bemängelt, daß die Fraktion sogar dafür gestimmt hat, daß der Reichstag sofort in die zweite Lesung des Gesetzes eintrat. Davon, daß hier die schärfste Obstruktion am Platze war, daß die stärkste Partei des Parlaments unter allen Umständen Mittel zur Verschleppung der Sache hätte finden müssen, hat kein Mensch geredet. Bei einer solchen Gefahr, wie dieser Gesetzentwurf sie darstellte, meine ich, wäre die äußerste Anstrengung am Platze gewesen, um den Gegenstand bis zum Herbst hinauszuschieben (Zustimmung). Es hätten Dauerreden gehalten werden können. Mit namentlichen Abstimmungen war zu arbeiten. Vor allem aber hätten die Massen mobil gemacht werden müssen. Daß Straßendemonstrationen ihre Wirkung tun, haben Sie ja im Laufe der Zeit einsehen gelernt. Und wenn sie die Massen zum Generalstreik gerufen hätten, um gegen die entsetzliche neuerliche Belastung des Volkes zu protestieren — Sie können sicher sein, viele Streikbrecher hätte es dann nicht gegeben! (Lebhafter Beifall.) Aber, was Ledebour hier angedeutet hat, die bekannte Feriensehnsucht der Abgeordneten, die in der verzweifelt nach Korruption riechenden Art der Diätenzahlung im Reichstag begründet ist, — darin können Sie zum größten Teil die Gründe suchen, weshalb die Regierung ihre Riesenvorlage so glatt in den Hafen brachte (große Unruhe). Ich kann Ihnen prophezeien, daß wir Anarchisten uns dieses Moment bei der Bekämpfung des Parlamentarismus nicht länger entgehen lassen werden (Bewegung).

Daß von allen diesen Dingen hier nur so wenig und so vorsichtig gesprochen wurde, das, verehrte Anwesende, werden sich die, die links von Ihnen stationiert sind, zu merken wissen. Warum aber soviel Beherrschung geübt wurde, das hat uns ja Ihr Parteivorstandsmitglied Molkenbuhr wissen lassen, als er den lebensgroßen Schatten August Bebels über Ihre Verhandlungen warf (Unruhe). „Wir werden der Diskussion den Hals umdrehen", stand in dem Brief, mit dem Molkenbuhr diesen letzten Willen Bebels vollstreckte (erregte Zwischenrufe). Da hat Bebel zum letzten Male fast leibhaftig unter Ihnen gestanden und — ein Leichengräber seines eigenen Lebenswerkes — zum opportunistischen Sammeln geblasen. (Betäubender Lärm. Rufe: Schluß! Pfui! Abtreten! Herunter! Gemeinheit! — Bock-Gotha schwingt hilflos die Präsidentenglocke.) Ich komme schon zum Schluß. (Nein! Nicht weiterreden! Schluß! Die Delegierten drängen sich wütend zum Redepult. Der Redner verläßt achselzuckend die Tribüne und begibt sich, die Internationale pfeifend, ins Caféhaus.)

Die Monarchie

Hallelujah! Kränzt die Häuser! Hängt Flaggen heraus! Illuminiert! Läutet die Glocken! Habemus regem!

Als wir Kinder waren und alles Märchengold für blanke Wirklichkeit nahmen, da dünkte uns ein König ein Wesen von überirdischer Weisheit, ein gottähnlicher Mensch, der über alle Macht und über allen Reichtum des Landes verfügt. Da stellten wir uns einen König nicht anders vor, als thronend unterm Baldachin, geschmückt mit Krone und Purpur und erfüllt von aller Heldentugend und Gerechtigkeit.

Die Märchen mit ihrem Tugendzauber und ihren Hexenkünsten sind verblichen. Die öde Tatsächlichkeit des Lebens hat aus Kindern Geschäftsleute und aus Träumern Nörgler gemacht. Geschäftsleute und Nörgler aber wissen, daß es keine Feen gibt und keine verwunschenen Prinzessinnen, keine Tarnkappen und keine Wunderspiegel. Das einzige, was aus den Kindermärchen übrig geblieben ist, sind die Könige. Die gibt's wirklich noch bis auf den heutigen Tag, - wahrscheinlich, um dem phantasievollen Gemüt auch noch den Rest jener glücklichen Märchenpoesie zu zerstören, die als Fürsten den Stärksten und Schönsten, den Edelsten und Mächtigsten feiern möchte.

Heutzutage spazieren die Könige unter ihren Landeskindern mit Brille und Regenschirm, und die Gottesgnade, daraus man ihre Herrseherwürde ableitet, muß zuerst von juristischen Paragraphenkrämern aus verstaubten Pandekten herausdestilliert werden. Die Macht der Majesäten reicht nirgends über die Rechte der Bürger hinaus und ihre Rechte haben ein Ziel bei der Macht des Bürgertums. Daß dem so ist, erfüllt den Demokraten mit Stolz auf die vorgeschrittene Freiheitlichkeit unserer Zeit. Wer aber nicht Demokrat, sondern ein Zweifler ist an den Errungenschaften der Gegenwart über die Vergangenheit, der fragt erstaunt: Was um des Himmels willen brauchen wir Könige, wenn wir uns allein zu helfen wissen? Was soll uns Krone und Thron, wenn ihr Inhaber aller Macht entkleidet ist, auf die der Titel einer Majestät sich gründen müßte? Die Alleinherrschaft ist beseitigt, aber von der Monarchie — die griechische Übersetzung klingt so gut — können wir uns nicht trennen. Untertanen wollen wir nicht mehr sein, aber des Königs gehorsamer Diener zu heißen, will keiner sich nehmen lassen.

In was für einer Zeit leben wir eigentlich? Der gesunde Menschenverstand, dieser beliebte Normalausweis des Philisterintellekts, weiß vor lauter Skeptizismus, Realismus und Zeitgemäßheit nicht mehr ein und aus. Der liebe Gott ist abgesetzt. Ernst Haeckels naturwissenschaftliche Affenkomödie ist der Inbegriff aller Weltweisheit. Jede mystische Gläubigkeit, jede schwärmerische Weltbetrachtung, jeder geschäftsfremde Illusionismus ist Gegenstand wildernden Gelächters. Alle Sehnsucht, deren letzter Ausblick kein gefüllter Geldsack ist, gilt als Gefühlsduselei, Kunst als Lebemannssport, Religion als Pfaffenintrige. Das Wort „Freiheit" wird im ungewaschenen Munde jedes Banausen gewälzt und bedeutet Fußtrittspolitik im Gewinnwettlauf. Wem aber Freiheit höchstes Menschengut ist, die Freiheit der Seele nämlich und die Freiheit, die keine Fesseln will im Eiligen um Erkenntnis und persönliche Würde, der ist ein Störenfried oder eine komische Figur. Freiheit! Den Ellenbogen will man sie erkämpfen, aber dem Geiste muß die Knechtschaft erhalten bleiben, in der jede Rücksichtslosigkeit ihre Entschuldigung sucht. Nicht gegen die Monarchen wollen wir ankämpfen, die wir die Selbstherrlichkeit des in sich gefestigten Menschen predigen, sondern gegen die Jammerseelen, die um ihre Gunst buhlen, um daraus Vorteile im geschäftlichen und gesellschaftlichen Leben zu ziehen. Und ohne irgend eine Person zu kränken, die der Zufall auf den Piedestal eines Thrones gestellt hat, wollen wir aussprechen, welcher Klebstoff das Bürgertum am Idol des Monarchismus festhält.

Die konstitutionelle Monarchie — ich habe das hier schon einmal gesagt (vergl. Kain III, 3: „Der Kaiser") — ist eine contradictio in adjecto. Ein König, der unter Ausschaltung aller persönlichen Willkür regieren soll, unterscheidet sich von anderen Menschen nur durch die dekorative Ausstattung seiner Amtshandlungen. Und eben auf diesen dekorativen Teil der monarchischen Einrichtung will der Bürger nicht verzichten. Er will Hofhaltung sehen, will vor Hofequipagen dienern, will den im nüchternen Geschäftsbetriebe aufgesparten Demutsvorrat los werden und will seine primitive Eitelkeit durch Hereinschmeicheln von Orden und Titeln befriedigt sehen. Diese doppelte Möglichkeit, zugleich die atavistischen Instinkte der Unterwürfigkeit und das geschäftliche wie persönliche Reklamebedürfnis zu unterstützen, bietet allerdings die Monarchie in viel höherem Maße, als die Republik. Welche Eigenschaften dabei dem Monarchen selber innewohnen, spielt keine Rolle, nicht einmal, ob der Monarch persönlich imstande ist, sein Amt auszuüben. Ein mit den Befugnissen des Fürsten ausgestatteter Regent genügt dem Monarchisten vollauf zur Betätigung seiner Gesinnungen.

Die in den letzten Tagen bewirkte Ersetzung zweier Regentschaften im Deutschen Reiche durch die Thronbesteigung legitimer Fürsten von Gottes Gnaden liefert die instruktivste Illustration zu der Behauptung, daß es gleichgültig ist, ob ein Hofstaat einem Könige oder seinem Vertreter dient. Gerade das Aufhören der plötzlich als unhaltbar erkannten Zustände beweist, wie haltbar sie innerhalb der monarchisch organisierten Staaten waren. Denn die Kritik, die sehr konservative Elemente an die Veränderungen in Braunschweig sowohl wie in Bayern knüpfen, ist schärfer, als sie je in den jahrzehntelangen Provisorien geübt wurde. Ist es aber wahr, daß Monarchieen auch ohne die Mitwirkung ihrer Monarchen bestehen können, dann verliert die Institution der Monarchie vor dem Urteil jedes nicht interessierten Beobachters den letzten Halt.

Die Herrscher selbst stützen ihren Anspruch auf die Krone auf Gottes jeder Kritik entzogenen Willen. Dem religiösen Menschen muß diese Beweisführung in der Tat genügen. Die Monarchie könnte, solange die Fiktion der Gottesgnade besteht, nur von der Seite der Gottesanzweiflung aus angegriffen werden, — wenn nicht das Verhalten der Staatskuratoren selbst dieser kindlich-religiösen Betrachtung die Voraussetzungen entzöge.

In Braunschweig durfte der angestammte Fürst sein Amt nicht ausüben, weil er seine Angestammtheit, soweit sie einen anderen Thron betraf, nicht verleugnen wollte. Gottes Gnade wurde für das Herzogtum ausgeschaltet, und ein Regent mußte ohne sie tun, wozu den wahren Fürsten doch nur dieser überirdische Segen befähigt. Wie man erzählt, gings ganz gut. Erst die Heirat des Prätendenten setzte die Gottesgnade wieder in ihre Rechte ein, und jetzt wird in Braunschweig legitim regiert.

Noch seltsamer sind wir in Bayern zu einem neuen König gekommen. Zweimal hintereinander hatte die Gottesgnade diesem Lande Geisteskranke zu Königen bestimmt, und seit fast einem Menschenalter mußte der Stammälteste die Funktionen des verhinderten Fürsten übernehmen. Daß der Zustand der Regentschaft der Würde und dem Wohle des Landes weniger entsprochen hätte als die Ausübung der Regierung durch einen rechtmäßigen König, ist in den 26 Jahren, wo der Vater des neuen Königs den Posten verwaltete, nicht bekannt geworden. Verschiedene Versuche, den alten Herrn zur Übernahme der Krone zu veranlassen, scheiterten an seinem Widerstand. Er scheint also die von ihm gepflegte Methode für besser gehalten zu haben, als eine Neuorganisation. Erst als er vor 11 Monaten starb, überkam die bayerischen Patrioten die Erkenntnis, daß der bisherige Zustand unwürdig, unerträglich und unhaltbar sei. Daß dieser Erkenntnis ein stark liebedienerisches Moment innewohnte, da dem neuen Herrn eine Abänderung dieses Zustandes von rein wirtschaftlichen Gesichtspunkten aus sicher genehm sein mußte, weiß jeder. Zuerst aber rannte sich die Liebedienerei die Köpfe ein. Denn die Zentrumspartei, die bekanntlich die Rechte des lieben Gottes im bayerischen Staate vertritt, widersetzte sich. Sie behauptete, die Gottesgnade lasse sich nicht mir nichts dir nichts von Fürstenried nach München verpflanzen, auch sei die Übernahme der Königsinsignien mit dem Eide nicht vereinbar, den der Regent beim Antritt seines Amtes geleistet habe. Andere Leute behaupten freilich, die Zentrumspartei wollte dem Ministerium Hertling Knüppel zwischen die Beine werfen, das gerade damals nicht ganz so tanzte wie der Klerus pfiff.

Das ist ein paar Monate her. Seitdem scheinen sich die frommen Ultramontanen mit ihrem Herrgott anders verständigt zu haben. Von jenen Bedenken wird plötzlich nicht mehr geredet, und Herrn von Hertling fiel die schwierige Aufgabe zu, der Staatsverfassung eine Wendung zu geben, die den Thronwechsel ermöglichte. Er fand die Lösung. Er fand auch im Landtag und bei den Reichsräten die Zustimmung zu seinem Werk, und so wurden wir eines Tages durch ein im Namen des Königs Otto erlassenes Gesetz erfreut, das dem Regenten die Möglichkeit eröffnete, den Platz eben dieses Königs Otto einzunehmen. Damit Ludwig III. aber als König von Gottes Gnaden den Thron der Wittelsbacher besteigen konnte, war es nötig, daß er nicht gewählt wurde, sondern sich selbst zum Monarchen ernennen durfte. Dieser Entschluß sollte der Volksvertretung nur zur Zustimmung mitgeteilt werden.

Kaum war das neue Gesetz unter Fach, da klebten auch schon an allen Anschlagstafeln feierliche Proklamationen, die die freundliche Wendung der Dinge verkündeten und dem beglückten Bayernvolke mitteilten, daß es wieder einen regierungsfähigen König von Gottes Gnaden habe. Um aber ganz sicher zu gehen, und um dem Prinzip des Gottesgnadentums um alles in der Welt nichts zu vergeben, legte Herr von Hertling den Willensakt des neuen Königs dem Parlament erst nach vollzogener Tat „zur Zustimmung" vor. Jetzt schreien die Sozialdemokraten: Verfassungsbruch! Die Liberalen wimmern: Taktlosigkeit! Herr von Hertling aber und seine Freunde sind hochbeglückt, dem lieben Gott durch ein geschicktes Kunststück zu seinem Rechte verholfen zu haben.

Dem König Otto sind laut Kundgebung des Königs Ludwig alle Titel und Ehrenrechte der Majestät verblieben. Wir erfreuen uns nun also im Lande Bayern zugleich zweier Könige. Wie sie sich mit dieser Tatsache abfinden wollen, wird Sache der Monarchisten sein. Daß diese Spezies Zeitgenossen durch die geschilderten Vorgänge an Zahl zugenommen haben, wird füglich bezweifelt werden dürfen. Weder in Braunschweig, wo Familiensentiments, noch in Bayern, wo wesentlich Interessen rechnerischer Natur zur Neubesetzung des Thrones geführt haben, dürfte das monarchische Prinzip erheblich an Zutrauen gewonnen haben. Es wird sich aber für diejenigen, die nun zu einer Revision ihrer dynastischen Gesinnung bestimmt wurden, die Frage erheben, ob sie jetzt gleich für die Einführung der republikanischen Staatsform in allen monarchischen Ländern vom Leder ziehen sollen.

So zuverlässig behauptet werden kann, daß die Republiken vor vielen Unzuträglichkeiten der Monarchieen geschützt sind, so wenig darf man doch verkennen, daß die eigentlichen Übelstände in allen Ländern überhaupt nicht in der politischen Organisationsform begründet sind. Der Kapitalismus blüht unabhängig von den politischen Herrschaftsinstitutionen und macht sich in jedem Lande die bestehende zunutze. Der Revolutionär hat seine Waffen gegen Kapital und Ausbeutung zu schärfen und seinen Spaten für den Aufbau sozialischer Kultur zu bereiten. Im Kampfe für neue Formen der Arbeit und des Ausgleichs wird sich der Boden unter den Füßen der Staatsbeherrscher von selber lockern.

Manchmal freilich kann es nützlich sein, an geeig- neten Beispielen darzutun, welche Wandlungen der Königsgedanke seit den Tagen der Mythen und Märchen bis zu unserer Zeit durchgemacht hat. Unsere Fürsten sind weder die Halbgötter der Vorzeit noch auch die Tyrannen der älteren Geschichte. Darum braucht niemand mehr die Könige zu hassen oder zu beneiden, und wem's Freude macht, der mag ungestört sein Haus beflaggen und in die Gassen jubeln: Habemus regem!

Panama

Wer in Deutschland von Panama spricht, meint damit gewöhnlich keine zentralamerikanische Landschaft, auch keinen aufrollbaren Sommerhut, sondern eine aufgedeckte politische Korruption. Diese Sprachwendung, die hinter einer geographischen Bezeichnung die in moralischer Empörung kochende Volksseele verbirgt, verdanken wir den höchst erfolgreichen Bemühungen des seligen Kanalbauers Lesseps, bei der Betätigung heißer patriotischer Inbrünste das geliebte Vaterland zu begaunern. Wo also einmal der unter nationalen Vorwänden gewonnene Kapitalistenprofit mit Gestank wahrnehmbar wird, wo der Dreck, mit dem das vaterländische Geschäft gedüngt ist, einmal an die Oberfläche gelangt, da ertönt von erschrockenen Lippen das Wort Panama, und man erkennt Morast und Sümpfe, wo man blumige Auen vermutet hatte.

Wir haben ja nun, Gott sei Dank, von dem Anklagevertreter im Kriegsgerichtsprozeß gegen die im Interesse der Firma Krupp bestochenen Militärpersonen selbst erfahren, daß es sich hier keineswegs um ein Panama gehandelt habe. Er stellte das in dem gleichen Plaidoyer fest, in dem er sich angelegen sein ließ, die Strafbarkeit der von den angeklagten Zeugleutnants und Zeugfeldwebeln begangenen Indiskretionen nachzuweisen, in dem er beklagte, daß es gelungen sei, „durch Schmieren Militärpersonen dauernd ihren Pflichten abwendig zu machen", und in dem er den „Kausalzusammenhang zwischen Pflichtwidrigkeit und hingegebenen Geschenken" als gar nicht zweifelhaft hinstellte. Eine Begriffsdetermination des Wortes Panama, die seine Freude darüber, daß ein solches nicht vorliege, weiteren Kreisen begreiflich hätte machen können, ist der Herr Anklagevertreter leider schuldig geblieben.

Erwiesen ist, daß die Firma Krupp in Essen, die, wie Herr Rechtsanwalt Ullrich sehr schön sagte, „uns Deutschen die Waffen schmiedet für unsere Landesverteidigung", den ehemaligen Zeugfeldwebel Brandt mit dem Gehalt eines Regimentskommandeurs und einem Repräsentationszuschuß in Berlin einquartierte, der für das Schmieren in Militärgeheimnisse eingeweihter Leute draufging. Erwiesen ist, daß Herr Brandt auf diese Weise in den Stand gesetzt wurde, in seinen „Kornwalzern" an die Firma Krupp Mitteilungen gelangen zu lassen, die ihr sonst fremd geblieben wären, Mitteilungen, die ihr zur Kontrolle und zur Ausstechung konkurrierender Staatswaffenlieferanten äußerst nützlich waren, und die für Herrn Brandt ausgeworfenen Gelder sicher reichlich bezahlt machten. Erwiesen ist, daß die Firma Krupp auf diese Weise so diskrete Dinge erfuhr, daß ihre Erörterung in der Prozeßverhandlung im Interesse der Sicherheit des Landes nur hinter verschlossenen Türen und mit der Verpflichtung aller Zuhörer zu strenger Verschwiegenheit erfolgen durfte.

Daran, daß man mit der Bestrafung der paar armen Schlucker, die für ein warmes Abendbrot oder ein Goldstück Stellung und Reputation aufs Spiel setzten, den Schlammherd nicht auskehrte, hat das Berliner Kriegsgericht wohl selbst nicht gezweifelt. Herr Brandt ist ein diskreter Mann. Er hat nicht mehr Leute bloßgestellt, als auch ohne seine Angaben erwischt worden wären. Und daß Herr Brandt mit seinen Bestechungen nicht schob, sondern geschoben wurde, ist erst recht klar. Er saß in Berlin und hatte nach Essen Kornwalzer zu schicken. Woher er aber die geheimen Nachrichten bekam, war seine Sache. Fiel er rein, dann badeten seine Vorgesetzten die Hände in Unschuld. Über dieses Verhältnis haben ihn die Direktoren der Firma niemals im Unklaren gelassen.

Die Angeklagten entschuldigten ihre Vertrauensseligkeit gegen Herrn Brandt damit, daß sie geglaubt hätten, vor der Firma Krupp gebe es in militärischen Dingen keine Staatsgeheimnisse. Dieselbe Auffassung bekundeten in ihren Plaidoyers die Verteidiger. Ich zweifle, ob es in Deutschland viele Leute gibt, die vor dem Kornwalzer-Prozeß anderer Meinung gewesen wären. Tatsächlich haben ja auch hohe Beamte der Firma vor Gericht erklärt, man hätte die Spionage der Zeugoffiziere gar nicht so nötig gebraucht, Krupp hätte doch stets erfahren, was er erfahren wollte.

Man sollte aber auch vorsichtig sein, ehe man gegen die Leitung der großen Waffenfabrik den Vorwurf sträflicher Korruption erhebt. Ich finde, daß das Essener Werk nie etwas anderes hat scheinen wollen, als es in Wirklichkeit ist: ein kapitalistisches Erwerbsgeschäft. Die Tatsache, daß das deutsche Reich der Hauptkunde dieses Geschäftes ist, und der alte kaufmännische Grundsatz, daß eine Hand die andere wäscht, ließe es natürlich verstandlich erscheinen, wenn in Essen der Patriotismus lichterloh flammte. Der aufmerksame Zeitgenosse wird aber bemerkt haben, daß das Liebeswerben des Reiches um Krupp stets heftiger in die Erscheinung getreten ist, als umgekehrt. Offenbar hat die Regierung das Waffenwerk viel nötiger als Krupp die Regierung. Denn der Patriotismus des Armeelieferanten hat sich noch immer sehr leicht getan. Man bewirtet mal in der Villa Hügel einen vornehmen Gast und drillt die von den Segnungen der berühmteu Kruppschen Wohlfahrtseinrichtungen betroffenen Arbeiter, die weder über das Koalitionsrecht noch über sonst ein Recht freier Willensoder Gedankenbestimmung verfügen, zum Hurraschreien, aber man stellt sich im geringsten nicht so, als ob man deswegen auf irgend welche geschäftlichen Vorteile verzichten möchte. Es ist schon vor Jahren unwiderlegt behauptet worden, daß Krupp das Ausland billiger mit Waffen bediene, als sein deutsches Vaterland. Deshalb ist es der Regierung noch lange nicht eingefallen, die Firma zu boykottieren. Sie schmiedet uns Deutschen nach wie vor die Waffen zu unserer Landesverteidigung gegen den Ansturm der Waffen, die sie ebenfalls schmiedet. Sie wird sie auch dann noch schmieden, wenn wirklich Herr Brandt und meinetwegen noch einige Direktoren des Unternehmens zu ein paar Wochen Festung verurteilt sein werden.

Panama! Verkrampfen wir uns doch nicht in so ein Schlagwort, sondern bleiben wir lieber nüchtern bei der Sache. Solange Krupp sich nicht verrechnet, solange Machenschaften, wie sie jetzt zutage getreten sind, seinem Unternehmen nichts schaden, hat er ja ganz recht mit seinem Verfahren. Auf Sentimentalitäten ist seine Industrie schon ihrem Wesen nach nicht abgestimmt. Bisher hat er dem Reiche Kanonen und Waffen geliefert. Waren die Regimenter damit versorgt und in ihren Gebrauch eingeübt, dann ließ er Verbesserungen erfinden, die er der Regierung anbot. Nehmen mußte sie sie, denn sonst nahm sie das Ausland, der „Feind“. Es gab also eine neue Militärvorlage, neue Steuern fürs Volk und neue Millionen fürs Geschäft. Nun tritt plötzlich die Konkurrenz auf den Plan, macht der Regierung Angebote und stört dadurch die ungetrübte Beziehung zwischen Essen und Berlin. Krupp tut dagegen, was er tun kann. Er erkundigt sich nach den Preisen des Rivalen. Erfährt er sie nicht direkt, so erfährt er sie halt hintenherum. Wenn Herr Brandt sich dabei in die Nesseln setzt, dann ist ihm nicht zu helfen.

Panama! — Geschäft ist Geschäft. Ein Schneider weiß gern zeitig, wann sein Kunde einen neuen Anzug braucht. Sagt er's ihm nicht selbst, so gibt vielleicht das Zimmermädchen Auskunft, ob das Hosenfutter nicht schon mürbe ist. Der Kunde ist ja auch nicht böse, wenn er die kleine List durchschaut. Die Regierung war offenbar gar nicht sehr böse. Denn als Liebknecht im Reichstage mit seinem Material anrückte, da war das erste, daß der Kriegsminister der Firma Krupp ein Loblied sang, und das zweite war ein schöner, neuer Orden ins Knopfloch des Herrn Krupp v. Bohlen. Unangenehm ist die Geschichte natürlich trotzdem für beide Teile. Aber vielleicht einigt sich die Regierung mit Krupp über eine Methode, wie die Firma künftig bei hellem Sonnenlicht und ohne Benutzung eines unterirdischen Panamakanals die gewünschten Kenntnisse erlangen kann.

Panama! Man wird sich schon ein paar Stufen über dem Niveau der Wehschreier aufstellen müssen, um in dem patriotischen Wurstkessel das Panama erkennen zu können. Dann aber wird man noch andere Dinge neben den Kruppschen Schweinereien bemerken, die einem den Appetit verderben mögen. Dann wird man erkennen, was der deutsche Großgrundbesitz mit seinen Einfuhrzöllen und Ausfuhrprämien, mit seinen Liebesgaben und Privilegien für Patriotismus hält, und wie eng die patentierte patriotische Gesinnung dem geschäftlichen Profiteifer verschwägert ist.

Und nun noch ein Wort an die Adresse der Herren, die das Kruppsche Panama enthüllt haben und sich in sittlichen Ekstasen darüber nicht genug tun können. Als die neue Militärvorlage kam, die das deutsche Volk mit unerhörten Lasten behäuft, da haben die Sozialdemokraten nichts getan, um ihre Annahme zu verhindern. Nicht einmal der schwache Versuch wurde gemacht, im Reichstage eine Obstruktion zu inszenieren, geschweige denn die Massen auf die

Straße zu bemühen. Man hat zum Fenster hinaus Reden gehalten, von deren Wirkungslosigkeit man selbst überzeugt war, und man hat die Milliarde, mit der das neue Werk der militärischen Volksauspowerung einsetzt, in „positiver Mitarbeit" bewilligen helfen. Es ist hier schon auseinandergesetzt worden, daß diese direkte Vermögenssteuer genau wie jede indirekte Volkssteuer auf die Ökonomie des Landes wirken muß. Denn die Verringerung des Nationalkapitals bedingt die Verminderung der Gesamtproduktion und mithin die Verteuerung des Gesamtkonsums. Aber selbst, wenn den Herren diese simple Rechnung zu schwierig sein sollte, und selbst, wenn sie noch nicht wissen sollten, daß sich das Kapital, wo ihm Blut abgezapft wird, stets bei der Masse schadlos hält, ist die Bewilligung dieser Gelder ein noch nicht dagewesener Skandal. In demselben Augenblick, wo man mit heiliger Empörung die Geschäftspraktiken der Firma Krupp aufdeckt, stimmt man für die Aufbringung der ungeheuren Summe, die sehr wesentlich eben dieser Firma zugute kommen soll. Das ist die Illustration zu der tausendmal geleierten Phrase: diesem System keinen Mann und keinen Groschen! Das ist die praktische Betätigung des Antimilitarismus, mit dem die Partei in Volksversammlungen hausieren geht. Kommt es eines Tages zum Kriege, fallen dann ein paar hunderttausend junge deutsche Männer „auf dem Felde der Ehre", dann mag das Volk sich erinnern, daß die Kosten des Massenmordes unter Zustimmung der deutschen Arbeitervertreter der nationalen Arbeit entzogen wurden. Die deutsche Sozialdemokratie möge sich nicht wundern, wenn die Internationale ihr Verhalten als Verrat an der sozialistischen Solidarität der Völker auffaßt, und wenn ihr eines Tages aus den Reihen, die noch nicht um des politischen Geschäftes willen vor Staat, Heer und Besitz kapituliert haben, der Vorwurf entgegenschallt: Panama!

Humbug der Wahlen

Wir lesen täglich in den Zeitungen, Flugschriften und Wahlaufrufen der Liberalen und Sozialdemokraten, daß die Klerikalen finstere Gäuche, scheinheilige Jesuiten, Verdummungsapostel und den gemeingefährlichen Junkern treu verbrüderte Feinde jeglichen Fortschritts, jeglicher Entwicklung seien. Die Werbeschriften der Klerikalen aber behaupten, daß die Liberalen flachköpfige Interessenpolitik treiben, Tröpfe und hohle Schreier, die Sozialdemokraten hingegen rohe Demagogen sind und gewissenlose Spekulanten auf die Leichtgläubigkeit der werktätigen Massen. Daß der Gegner Lügner, Verleumder und geschworener Volksfeind sei, beweist einer dem ändern mit den bündigsten Belegen. - Seien wir höfliche Menschen, und glauben wir, daß in der Beurteilung ihrer Feinde jede Partei die Wahrheit spricht. So haben wir denn nichts weiter zu tun als auszusuchen, in wessen Gefolgschaft wir uns begeben, welcher dieser Gruppen wir für die nächsten fünf Jahre die Wahrung unserer Interessen anvertrauen wollen.

Bekanntlich wird durch den Ausfall der Wahlen vom 12.Januar das Schicksal des Deutschen Reiches besiegelt werden. Es soll sich nämlich herausstellen, ob unter einer konservativ-klerikalen oder unter einer liberal-sozialdemokratischen Reichstagsmehrheit alles beim Alten bleibt. Es soll sich entscheiden, ob wir weiterhin blauschwarze Tinte saufen müssen oder ob wir uns an einer rötlich-gelben Melange den Magen verderben dürfen. Kurz und gut: Es geht um die letzten Dinge.

Wahltag - Zahltag. Das deutsche Volk wird aufgerufen, das eigene Glück zu schmieden. Gleiches Recht für alle. Jede Stimme zählt. Jede Stimme ist wichtig. Wer der Wahlurne fernbleibt, schneidet sich ins eigene Fleisch. Wer nicht wählen will, muß fühlen. Wer keinen wählt, wählt seine Feinde. Wer im Reichstag nicht vertreten sein will, hat sich alles Unheil zuzuschreiben. Auf gegen die Reaktion! Auf gegen die Verdummung und Verpfaffung! Auf gegen den roten Umsturz! Auf gegen den Freihandel! Auf gegen die Schutzzölle! Auf gegen die Lebensmittelverteuerung! Auf gegen die Feinde der Landbevölkerung! Auf für Freiheit, Wahrheit und Recht! Auf für die Erhaltung guter deutscher Sitte! Das Vaterland muß größer sein! Wir halten fest und treu zusammen! Hurrah! Hurrah! Hurrah!

Es gilt also wieder einmal, das einzige Recht auszuüben, das der Deutsche hat. Wie denn: das einzige Recht? Seit 42 Jahren immer noch das einzige Recht? Da doch seine Ausübung den Zweck verfolgt, den Deutschen Rechte zu schaffen? Erkläre mir, Graf Örindur, diesen Zwiespalt der Natur! Es ist in der Tat wahr: Das einzige Recht des deutschen Mannes besteht darin, daß er im Laufe von Fünf Jahren einmal in eine verschwiegene Zelle treten und einen Zettel in ein verschwiegenes Gefäß werfen darf, worauf er einen (ihm gewöhnlich unbekannten) Mitmenschen zum Fürsprecher seiner Überzeugungen bestimmt hat. Bekommt ein anderer Kandidat mehr Stimmen, so tritt der Wähler betrübt in den Hintergrund, bleibt für die nächsten fünf Jahre mit seinen Überzeugungen unvertreten und tröstet sich mit dem erhebenden Gefühl, daß er jedenfalls von seinem einzigen heiligen Recht Gebrauch gemacht und gezeigt hat, daß er auch mitreden kann.

Aber warum so pessimistisch sein? Es ist ja möglich, daß zwei andere Kandidaten miteinander in Stichwahl kommen, und der überstimmte Staatsbürger hat nun die Entscheidung in der Hand: welcher ist der Würdigere? Wer wird meine Interessen besser vertreten? Wem kann ich mich soweit anvertrauen, daß ich ihn mit Generalvollmacht ins Parlament schicken darf? Seine Parteileitung sagt's ihm -.und erwählt und bewirkt mit seiner Stimme das Resultat. So kann also doch die an die Wand gedrückte Minorität immer noch den stärksten Einfluß haben auf die Konstellation der Parteivertretungen? Kann sie auch. Hier ist ein Beispiel aus der Praxis:

Man erinnere sich an die Vorgänge, die den Reichskanzler Fürsten Bülow veranlaßten, den vorletzten Reichstag aufzulösen. Dem Manne war seine Position unsicher geworden, und er benutzte eine oppositionelle Regung des Zentrums, das ihm von einer Kolonialforderung einen geringfügigen Abstrich machte, dazu, die Volksboten heimzuschicken und das Volk unter dem Schlachtruf: Gegen die Schwarzen und gegen die Roten! an die Urne zu trommeln. Die Regierung kittete den famosen Block der Konservativen und Liberalen, und die Ultramontanen und Sozialdemokraten revanchierten sich mit der Verständigung zu einer Stichwahlversicherung auf Gegenseitigkeit. Die kaiserliche Regierung hatte geschickt gearbeitet, und so ergaben die Hauptwahlen einen starken Erfolg ihrer Blocktruppen zum Schaden der Sozialdemokraten. Vor der Stichwahl sah man nun in München Plakate an den Tafeln kleben, auf denen etwa folgendes zu lesen war: »Wir danken der aufopfernden Hilfe der Sozialdemokraten in verschiedenen Wahlbezirken Bayerns mehr als ein Dutzend Mandate. Zeigen wir uns erkenntlich! Treten wir bei den Stichwahlen in München Mann für Mann für die sozialdemokratischen Kandidaten ein! Das Zentrums-Wahlkomitee.« Daß zur rechten Zeit der Herr Erzbischof eingriff, die Parole des Komitees für unkirchlich erklärte und damit die Wahl des liberalen Kandidaten in dem einen zweifelhaften Wahlkreis Münchens sicherte, ist in diesem Zusammenhange unbeträchtlich. Die Kirche hat nie geheuchelt, daß sie andere Nützlichkeiten als solche für sich selbst suche. Lehrreich aber ist die Feststellung, daß eine große Anzahl von Reichstagssitzen nur mit sozialdemokratischen Stimmen für das Zentrum gerettet werden konnte. - Nun besinne man sich auf das Walten des letzten, jetzt verabschiedeten Reichstags. Seine bedeutsamste Tat war die Annahme jener Steuergesetze, durch die die notwendigsten und populärsten Bedarfsmittel in ganz maßloser Weise verteuert wurden und die die Lebenshaltung der überwiegenden Mehrheit des deutschen Volks in beängstigendem Maße verschlechterten. Diese Gesetze hätten ohne ein starkes Zentrum nicht Zustandekommen können. Das starke Zentrum aber wäre - nach eigenem Geständnis - nicht vorhanden gewesen ohne die nachdrückliche Unterstützung der Sozialdemokraten, die ihre Stimmen bedingungslos den jetzt so gelästerten Volksfeinden zur Verfügung gestellt hatten. Jede ungezwungene Logik wird gestehen müssen, daß somit die unerträgliche Belastung des Volks durch die neuen Steuern auf die parteioffiziöse Leitung vieler lausender sozialdemokratischer Wähler zurückzuführen ist. - Die zähnefletschende Wut der sozialdemokratischen Agitation, wie sie jetzt gegen die Klerikalen anknurrt, wird man also nicht allzu feierlich zu nehmen brauchen. Vielleicht gehen die Roten das nächste Mal mit den Blauen. Wundern soll man sich über gar nichts.

Freilich sind die armen Sozi bei den Wahlen besonders übel daran. Sympathisch sind sie mit ihrer unproduktiven Betulichkeit, mit ihrer anschmeißerischen Opposition und ihrer phrasen-schwulstigen Alleswisserei niemandem, außer den Kinderstuben-Politikern des »Berliner Tageblatts«. Man läßt sich schließlich, wenn das Geschäft lohnend aussieht, von ihnen unter die Arme greifen. Nachher gibt man ihnen den Tritt. Während sich aber die soeben derart emporgehobenen bürgerlichen Gegner von der peinlichen Berührung den Rock abputzen, schreien die Sozialdemokraten schon durchs Land, daß sie die Starken seien, die auf die eigene Kraft angewiesen sind.

Nein, die Rolle, die die roten Herren im politischen Leben spielen, ist nicht beneidenswert. In der Theorie müssen sie immer noch so tun, als seien sie Sozialisten, Revolutionäre, denen die kapitalistische Gesellschaftsordnung ein Greuel ist und deren Kampf ein konsequentes Sturmlaufen gegen Monarchie, Heer, Kapital und jegliche Ungleichheit und Unfreiheit darstellt. In der Praxis aber posaunen sie lauter als irgendwer andres das Recht auf die Wahlstimme, das Recht, sich in der bescheidenen Form, die (zumal der deutsche) Parlamentarismus erlaubt, an der Verwaltung des so arg befehdeten Staatswesens zu beteiligen. In der Praxis gilt ihnen das allgemeine, gleiche, direkte und geheime Wahlrecht als letztes Ziel ihres revolutionären Strebens, und sie merken nicht, wie lächerlich sie selbst im Gesichtsfelde eines bürgerlichen Betrachters aussehen, da sie heute als höchste Sehnsucht eine Forderung aufstellen, die unter den Forderungen der nationalliberalen Revolutionäre von 1848 die untergeordnete Komponente eines großen Programms war.

Die Teilnahme am Parlamentarismus war nicht immer der Inhalt aller sozialdemokratischer Aktion. Solange die Partei sozialistisch fühlte und in Wahrheit den Umsturz wollte, lehnte sie die Wählerei als Konzession an die kapitalistischen Staatseinrichtungen ab. Im Jahre 1869 warnte Wilhelm Liebknecht eindringlich vor diesem Schritt ins Lager der Feinde. Damals hob er auch die Konsequenzen hervor, die das Beharren auf den revolutionären Grundsätzen im parlamentarischen Leben zeitigen müßte. Damals kündigte er die Kompanie Soldaten an, die eine unbequeme Parlamentsmehrheit zum Tempel hinausjagen würde : 40 Jahre, bevor Herr v. Oldenburg-Januschau den Leutnant und die zehn Mann an die kahle Wand des Reichstagssaales malte. - Marx und Engels sprachen vom »parlamentarischen Kretinismus«, und erst 1890 entschloß sich die Partei, die »Jungen«, die immer noch nicht unters Stimmjoch wollten, aus ihren Reihen zu weisen.

Und gibt nicht die Entwicklung der Sozialdemokratie in diesen 42 Jahren parlamentarischer Betriebsamkeit den skeptischsten Befürchtungen recht? Was hat sie im Laufe dieser langen Jahrzehnte Positives erreicht, was einer Wandlung von kapitalistischem zu sozialistischem Gesellschaftsgefüge entfernt ähnlich sähe? Man muß beschämt gestehen: gar nichts.

Und fragt man weiter, was infolge der sozialdemokratischen Parlamenttätigkeit auch nur innerhalb der geltenden Ordnung zugunsten des arbeitenden Volks Nennenswertes geschehen ist, so fällt die Antwort leider nicht viel günstiger aus. Die Herren selbst weisen ja bei so unangenehmen Erinnerungen gewöhnlich auf die herrliche Arbeiterschutzgesetzgebung hin. Aber es muß zu ihrer Ehre gesagt werden, daß sie damals noch, als diese Verhöhnung des Arbeiterelends ans Licht des Tages trat, dagegen stimmten, und wenn sie später, in heller Angst, bourgeoise Sympathien zu verlieren, ihren Standpunkt revidierten, so verrieten sie damit den letzten Rest ihrer sozialistischen Gesinnung. Ich habe das im Anschluß an Gustav Landauers »Aufruf zum Sozialismus« in diesen Blättern ausführlich expliziert (vgl. »Kain« Heft 3).

In der positiven Arbeit hat also der ganze mit ungeheurer Mühe, ungeheuren Kosten, ungeheurer Energie und ungeheurer Ausdauer konstruierte Apparat der proletarischen Parlamentspolitik versagt. Angeblich soll er sich aber sehr bewährt haben, wenn es galt, reaktionäre Beschlüsse der übrigen Parteien zu verhindern. Auch auf diese Behauptung darf man vernehmlich fragen: Was habt ihr verhindert? Wo habt ihr etwas verhindert? Wie habt ihr es verhindert?

Die größte Mandatzahl hatten die Sozialdemokraten in der Legislaturperiode von 1903-1907. Sie verfügten damals zeitweilig über mehr als achtzig Sitze. In jener Zeit aber wurde Deutschland mit der Wiedereinführung hoher Schutzzölle beglückt, gegen die wütende Opposition, ja Obstruktion der 80 Revolutionäre, die übrigens ohne Mitwirkung der Liberalen (damals: Liberale Vereinigung) gar nicht gewagt hätten zu obstruieren. Die Sozialdemokraten haben es mit all ihrem Krakehl nicht zu verhindern vermocht, daß Herr v. Tirpitz uns ein Flottengesetz nach dem ändern bescherte. Das Bürgerliche Gesetzbuch, das Vereinsgesetz, sämtliche Kolonialgesetze mit all ihren militärischen Folgerungen sind trotz ihres Widerspruchs in ihrer Anwesenheit beschlossen worden.

Man rede nicht von den paar Gesetzentwürfen, die von der Regierung eingebracht und vom Reichstage abgelehnt wurden. Die »Zuchthausvorlage«, das »Umsturzgesetz« waren Totgeburten, weil die geschäftskundigen Bürger, die im Reichstage sitzen, viel zu intelligent sind, um sich nach den Erfahrungen mit dem Sozialistengesetz noch in solche Wespennester zu setzen. Hätten die bürgerlichen Mittelparteien diese Gesetze gewollt, dann hätten die Sozi sich auf den Kopf stellen und mit den Beinen strampeln können - sie hätten sie gekriegt.

Im Parlament geht es eben demokratisch zu: die Mehrheit hat recht, die Minderheit hat unrecht. Die Sozialdemokraten sollten die Letzten sein, die das bemängelten. Sie verkünden ja dies Prinzip als unübertreffliche Gerechtigkeit. Ihr ganzes Streben bei den Wahlen selbst geht ja dahin, durch eine zuverlässige Geometrie der Wahlkreise die absolute Majorität wirklich auszumitteln, um die Minderheit damit knebeln zu können. Gewiß ist das Streben nach gleicher Wahlkreiseinteilung berechtigt, wenn man überhaupt das parlamentarische Prinzip will. Aber dieses parlamentarische Prinzip selbst, scheint mir, ist eine Absurdität, ein Humbug, ein Prinzip der Ungerechtigkeit.

Zunächst: die übergroße Mehrheit der Menschen ist vom Wählen eo ipso ausgeschlossen. Die gesamte Hälfte der Menschheit, die nicht Hosen sondern Röcke trägt, gilt in unsern erfreulichen Zeitläuften als geistig unterbegabt. Jeder Dorfküster hat infolgedessen größere Rechte als etwa einer Madame Curie, einer Duse oder Ebner-Eschenbach zugebilligt werden könnten. Es ist zu dumm, als daß man es tragisch nehmen sollte. - Aber gleichzeitig sind hunderttausend Soldaten und alle die vielen ausgeschlossen, die grade in Gefängnissen und Zuchthäusern sitzen, und sogar alle solche, die dem Staate als Arme »zur Last fallen«. Gewiß: hier möchten die Sozialdemokraten manches ändern (die Liberalen übrigens auch). Aber sie können es nicht ändern, und änderten sie es, so wäre auch weiter nichts erreicht, als daß dem Parlamentarismus eine Spur von dem sittlich Widerwärtigen genommen würde, das ihm anhaftet.

Die Ungerechtigkeit bleibt auch bei Zulassung der Frauen, Soldaten, Armen und Gefangenen und selbst bei Einführung des konsequentesten Proportionalwahlsystems bestehen, daß sich unter die Mehrheitsbeschlüsse eines Parlaments jede Minderheit zu beugen hat, die sich dadurch vergewaltigt fühlt. Die Ungerechtigkeit vor allem ist unerträglich, daß von einer Zentralstelle aus durch Schacher und Kompromisse aller Art Gesetze ausgebrütet werden, die zugleich für alle Menschen eines großen Landes Geltung haben, deren Bedürfnisse und Ansprüche auf ganz verschiedenen geographischen und Charaktergrundlagen beruhen. Ein Parlament kann nur dann nützlich wirken, wenn es ausschließlich ein Institut zur Aussprache und Verständigung im Einzelfalle gleichmäßig interessierter Menschen wird, ein Institut also, zu dem jede Meinung ihre Vertreter mit imperativem Mandat entsenden und an dem jeder Einzelne auch persönlich mitwirken kann. Es ist klar, daß solche gemeinsamen Interessen immer nur zwischen Menschen bestehen können, die entweder durch eine sittliche Idee oder aber durch praktische, sich aus räumlicher Nachbarschaft ergebende Notwendigkeiten miteinander verbunden sind. Entstaatlichung der Gesellschaft, Dezentralisation ist also anzustreben, um einen Zustand zu erhalten, in dem die Menschen Beratungen pflegen können, ohne einander die Luft abzuschnüren zu brauchen.

Es mag noch ein Einwand erledigt werden, mit dem man die Beteiligung am Parlamentarismus häufig verteidigen hört. Das ist das Bedürfnis prominenter Persönlichkeiten, sich von Tribünen mit weiter Akustik reden zu hören. Nun zeigt aber ein Blick in die Sitzungssäle deutscher Parlamente, daß die Redepulte dieser Anstalten gemeinhin von allen eher als von überragenden Persönlichkeiten bestiegen werden. Das liegt zum einen Teil an der Einflußlosigkeit des Parlaments auf die Geschicke der Völker, zum ändern Teil am Reinlichkeitsbedürfnis beträchtlicher Leute, die wissen, daß sie Einfluß nur gewinnen können, wenn sie sowohl ihren Charakter wie ihre Intelligenz zu Konzessionen bereit halten. In Wirklichkeit ist aber auch gar nicht einzusehen, wieso denn ein Reichstagsabgeordneter etwa freier aus sich herausreden könnte als ein Volksredner oder Publizist, der ehrliche eigene Ansichten zu vertreten hat. Wer gehört werden will, der wird sich auf die Dauer Gehör verschaffen, und wenn selbst der willenlosen Menge von ihren journalistischen Seelsorgern das dickste Totschweigewachs in die Ohren geträufelt wird.

Das Wort aber, das ans Volk direkt gerichtet wird, hat allemal stärkere Wirkungen auf die Ereignisse als das, das unter taktischen Verschnörkelungen auf dem Umweg über Parlamentsstenogramme zu ihm gelangt. Denn der Bürger hat sich ja mit der Wahl eines Vertreters der eigenen Aktionsbereitschaft begeben und verzichtet von vornherein darauf, aus dem, was er aus dem Sitzungssaal vernimmt, andere Schlüsse zu ziehen als solche, die sich auf die Auswahl des in fünf Jahren zu entsendenden Vertreters erstrecken. Der Appell ans Volk selbst aber kann unmittelbares Eingreifen in die Geschichte eines Landes bewirken. Noch ein Beispiel aus der Praxis der Sozialdemokratie:

In den romanischen Ländern hat man mit der Anwendung umfassender Streikaktionen sehr gute Erfahrungen gemacht, wenn man damit politischen Unzuträglichkeiten begegnen wollte. In Deutschland wurde dieses Mittel der direkten Massenaktionen von den Anarchisten und Syndikalisten solange propagiert, bis es in Arbeiterkreisen Anklang fand und die sozialdemokratische Partei sich um den peinlichen Gegenstand nicht länger herumdrücken konnte. Vor einigen Jahren kam die Sache auf einem Parteitage zur Sprache und man entschloß sich, den politischen Massenstreik als Kampfmittel in das Waffenarsenal der Arbeiterschaft einzustellen. Um aber nicht den alten Aberglauben von der allein seligmachenden Wählerei zu erschüttern, erklärte man, der politische Massenstreik solle nur angewandt werden, wenn es gelte, ein gefährdetes Wahlrecht zu verteidigen oder in Ländern mit unfreiem Wahlrecht ein freieres zu erzwingen. Man gab also zu, daß das Volk selbst, wenn es Forderungen durchsetzen wolle, die mit dem Parlamentarismus nicht zu erzwingen sind, über das stärkere Mittel verfüge. Man reservierte aber das stärkere Mittel zu dem einzigen Zweck, das schwächere Mittel zu schützen. Wie konsequent die Herren Sozialdemokraten diesen Standpunkt wahren, beweist ihr Verhalten den Anregungen gegenüber, einer Kriegsgefahr mit dem Massenstreik zu begegnen. Sie könnten sich dadurch - das haben sie selbst zugegeben - ihre Position im parlamentarischen Schachergeschäft erschweren.

Man überlege einmal: Wenn alle die unzähligen Millionen, die im Laufe von vier Jahrzehnten für die Agitation zu den Wahlen verausgabt wurden, benutzt wären, um revolutionäre Genossenschaften zu beleben, wenn alle zum Stimmenfang verbrauchte Arbeitskraft in produktiver Arbeit tätig gewesen wäre, um den eigenen Unterhalt unabhängig von der kapitalistischen Ausbeutung zu beschaffen, wenn also alle Propaganda der Vorbereitung des Volkes zur Übernahme der Produktionsmittel in eigene Regie gedient hätte - zweifelt jemand, daß unser gesellschaftliches Sein ein sehr anderes, ein sehr viel erfreulicheres Bild böte als heute? Aber die Masse wird von ihren streberischen Führern geflissentlich in Untätigkeit gehalten. Überall wird ihr der Wille der »Vertreter« aufoktroyiert, und mit dem Humbug der Wählerei wird ihr vorgespiegelt, daß sie selbst die Herrin ihrer Geschicke sei.

Ob und wen alle diejenigen wählen, die im Prinzip mit der geltenden Staatsordnung einverstanden sind, scheint mir sehr wenig belangvoll. Jedes Parlament, ob seine Mehrheit links oder rechts vom Präsidenten sitzt, ist seiner Natur nach konservativ. Denn es muß den bestehenden Staat wollen - oder abtreten. Es kann nichts beschließen, was den Bestand der heutigen Gesellschaft gefährdet, also auch nichts, was denen, die unter der geltenden Ordnung leiden, nützt. Die Entscheidung für diesen oder für jenen Kandidaten ist nicht die Frage des Stichwahltages. Die Frage heißt: Soll ich überhaupt wählen oder tue ich besser, zu Hause zu bleiben? Überlege jeder, daß er mit jedem Schritte, den er zum Wahllokal lenkt, sich öffentlich zur Erhaltung des kapitalistischen Staatssystems bekennt. Frage er sich vorher, ob er das tun will. Wer aber denen glaubt, die vorgeben, durch Ansammlung von möglichst vielen Stimmen, mögen sie gehören, wem sie wollen, die Fähigkeit zu erlangen, in parlamentarischer Diskussion sozialistische Ansprüche zu ertrotzen, dem sei erklärt: solche Behauptung ist blanker Schwindel.

Vom politischen Kasperltheater

Im Reiche und in Bayern haben wir den erhebenden Anblick genossen, wie Links geschlossen gegen Rechts, wie der Fortschritt gegen die Reaktion marschierte, und wie die Macht des "schwarzblauen Blocks" ein für allemal gebrochen wurde. Die Sozialdemokraten haben vier und eine viertel Million Stimmen gesammelt und einhundertundzehn Abgeordnete in den Reichstag entsandt. Nun muss sich alles, alles wenden.

Der liebe Gott hat die Welt ungemein sinnvoll eingerichtet. Die Dinge, die zueinander gehören, hat er wie im Museum überall zueinander gestellt. Deutschland hat die stärkste sozialdemokratische Partei - vier und eine viertel Million Republikaner: nirgends in der Welt steht die Monarchie auf sichererem Grund als in Deutschland. Deutschland hat die tüchtigste sozialdemokratische Partei - vier und eine viertel Million Antikapitalisten: eine Kapitalanlage in deutschen Unternehmungen gilt überall als die solideste Vorsicht. Deutschland hat die erfolgreichste sozialdemokratische Partei - vier und eine viertel Million internationale Revolutionäre, vertreten durch einhundertundzehn zähnefletschende Mandatare: Der deutsche Soldat ist der verlässlichste, den es gibt, in seiner Seele ist noch kein zweifelnder Gedanke eingezogen, wenn der Kaiser eines Tages den beliebten "Ernstfall" erlebt, dann kann er sich auf vier und eine viertel Million sozialdemokratischer Wähler, repräsentiert durch einhundertundzehn Abgeordnete, verlassen.

Auch im engeren Vaterlande sind heisse Schlachten geschlagen worden. Die "vereinigten Zentrumsgegner", Liberale, Sozialdemokraten und Bauernbündler, zogen mit gemeinsamen Kandidatenlisten ins Feld, um die schwarze Majorität des Landtags zu besiegen. Fast ein Dutzend Sitze verloren die Ultramontanen in diesem Gemetzel, und wenn sie zusammen mit den Konservativen auch noch über eine Stimmenzahl von einigen neunzig verfugen, wogegen der "Linksblock" bloss 69 Vertreter hat, so sagen uns doch die Zeitungen der vereinigten staatserhaltenden und staatsstürzlerischen Zentrumsgegner täglich, dass die Differenz das nächste Mal noch kleiner sein wird, wenn man inzwischen nur fleissig zusammenhält. Das nächste Mal - das ist nach sechs Jahren. Und nach aber und aber sechs Jahren wird die Zentrumsmajorität vielleicht gebrochen sein, und dann bekommt Bayern eine neue Wahlkreiseinteilung und jede freiheitliche Sehnsucht erfüllt sich. Nur Geduld muss man haben.

Vorerst wurde der bisherige Fraktionsvorsitzende des Zentrums im Reichstage, Freiherr von Hertling, bayerischer Ministerpräsident. Der soeben konstituierte freiheitliche Reichstag aber erwählte zu seinem Präsidenten den ultramontanen Dr. Spahn.

Ein süsser Trost ist uns geblieben: München ist in Reichs- und Landtag ausschliesslich sozialdemokratisch und liberal vertreten. München verfügt auch über eine liberale Stadt- und Polizeiverwaltung, und die liberalen und sozialdemokratischen Stadtväter haben einwandfrei bewiesen, dass sie für die Erhaltung von Tugend und Sittlichkeit in dieser Stadt imstande sind, unabhängig von schwarzen Einflüssen, ihre Mucker selbst zu stellen.

Anarchistisches Bekenntnis

Ein rundes Jahr ist abgelaufen, seit ich zum ersten Male die Freude hatte, mit dieser Bekenntnis-Zeitschrift vor die Öffentlichkeit zu treten. Der „Kain" hat sich seitdem gute Freunde geworben, zwar noch nicht genug, um aus eigener Kraft leben zu können aber doch so viele, dass begründete Aussicht besteht, ihn in kurzer Zeit ohne weitere persönliche Opfer wirken zu sehen. Es entspricht nicht meinem Geschmack, das Schallrohr an den Mund zu setzen und mit marktschreierischer Anpreisung der eigenen Leistung neue Abonnenten anzulocken. Ich muss es denen, die an meiner Art, über die Dinge der Welt zu urteilen, Gefallen gefunden haben, überlassen, ihre Lektüre weiterzuempfehlen, ich persönlich beschränke mich auf das Versprechen, auch den neuen Jahrgang und alle, die ihm hoffentlich folgen werden, in der Ehrlichkeit und in dem Bemühen um Gerechtigkeit und menschlichen Anstand entstehen zu lassen, die dem „Kain" bisher nützlich gewesen sind.

Überschaue ich heute das sittliche Resultat der bisher im „Kain" akkumulierten Arbeit, so glaube ich mich zu einem Erfolge froh beglückwünschen zu dürfen: ich, habe bewirkt, dass eine beträchtliche Anzahl vor sich selbst aufrichtiger Menschen zu einer Revision ihrer Ansichten über anarchistische Tendenzen gelangt ist. Sowenig mir prinzipiell an einer Festlegung meiner Sinnesart in einen programmatischen Begriff liegt, so wichtig ist mir doch das Bekenntnis grade zum Anarchismus, weil dieses Wort von intriganten Politikern geflissentlich in seiner Bedeutung verwirrt wurde und, wenigstens in Deutschland, im Urteil der Meisten als die verbrecherische Konfession zügelloser Naturen aufgefasst wird. Grade jetzt aber ist mir die Betonung meiner Eigenschaft als Anarchist umso wichtiger, als die Schüsse aus dem Revolver des Italieners Dalba den Giftmischern neuen Anlass gegeben haben, diesen Aberglauben zu stärken.

Das Wort Anarchismus bezeichnet ethymologisch etwas Negatives, die Abwesenheit von Zwang und Knechtung, genau wie das Wort Freiheit eine Negation bedeutet, da es erst mit Beziehung auf die Frage: wovon? einen Sinn erhält. Aber ebenso wie Freiheit ist Anarchismus ein Begriff voll positiver jauchzender Bejahung. Denn der Gedanke an die Erlösung von Gewalt, Gesetz und Staat kann nur entstehen in der Verbindung mit einer grossen heiligen Sehnsucht nach neuen schönen Lebensformen.

Diese Sehnsucht ist es, die um Freiheit ringende Menschen zu anarchistischen Verbindungen vereinigt, der Glaube an die Möglichkeit einer Wandlung und der Wille, die neue Gesellschaft vorzubereiten. Bestimmte Mittel zur Änderung oder Beseitigung waltender Zustände können wohl unter Anarchisten verabredet werden, wenn aber eine sozialethische Idee mit einer von einzelnen ihrer Anhänger gelegentlich angewandten Kampfmethode identifiziert wird, so kann man, um höflich zu bleiben, eine solche Dummheit nur mit bösartiger Absicht entschuldigen. Das Christentum ist nicht falsch, weil zu seiner Etablierung unendlich viel Blut vergossen wurde, aber die Christen, die um ihrer Überzeugung willen mordeten, handelten falsch, weil ihr Tun unchristlich war. Dasselbe gilt für den Anarchismus: wer in der Meinung, damit seiner Sache dienen zu können, die Waffe gegen einen widerstrebenden Nebenmenschen erhebt, verletzt die Grundidee des Anarchismus, die Gewaltlosigkeit, und handelt also unanarchistisch. Deshalb lehne ich den politischen Mord als anarchistisches Kampfmittel ab. Mit diesem Argument wäre ich auch dem jungen Dalba begegnet, hätte ich Einfluss auf seine Entschliessungen gehabt.

Leider konnte ich mit dem tapferen jungen Italiener nicht polemisieren, — und so will ich mich jetzt, da er getan hat, was sein Temperament gebot, schützend vor ihn stellen und ihn verteidigen gegen das journalistische Geschmeiss, das ihn begeifert. Hände weg! Diesen Mann reklamiere ich als meinen Kameraden!

Wohl, was Dalba tat, widersprach dem anarchistischen Grundprinzip. Aber es geschah aus reinem begeistertem Herzen, und fern liegt es mir wie jedem Anarchisten, solchem Kämpfer den kameradschaftlichen Gruss zu verweigern. Kaiser Karl, den man den Grossen nennt, mordete Tausende, um dem Christentum die Bahn zu ebnen. Sein Kampf war unchristlich, da die christliche Lehre den Mord verbietet. Aber kein Christ wird dem Bekehrungs-Kaiser die Eigenschaft als Christ bestreiten, der aus reinem überzeugtem Herzen tat, was er seinem Glauben zu schulden meinte. Damals führte man nämlich noch Kriege um sittlicher Ideen willen, — die Christen von heute morden für realere Nützlichkeiten.

In Tripolis stehen viele Tausende italienischer Männer unter Waffen. Sie haben die Aufgabe, das Land den Türken, die es bisher ausbeuteten, wegzunehmen, und die Einwohner den Italienern hörig zu machen. Die mit diesem Auftrage die Heimstätten der Araber verwüsten, ungezählte fremde Menschen töten, ohne Weiber, Greise und Kinder der Araber zu schonen, und die dabei ihr eigenes Leben den Kugeln der Feinde aussetzen, haben von ihrem unsinnigen Tun selbst nicht den kleinsten Nutzen. Sie entziehen ihre Arbeitskraft ihren Familien und ihrem Volke, nur um denen, die schon über ihre Arbeitsleistung verfügen, neue Ausbeutungsmöglichkeiten zu schaffen. Viele von ihnen werden nicht heimkehren, viele von diesen kräftigsten Männern, über die Italien verfügt, liegen schon seit Monaten in tripolitanischer Erde gebettet, viele werden als Krüppel und arbeitsunfähig die Heimat wiedersehen. — Aber obgleich sie ihr Leben jeden Tag für das Vaterland der Reichen bereit halten müssen, obgleich ihnen zugemutet wird, gegen fremde Menschen barbarisch zu wüten, sind sie marschiert. Sie mussten marschieren, und wer sich geweigert hätte, wäre füsiliert worden. Ihr König hat die Entscheidung über Krieg oder Frieden, — er hat den Krieg bestimmt. Die Soldaten müssen gehorchen.

Man kann sagen, Victor Emanuel habe den Krieg nicht gewollt, die Verhältnisse, das Interesse seines Landes, wie er es versteht, haben ihn gedrängt, er hätte seinen Thron gefährdet, wenn er sich nicht für den Krieg entschieden hätte. Das ist alles möglich. Es ist auch möglich, dass Victor Emanuel ein guter, liebenswürdiger, gefühlvoller Mensch ist. Aber er ist König, er ist Repräsentant alles dessen, was in seinem Lande von Staatswegen geschieht. Er trägt — er allein — die letzte Verantwortung für den grauenvollen tripolitanischen Krieg. Wollte er sich dieser Verantwortung entziehen, so hätte er abdanken können. Er hat in seinem Namen den Krieg sanktioniert, in seinem, und nur in seinem Namen fliesst das Blut der Araber und der Italiener.

Ganz Italien scheint seit dem Ausbruch des Krieges in einen wahren Blutrausch geraten zu sein. Jeder kleine lächerliche Scheinsieg, der über die Türken errungen wird, löst orgiastischen Jubel aus, der König, seine Generale und Minister und die italienische Armee sind populärer als je. — Nur in den Unterschichten des Volkes gärt es. Die, die im Elend leben, weil ihnen die Männer, die Söhne, die Brüder, die Freunde im Feuer stehen, die wissen nichts von Kriegsbegeisterung, die kennen nur ein Gefühl: Hass und Wut. Einer aber, ein junger fanatischer Mensch, den sein Freiheitswille ins anarchistische Lager getrieben hat und der dort die Zusammenhänge der Dinge erfuhr, lädt seinen Revolver, stellt sich unter den Haufen, der dem Könige zujubelt, und schiesst. Schiesst, obwohl er weiss, dass es ihn das Leben kostet, obwohl er weiss, dass seine Tat von denen, die sie ansehen, nicht verstanden wird, dass das erste Echo seiner Schüsse Abscheu und Rachedurst sein wird. Schiesst, weil sein Zorn und seine Leidenschaft sich entladen müssen, komme, was kommen mag. Schiesst einmal, zweimal, dreimal auf den König, der ohne Rechenschaft zum Kriege gerufen hat, in dessen Namen Dalbas Landsleute schiessen und erschossen werden. Schiesst, bis man ihn packt, ihm die Waffe abnimmt, ihn schlägt und in den Kerker wirft, aus dem er nicht lebend wieder ans Licht kommen wird.

Feiger Mörder! Fluchwürdiges Verbrechen! gellt es durch die Zeitungen. Feige? Ich bewundere wahrlich den Mut des Gesindels, das hintern sichern Pult die selbstmörderische Tat eines Begeisterten feige zu nennen wagt. Fluchwürdig? Ich nehme die Schmockphrase auf, säubere das Wort von seiner journalistischen Klebrigkeit und wende es gegen die, die es stereotyp und stumpfsinnig bei jedem Attentat bemühen.

Fluchwürdig ist die Oberflächlichkeit der Zeitungsschmierer, die alles Ernste, Leidenschaftliche, Feierliche in ihre alberne Perspektive zerren, um es verkleinern und abplatten zu können. Fluchwürdig ist ihre Nüchternheit, die alles Begeisterte an Zweckmässigkeiten wägt. Fluchwürdig ist ihre Verlogenheit, die alles Wahrhafte und Aufrichtige mit scheelen Blicken beäugt, die jede ehrliche Gesinnung verdächtigt und alles Mutige und Starke verhöhnt und lästert. Dreimal fluchwürdig aber ist die Sinneskälte, die sich überlegen dünkt, weil sie nicht versteht, was heisse Herzen wollen.

Die sozialdemokratischen Blätter haben, soweit ich sie kontrollieren konnte, in ihrer Beurteilung des Dalbaschen Anschlags den gehässigen Ton vermieden. Sie haben sich auf die Feststellung beschränkt, dass ihre Partei individualistische Gewaltakte grundsätzlich ablehnt, weil sie sich davon keinen Vorteil für freiheitliche Ziele verspreche. Ich kann dies Argument nicht anerkennen. Ich bin überzeugt, dass, rein praktisch gewertet, schon manches Attentat, mancher politische Mord in einem Grade propagandistisch gewirkt hat, dass revolutionäre Triebe eines Volkes dadurch geweckt und freiheitliche Erhebungen beschleunigt wurden: ich erinnere nur an Lissabon, wo die Verschwörung Weniger, die den König Carlos beseitigten, die Revolution und die Umgestaltung der Staatsordnung zur Folge hatten. — Aber ich wehre mich dagegen, dass taktische Momente das Verhalten der Menschen überhaupt bestimmen sollten. Mord ist Mord. Ich lehne dieses Kampfmittel ab, gleichviel wer der Mörder, wer das Opfer ist. Das hindert mich nicht, im einzelnen Falle mit dem zu sympathisieren, der solche furchtbare Tat auf sich nimmt, ihn vor aller Welt meinen Genossen zu nennen, und selbst mich zu freuen, wenn sein Vorhaben gelingt und sein Blut nicht nutzlos der Rache der Feinde anheimfällt. Raten würde ich niemals zu einem Gewaltakt — es sei denn während einer Revolution —, im Gegenteil: vernehmlich und eindringlich warnen würde ich jeden, der ihn beschlösse. Die geschehene unabänderliche Tat aber beurteile ich nicht nach ihrem Erfolg, sondern nach dem Antrieb des Täters. Wer aus eigenem Entschluss, von unwiderstehlichem Eifer getrieben, unter Aufopferung des eigenen Lebens die Waffe gegen den, den er schuldig sieht, erhoben hat, der trägt allein die Verantwortung für sein Tun, und es steht den andern, die untätig waren, übel an, ihm nachträglich Rügen zu erteilen. Ein Kamerad, der um seines, um meines Ideals willen stirbt — ich entblösse den Kopf.

Natürlich konnte man in den Zeitungen auch dieses Mal wieder die Forderung nach internationalen Anarchistengesetzen finden, und natürlich wurde diese Forderung am lautesten in deutschen Blättern gestellt. Begründet wird das Verlangen immer wieder mit der kindlichen Einbildung, Anarchisten seien Leute, die in jeder Hosentasche eine Bombe und in jeder Westentasche einem Revolver tragen und jeden Moment ihres Lebens darauf lauern, wann sie diese Werkzeuge in mörderische Tätigkeit setzen können. Seit es bei mir und einigen anderen Anarchisten evident geworden ist, dass wir gewöhnlich nicht mit solchen Utensilien ausgestattet sind und sogar bis zu einem gewissen Grade anständige Motive haben für unsere Tendenzen, hat man zur Kennzeichnung unserer ethischen Verblödung für uns die Bezeichnung „Edel-Anarchisten" erfunden. Den Kafferp gegenüber, die da glauben, mir einen Gefallen zu tun, wenn sie mich mit einer schmockigen Wendung in Gegensatz zu meinen Genossen setzen, möchte ich folgendes bemerken: Ich bin Anarchist ohne Einschränkung, d. h. einer, der in der Einrichtung des Staats mit allen seinen Zwangs- und Gewaltvollmachten das Grundübel des menschlichen Zusammenlebens erblickt. Ich fühle mich als Anarchist solidarisch mit allen, die derselben Überzeugung leben, und die, je nach Temperament und Veranlagung, für diese Überzeugung mit ihrer Person eintreten, also auch mit denen, die geglaubt haben, mit Dynamit der anarchistischen Sache dienen zu können. Ich verbitte mir jeden Versuch mich von der Gemeinschaft dieser Idealisten abzusondern. Dass ich — aus ähnlichen Gründen wie der Anarchist Tolstoj — die aggressive Gewalt im Prinzip verwerfe, berechtigt niemanden, meinen Charakter als Anarchisten in irgend einer Form anzuzweifeln, umsoweniger als meine Ablehnung der Gewalt engstens in meiner anarchistischen Gesinnung begründet ist und von der grossen Mehrheit meiner anarchistischen Genossen durchaus gutgeheissen wird.

Wie soll so ein internationales Anarchisten-Gesetz wohl aussehen? Will man jeden, der bestimmte philosophische und soziale Tendenzen verfolgt, unter einen Ausnahmezustand bringen? Oder sollen sich die geplanten Rigorositäten auf solche Anarchisten beschränken, die nichlt den Frieden bringen sondern das Schwert? Woran aber will man die Terroristen von den Pazifisten unterscheiden? — Und wenn jemand aus andern als anarchistischen Motiven einen Potentaten umbringt? Kommt er dann mit unters Anarchistengesetz? Oder sollen sich die Verfügungen nur gegen Ansichten richten, nicht aber gegen Handlungen? Es scheint ja nicht allgemein bekannt zu sein, dass der Terrorismus keineswegs eine anarchistische Spezialität ist. Alle Parteien, am öftesten Konservative und Klerikale haben das Mittel des politischen Mordes zu allen Zeiten und in allen Ländern ausgiebig anzuwenden gewusst. Die Konservativen und Klerikalen unserer Zeit aber haben vergessen, dass das Kampfmittel unterdrückter Minderheiten noch alleweil die Gewalt war.

Wir Anarchisten haben von Ausnahmegesetzen sehr wenig zu fürchten. Es ist ein weitverbreiteter Aberglaube, dass man lebensstarken Ideeen mit Polizeischikanen schaden könne. Die Sozialdemokratie in Deutschland dankte ihr Erstarken wesentlich dem Sozialistengesetz, ihre Versumpfung und Verflachung dagegen ist auf ihre sich überall vollziehende Einordnung in den Staatsbetrieb zurückzuführen. Deutschland ist das Land, in dem Gesinnung ächtet. Seit die Sozialdemokraten ihre sozialistische Gesinnung preisgegeben haben, werden sie als gleichwertige Menschen in allen Bürgerschichten anerkannt. Der Anarchist dagegen, der an den Institutionen der Gesellschaft eine Kritik übt, die die Bequemlichkeit des selbstzufriedenen Seins gefährdet, wird gesellschaftlich und wirtschaftlich an die Wand gedrückt. In Frankreich ist es anders. Anatole France verficht anarchistische Grundsätze, Octave Mirbeau war Begründer anarchistisch-agitatorischer Zeitschriften; dort lässt man jede Meinung gelten, die von ehrlichen Männern ausgesprochen wird. Und Frankreich kennt den anarchistischen Terror wie kein anderes Land. Die Deutschen aber, die seit Reinsdorffs Tod niemals durch anarchistische Gewaltspläne erschreckt wurden, zeigen einander den Menschen, der mit der bestehenden gesellschaftlichen Ordnung nicht einverstanden ist, wie ein feuerfurzendes Fabeltier, und aus lauter Angst vor der Vokabel Anarchismus fällt ihnen bei ihrer Erwähnung eine Bombe in die Hose.

Am seltsamsten berührt es, wenn sich selbst Künstler von dieser Vokabelfurcht ergriffen zeigen. Ihnen muss gesagt werden, dass alle Kunst notwendig anarchisch ist, und dass ein Mensch zuerst Anarchist sein muss, um Künstler sein zu können. Denn alles künstlerische Schaffen entspricht der Sehnsucht nach Befreiung von Zwang und ist im Wesen frei von Autorität und äusserlichem Gesetz. Die innere Bindung und Ordnung der Kunst aber hängt tief zusammen mit den Beziehungen des einzelnen freiheitlichen Individuums zum ganzen Organismus der Gesellschaft. Diese Beziehungen zwischen Mensch und Menschheit, die in der Kunst ihren höchsten Ausdruck hat und die in der Paragraphenmühle des Staats zermalmt wurde und verloren ging, wieder herzustellen, das ist der Sinn unserer, der Anarchisten, Werbearbeit, und diesem Streben, um dessentwillen wir geächtet und gelästert werden, wird der „Kain" auf seine Art nach wie vor seine Kräfte widmen.

Verbrecher und Gesellschaft

Die tiefe Verwahrlosung der Kultur unserer Zeit prägt sich am eindringlichsten in den Mitteln aus, mit denen die staatliche Gesellschaft ihre Einrichtungen nach innen und nach aussen schützt. Der Staat kennt in der Durchführung seiner Absichten keine andere Hilfe als die Gewalt. Zum Schutze beziehungsweise zur Erweiterung seiner geographischen Grenzen organisiert er stündlich schlagbereite, mit allen erdenklichen Mordwaffen ausgerüstete Riesenheere. Diese Heere rekrutieren sich aus Männern des Volkes, die gegen ihren eigenen Vorteil mit Gewalt zum Militärdienst gezwungen werden. Heer und Flotte wird durch gewaltsam eingetriebene Steuern alimentiert, und Gewalt zwingt die Menschen, sich den Gesetzen des Staates zu fügen, die keine andere Bedeutung haben, als der öffentlichen Gewalt das Ansehen eines geweihten Rechtsgutes zu geben und sie gegenüber der privaten Gewalt zu privilegieren und zu monopolisieren.

Um die Befolgung der Gesetze zu erzwingen, durch die die Beziehungen der einzelnen Menschen unter einander schematisch geregelt werden, reicht alle Gewalt der Erde natürlich nicht aus. Ein Verstoss gegen die paragraphierte Ordnung der Dinge treibt die staatliche Gewalt immer erst nachträglich auf die Beine. Aber sie bleibt deshalb nicht untätig. Wo sie nicht mehr zwingen oder verhindern kann, straft sie.

Darüber, dass die Strafjustiz nicht den mindesten Schutz gegen unsoziale Handlungen bietet ist sich die moderne Rechtsgelehrsamkeit völlig einig. Das Prinzip der Rache der Gesamtheit gegen den Einzelnen wird von allen Ethikern übereinstimmend verworfen. Die Bestrafung sogenannter Verbrecher hat demnach schon lange nur den Sinn, die Hilflosigkeit des Staates gegen Missachtung seiner Gesetze durch die verspätete Demonstrierung seiner Gewaltmittel zu bemänteln. Dabei ist der Staat so erpicht darauf, zu strafen, dass ihm für die Ermittlung von straffälligen Personen, auch wenn von ihrer Ergreifung niemand mehr Nutzen haben kann, keine Zeit, keine Kosten und keine Anstrengung zu gross ist.

Eine ganze Wissenschaft beschäftigt sich mit der Auffindung unzuverlässiger Zeitgenossen, die gesamte Technik wird, soweit sie nicht schon für militärische Zwecke usurpiert ist, in Polizeidienste gestellt, Hunde werden auf Menschen gehetzt, und lieber setzt man erst ein Dutzend Unbeteiligter ins Untersuchungsgefängnis, als dass man darauf verzichtete, einen Schuldigen auf Kosten der Steuerzahler in Staatsgewahrsam zu nehmen.

Leider erweist sich jedoch jede kriminalistische Statistik als traurige Blamage für den Prozesseifer der Staatsanwälte. Die Verbrechen nehmen nicht ab sondern zu, und da es in diesen Zeitläuften aufs heftigste verpönt ist, hinter den Symptomen einer Erscheinung die Erscheinung selbst zu suchen, als welche sich eine im Kapitalismus begründete sinnlose Gesellschaftsgebarung und dadurch geförderte soziale Nöte und sittliche Lockerungen ergeben müssten, hecken staatsfromme Bürger immer neue und immer radikalere Mittel aus, mit denen man — nicht den Verbrechen und ihren Ursachen, sondern den Verbrechern zu Leibe gehen solle.

Die „Frankfurter Zeitung" brachte in ihrem ersten Morgenblatt vom 3. August dieses Jahres (Nr. 213) einen Artikel von A. J. Storfer (Zürich), der überschrieben war: „Kastration und Sterilisation von kriminellen Geisteskranken in der Schweiz." In dieser Abhandlung wird unverblümt der Vorschlag gemacht und begründet, man solle verbrecherisch veranlagte Personen durch Vernichtung ihrer sexuellen Potenz für sich und ihre Nachkommen von den Freuden des irdischen Daseins ausschliessen. Gleichzeitig erfahren wir, dass dieses Verfahren in einer ganzen Reihe von amerikanischen Staaten längst eingeführt ist, und dass man es seit einiger Zeit auch schon in mehreren Anstalten der Schweiz angewandt hat. Herr Storfer eifert nun dafür, dass man der Frage auch in Deutschland näher treten möge und ermuntert besonders die Juristen, dem Gegenstand, der bisher nur zur Kompetenz der Ärzte gehörte, erhöhte Aufmerksamkeit zuzuwenden. Die Redaktion der „Frankfurter Zeitung" schliesst sich in einer Schlussbemerkung dieser Anregung freundlich an.

Die grauenvolle Tatsache, dass es bereits Länder gibt, in denen die Gesetzgeber die Scheusslichkeit einer körperlichen Verstümmelung in die Folterkammer ihrer staatlichen Gewaltmittel eingestellt haben, könnte als charakteristischer Rückfall unseres Jahrhunderts in die Zeit der

Hexenprozesse hingenommen werden, und die betreffenden Staaten könnte man getrost der Verachtung der ganzen kultivierten Welt überlassen, träte uns die Mitteilung bloss als widerwärtiges Kuriosum entgegen. Wir erfahren aber die ekelhafte Infamie in der Form einer Propaganda zur Nacheiferung. Wir erfahren, dass die Domänen dieser neuen Justizschweinerei demokratische Republiken sind, die sich auf ihre freiheitliche Zivilisation besonders viel zu gute tun, und wir erleben, dass der erste Posaunenstoss für die Einführung der Entsetzlichkeit bei uns nicht von der abgewirtschafteten Kaste feudalistischer Kraftmeier ausgeht, sondern von einem Blatt, das — manchmal mit Recht — als das kulturell führende unter den Tageszeitungen gut. Es ist deshalb nötig, dem verruchten Plan polemisch entgegenzutreten, ehe das natürliche Begreifen seiner Verruchtheit durch eine liberal-demokratische Suggestion, er sei ein Triumph der Entwicklung, betäubt wird.

Natürlich wird die Humanität auch von den kastrierwütigen Staatsrettern bemüht. Sie wollen nämlich nicht etwa kastrieren und ihre Delinquenten zu äusserlich kenntlichen Eunuchen machen, sondern bloss „sterilisieren", was als „dauernde Durchtrennung der die Fortpflanzungszellen von den Geschlechtsdrüsen nach aussen leitenden Kanäle" definiert wird. Diese Operation, heisst es empfehlend, kann innerhalb drei Minuten ausgeführt werden und „der Operierte kann sofort zu seiner Arbeit zurückkehren". Herr Storfer berichtet: „Im Jahre 1907 nahm Indiana, der Heimatstaat von Dr. Sharp (dem Erfinder der Sterilisation) ein Gesetz an, demnach jede staatliche Anstalt für Verbrecher und Schwachsinnige zwei Chirurgen zugeteilt bekommt. Wenn nach dem Urteil der kompetenten Organe die Fortpflanzung irgend eines Insassen nicht wünschenswert und eine Besserung seines Zustandes durchaus unwahrscheinlich ist, wird die Sterilisation vorgenommen." Welchen Eifer die „kompetenten Organe" von Anfang an entwickelten, ergibt sich aus der in befriedigtem Sperrdruck verkündeten Feststellung, dass in den ersten vier Jahren nach Annahme des Gesetzes nahezu 900 Männer, hauptsächlich Verbrecher, sterilisiert wurden.

Die grosse Zahl derer, deren Fortpflanzung „nicht wünschenswert" erscheint, erklärt sich leicht, wenn man die Aufzählung der Einzelfälle beachtet, die in unserem trauten Nachbarlande, der freien Schweiz, praktiziert wurden. Ich will von den Kindesmörderinnen absehen, von denen da die Rede ist. Denn ich gebe den Herren Kastratoren zu, dass eine Frau, die keine Kinder kriegen kann, ihre Kinder auch nicht morden wird, wenngleich mein Widerwille gegen den gewaltsamen Eingriff in den Körper dieser Frauen durch fremde Personen nicht geringer ist als gegen die Gewalttat, die sich die Mütter selbst zuschulden kommen liessen. Ich sehe die beiden Verbrechen nur in der Nuance unterschieden. — Da wird aber auch von der „Kastration eines moralisch defekten Dienstmädchens", gesprochen, bei der „nicht nur die Fortpflanzung verhütet, sondern auch der sexuelle Faktor, der für ihre Lügenhaftigkeit und ihre Diebstähle offenbar mitbestimmend war, bis zu einem gewissen Masse ausgeschaltet werden" sollte. Erzählt also ein Mädel seiner Dienstherrschaft, es müsse seine Tante beerdigen helfen, während es in Wahrheit zum Schatz will, so kastriert man es. — Einer geschiedenen Bankbeamtensgattin wurde die „suggestionskräftige Lügenhaftigkeit" wegsterilisiert, und ein fünfzehnjähriges Schulmädchen wurde entweibt, weil es sich schon seit Jahren sexuell betätigte und dabei der verführende Teil war. Die Tatsache früher starker Sinnlichkeit genügt also diesen Weltverbesserern schon zu einem Eingriff in die persönlichsten Rechte von Menschen und zur dauernden Unterbindung sinnlicher Regungen. Ich habe für das Verfahren kein anderes Wort als: viehisch!

Als wissenschaftliche Basis, auf der sich die neue Kriminal-Theorie aufbaut, muss Lombrosos Vererbungslehre herhalten. Die „erschreckende Häufigkeit, mit der sich Defekte vererben", wird als ein naturgesetzliches Axiom behandelt und auf solche vage Theorieen stützt sich dann — wie man sieht, mit Erfolg — die Forderung, die unzählige Menschen von dem einzig Versöhnlichen ausschliessen will, das das Leben ihnen bieten kann. Es wird das Beispiel eines amerikanischen Verbrechers angeführt, von dem man 1200 Nachkommen in 75 Jahren nach weisen konnte. Darunter waren 310 Gewohnheitsbettler, die zusammen 2300 Jahre in Armenhäusern verpflegt wurden, 50 Prostituierte, 7 Mörder, 60 Gewohnheitsdiebe und 130 andere Verbrecher. „Die Kosten", heisst es weiter, „die die Nachkommenschaft dieses einen Menschen der Öffentlichkeit verursacht hat, belaufen sich auf Millionen". Aha, die Kosten. Wenn gar kein Argument ziehen sollte, der Hinweis auf den Geldbeutel wird gewiss die Einsicht dafür kräftigen, dass unbequeme Nebenmenschen verschnitten werden müssen.

Nun klingen ja die angeführten Zahlen sehr schrecklich. Ich möchte jedoch dieselbe Statistik zur Unterlage folgender Betrachtung machen: Ein Verbrecher, ein Ausgestossener also und Gemiedener, wird Stammvater von 1200 Personen binnen 75 Jahren. Alle diese 1200 Menschen sind unterernährt aufgewachsen, sind infolge ihrer Herkunft sozial degradiert, sind nie erzogen und nie gebildet worden. Dass von diesen von Hause aus zum Hungern Verurteilten 25,8 Prozent betteln, wird niemand überraschen. Dass von den Frauen (die ich auf 600 annehmen will) 10 Prozent durch die Vermietung ihres Leibes ihren Unterhalt erwerben, scheint mir überraschend wenig. Wenn unter den Personen, die Eigentum nie besessen haben und die sich zeitlebens wie Hunde behandeln lassen mussten, denen alles Menschliche im staatlichen Ordnungsbetriebe gewaltsam aus der Seele gerissen wurde, 5 Prozent die Unterscheidung zwischen Mein und Dein und 0,58 Prozent den Respekt vor dem Leben anderer Leute eingebüsst haben, so kann ich auch dabei nichts Aufregendes finden, als die Tatsache selbst, dass die verfluchten Gesellschaftsverhältnisse der Gegenwart imstande sind, unzählige Menschen im embryonalen und Säuglingszustand schon und dann das ganze Leben hindurch an aller Entwicklung zu verhindern. Was die 130 „andern Verbrecher" für Spezialscheusäler sind, wird in der Statistik nicht verraten. Rechnen wir sie zu den übrigen, so ergibt sich, dass von den Nachkommen des Verbrechers mehr als die Hälfte trotz der ungünstigsten Bedingungen ihrer Existenz einen Wandel führten, an dem nicht einmal die statistischen Schnüffler, die sich mit dieser Familie ausgiebig beschäftigten, etwas für ihr kriminalistisches Material Verwendbares zu finden wussten. Das Beispiel ist also zur Begründung der Kastration als sozialhygienisches Prohibitivmittel unbrauchbar und liefert nur Material für die ungeheuerlichen Zustände des kapitalistischen Gesellschaftsgefüges.

Man hat schon aus den angeführten Beispielen gesehen, wie weit der Begriff „Verbrechen" gedehnt werden kann und wie schon die ärztlichen Vorkämpfer der Idee Prostitution, hervorragende Sinnlichkeit, Lügenhaftigkeit und ähnliche Dinge als Eigenschaften beanspruchen, die die Verstümmelung der betreffenden Personen rechtfertigen. Wohin es führen wird, wenn die erstrebte „gesetzliche Grundlage" für die Verschneidung Tatsache wird, ist unberechenbar. Zweifelt irgend ein Mensch, dass man sehr bald dahin gelangen wird, unbequeme Ansichten als vererbbare Eigenschaften imbeziller Naturen zu betrachten und zu behandeln? Sozialisten, Anarchisten, Atheisten, erotische Schriftsteller und Maler, Ehebrecherinnen und Kurtisanen, Majestätsbeleidiger, Trinker und Spieler sind bedroht, ohne Rücksicht darauf, ob sie für die Kultur der Menschheit dauernde Werte schaffen oder nicht. Von Homosexuellen gar nicht zu reden. Kennt doch schon der Bericht über die in der Schweiz bereits ausgeführten Operationen „die Kastration zweier Männer, deren Leben von einem pathologisch übermächtigen Sexualtrieb in einer sowohl für die Gesellschaft als für sie selbst äusserst ungünstigen Weise beherrscht war."

Heutzutage wird man für Zeit eingesperrt, späterhin wird man für die Dauer des Lebens unglücklich gemacht werden. Wir, die wir das eine wie das andere als menschenunwürdig und dumm obendrein ablehnen, werden fortwährend gefragt: wie soll sich denn nun die Gesellschaft gegen unsoziale Elemente schützen? Die Antwort ist seht einfach: indem sie menschliche soziale Einrichtungen schafft. Dass es ungeheures Elend gibt, und dass solches Elend ewig Verbrechen zeugt, sieht jeder, der Augen hat. Deshalb ist die Propaganda für den Sozialismus auch etwas sehr andres, als der erklügelte Sport weltfremder Schiwärmer. Aufklärung ist nötig über die Ursachen der sozialen Verrottung. Fast sämtliche Verbrechen, die begangen wurden, geschehen aus dem Antriebe der Not. Die Strafgesetze, nach denen wir uns richten müssen, schützen zum überwiegenden Teil den Besitzenden gegen die Gelüste des Armen. Freilich gibt es auch Vergehen gegen die Rechte des Nebenmenschen, die von andern Trieben als denen der Selbsterhaltung bestimmt werden. Ich glaube aber, dass in solchen Fällen eine Luft- oder Diätveränderung allemal mehr Nutzen stiften wird als eine verbitternde Internierung hinter vergitterten Fenstern. Vor allem sollten sich die Massnahmen, die die Gesellschaft zu ihrem Schutze ergreift, niemals entfernen von den Eingebungen der Menschlichkeit. Verständigung führt weiter als Gewalt. Als ich es seinerzeit unternommen hatte, die sogenannten Verbrecher, den „Auswurf" und die „Hefe", die Lumpen und Vagabunden in ihren Kaschemmen aufzusuchen und von Mensch zu Mensch mit ihnen über ihre Not und deren Ursachen zu sprechen, da fiel alles höhnend und schimpfend über mich und meine Kameraden her. Ich glaube aber immer noch, dass unser Verfahren zu besserem Ziele führen muss als Zuchthaus, Arbeitshaus und Gefängnis, zu besserem Ziele auch als „die dauernde Durchtrennung der die Fortpflanzungszellen von den Geschlechtsdrüsen nach aussen leitenden Kanäle".

den „Auswurf" und die „Hefe", die Lumpen und Vagabunden in ihren Kaschemmen aufzusuchen und von Mensch zu Mensch mit ihnen über ihre Not und deren Ursachen zu sprechen, da fiel alles höhnend und schimpfend über mich und meine Kameraden her. Ich glaube aber immer noch, dass unser Verfahren zu besserem Ziele führen muss als Zuchthaus, Arbeitshaus und Gefängnis, zu besserem Ziele auch als „die dauernde Durchtrennung der die Fortpflanzungszellen von den Geschlechtsdrüsen nach aussen leitenden Kanäle".

Anarchie

Anarchie bedeutet Herrschaftslosigkeit. Wer den Begriff mit keinem Gedanken verbinden kann, ehe er ihn nicht zur Zügellosigkeit umgedeutet hat, beweist damit, daß er mit den Empfindungsnerven eines Pferdes ausgerüstet ist.

Anarchie ist Freiheit von Zwang, Gewalt, Knechtung, Gesetz, Zentralisation, Staat. Die anarchische Gesellschaft setzt an deren Stelle: Freiwilligkeit, Verständigung, Vertrag, Konvention, Bündnis, Volk.

Aber die Menschen verlangen nach Herrschaft, weil sie in sich selbst keine Beherrschtheit haben. Sie küssen die Talare der Priester und die Stiefel der Fürsten, weil sie keine Selbstachtung haben und ihren Verehrungssinn nach außen produzieren müssen. Sie schreien nach Polizei, weil sie allein sich nicht schützen können gegen die Bestialität ihrer Instinkte. Wo ihr Zusammenleben gemeinsame Entschlüsse verlangt, da lassen sie sich vertreten (die deutsche Sprache ist sehr feinfühlig), weil sie den eigenen Entschlüssen zu trauen nicht den Mut haben. Das politische Leben der zivilisierten Völker erschöpft sich - um den Pferdevergleich wieder aufzunehmen - im Ersinnen immer vollkommener Zügel, Sättel, Deichsel, Kandaren und Peitschen. Nur darin unterscheidet sich der arbeitende Mensch vom arbeitenden Pferd, daß er selbst hilft, verbesserte Systeme seiner Fesselung zu erfinden und sich anzulegen. Doch gleichen sich beide im Zutrauen zu ihrem starken Eisenbeschlag und in der Verhinderung seiner Anwendung durch Scheuklappen.

Wissenschaftliche Läuterung hat die arbeitenden Menschen darüber aufgeklärt, daß die kapitalistische Verfassung sie des Ertrages ihrer Arbeit beraubt. Sie werden ausgebeutet und wissen das. Sie kennen auch den Weg, der zum Sozialismus leitet: die Überführung des Landes mithin aller Arbeitsmittel aus den Händen Privilegierter in den Besitz des Volkes. Sie kennen den Weg seit einem halben Jahrhundert, aber sie haben ihn bis heute mit keinem Fuße betreten. Das Mittel zur Abänderung als schlecht erkannter Zustände heißt immer Aktion. Aber die Menschen unserer Zeit sind aktionsfaul. Um nichts tun zu müssen, haben sie die Theorie aufgestellt, daß sich die Geschichte nach materialistischen Notwendigkeiten entwickelt. Die Zeit funktioniert automatisch; die arbeitenden Menschen aber warten ab, bis es der Zeit gefällig sein wird. Inzwischen flicken und putzen sie ihr Geschirr, schimpfen und wählen. Diese Interimsbeschäftigung ist ihnen zur Gewohnheit geworden, zum Bedürfnis, zum Lebenszweck. Daß sie auf etwas warten, haben sie darüber vergessen. Weh dem, der sie erinnert!...

Anarchie ist die Gesellschaft brüderlicher Menschen, deren Wirtschaftsbund Sozialismus heißt. Brüderliche Menschen gibt es. Wo sie beieinander sind, lebt Anarchie; denn einer Herrschaft bedürfen sie nicht. Was ihnen zu schaffen bleibt, ist Sozialismus. Die Aktion, die zum Sozialismus führt, heißt Arbeit. Wer nicht mitschaffen will, in brüderlicher Gemeinschaft sozialistische Arbeit zu verrichten, wer abwarten will, wie sich die Verhältnisse ohne sein Zutun entwickeln, der flicke und putze immerhin sein Geschirr, der schimpfe und wähle. Aber er nenne sich nicht Sozialist. Vor allem urteile er nicht über Anarchie. Denn die ist eine Angelegenheit der Herzen, und davon versteht er nichts.

Justiz

Und Adam ass von dem Apfel, und seitdem wissen die Menschen, was Gut und Böse ist. Auf dass diese Kenntnis nicht wieder in Vergessenheit gerate, gab Gott ihnen die zehn Verbote, die von zwei steinernen Gesetzestafeln abzulesen waren. Die Entwicklung eilte mit gewaltigen Schritten weiter, und heute halten wir schon bei 370 Paragraphen, aus denen der rechtliche Deutsche entnehmen kann, was er tun darf und was sich nicht schickt. Wer es trotzdem nicht weiss, wird mit Geldstrafe oder Haft, mit Gefängnis oder Zuchthaus, hie und da auch mit dem Tode bestraft.

Der § 1 des Strafgesetzbuches für das Deutsche Reich enthält die furchtbarste Warnung von allen. Er lautet: „Das Strafgesetzbuch für das Deutsche Reich tritt im ganzen Umfange des Bundesgebietes mit dem 1. Januar 1872 in Kraft". Der sechste und letzte Abschnitt des § 370 lautet: „Mit Geldstrafe bis zu 150 Mark oder mit Haft wird bestraft . . . 6) wer Getreide oder andere zur Fütterung des Viehes bestimmte oder geeignete Gegenstände wider Willen des Eigentümers wegnimmt, um dessen Vieh damit zu füttern". Was in den dazwischen rangierten Paragraphen steht, wird sich der nachdenkliche Mensch hiernach allein sagen können: Es ordnet die Beziehungen der Staatsbürger zu einander nach strafbaren Handlungen. Wer also von einem undurchdringlichen Schicksal dazu bestimmt wurde, den Dornenweg des Lebens in einem der 26 verbündeten Vaterländer zu gehen, wird somit gut tun, sich jeden Schritt 370 mal zu überlegen: kein Wunder, dass unter diesen Umständen der Fortschritt bei uns so kolossal rasch vorankommt.

Bedenkt man, dass es neben dem Strafgesetzbuch noch ein dickleibiges Bürgerliches Gesetzbuch gibt, ein Vereinsgesetz, ein Gewerbegerichtsgesetz, ein Invalidenversicherungsgesetz, besondere Urheberrechtsgesetze und was weiss ich noch alles, so dürfte wohl die Annahme berechtigt scheinen, dass der Richter, dem ein Sünder gegen einen Paragraphen eines dieser Bücher vorgeführt wird, bloss den Finger nass zu machen braucht, um sofort zu wissen, wie lange er ihn einsperren zu lassen hat. Bei der leidigen Unvollkommenheit des menschlichen Geistes ist das jedoch nicht der Fall. Vielmehr beginnt die Schwierigkeit erst, wenn Polizei, Ermittlungsrichter, Untersuchungsrichter um Staatsanwalt dem Richter längst gesagt haben, was los ist, wenn der Delinquent womöglich schon monatelang als Untersuchungsgefangener auf die Strafe, die seiner vielleicht harrt, trainiert ist, und wenn nun dem armen Richter zugemutet wird, auch noch in die Seele des Angeklagten zu steigen, um das Wieso und Warum und das Drum und Dran seines Tuns herauszukriegen. Diese Bemühung nennt man einen Prozess, und erst dadurch, dass sie Prozesse führt, erhält die Justiz bei den Bürgern und Bürgerinnen des Landes ihre Weihe und die Bestätigung ihrer Notwendigkeit.

Denn Prozesse kommen in die Zeitungen, aus Prozessen lernt man die Unterwäsche der Nebenmenschen taxieren, aus Prozessen erfährt man, mit wem der andere befreundet oder verfeindet ist, und was seine Freunde und Feinde für eine Sorte Leute sind.

Welch prächtiger Fall war der Prozess des Grafen Wolf-Metternich! Der Mann hat Schulden gemacht, höhere Schulden, als er in kurzer Zeit hätte zahlen können. Ob das Betrug ist? Kein Mensch konnte es wissen. Das Reichsstrafgesetzbuch, an dessen Auslegung seit 40 Jahren allerorten die rührigsten Richter und in Leipzig mit roten Talaren behangene Reichsrichter arbeiten, weiss auch nichts Gewisses. § 263: „Wer in der Absicht, sich oder einem Dritten einen rechtswidrigen Vermögensvorteil zu verschaffen, das Vermögen eines andern dadurch beschädigt, dass er durch Vorspiegelung falscher oder durch Entstehung oder Unterdrückung wahrer Tatsachen einen Irrtum erregt oder unterhält, — —": Schwieriger Fall. Man musste feststellen: Konnte der Graf glauben, das Geld zu kriegen, auf das hin er pumpte? Von wem hätte er glauben können, dass er es kriegen würde? Mit wem verkehrte er? Wie verkehrte er, mit wem er verkehrte? Wer verkehrte noch, wo er verkehrte? War es verkehrt, dass er verkehrte, wo er verkehrte? Warum verkehrte er, wo es verkehrt war zu verkehren? Und solcher Fragen mehr gab es zu entscheiden.

Auf diese Weise kam dann alles ans Licht: dass Frau Gertrud Wertheim, eine literarische Schwermillioneuse, einen aristokratischen Schwiegersohn suchte; dass sie zu diesem Behufe un-

endliche Gelder springen liess, die einige Tausend Warenhaus-Verkäuferinnen erarbeiten mussten; dass Dolly sich gern küssen liess; dass Mama und Tochter nicht immer zärtlich zu einander
waren; dass dem Grafen Vetter auf Regimentsbefehl die heisse Liebesglut erlosch, die an Dol-
lys Busen und an Mamas Schatulle geschürt war; dass der Generalmajor v. Pauli diese Würde
nur in Honduras besessen hatte, jetzt aber mit Orden, Heiratslustigen und Kriegserinnerun-
gen hausiert; dass Martha Gustke ihr horizontal verdientes Geld dem Dailes-Grafen vertikal
in den Rachen warf, und dass es zwischen Himmel und Erde, zwischen Berlin W. und Berlin Friedrichsstrasse Dinge gibt, die jeder kennt, und vo denen sich die Schulweisheit unserer
Journalisten nichts träumen lässt.

Das alles kam an den Tag, und der Familienstank im Hause Wolf-Metternich und der Familienstank im Hause Wolf Wertheim zog, zu lieblichem Sensations-Odeur gemischt, in die Nasen
derer, die mit sich und ihrem Wandel zufrieden sein dürfen, solange ihren Nachtgeschirren
keine Prozessakten entflattern.

Man verlange von mir keine moralischen Unkenrufe wegen der in dem Berliner Prozess sichtbar gewordenen Korruption. Es fällt mir gar nicht ein, mich darüber zu empören, dass irgend ein
degenerierter Graf, der nie arbeiten gelernt hat, dessen Herkunft und Erziehung ihn zu glauben
berechtigten, müheloser Genuss sei sein Privileg, mit einem Monatswechsel von 30 Mark nicht
auskommen konnte, das Geld hernahm, wo er es kriegen konnte, à tout prix eine reiche Frau
anstrebte, und sich inzwischen so undifferenziert, wie es in seiner Klasse üblich ist, amüsierte.
Es fällt mir nicht ein, mich darüber zu empören, dass Madame Wertheim ihre Dolly lieber die
Maitresse eines Fürsten sein lassen wollte, als die Ehefrau irgend eines Herrn Maier: Vulgärster
Parvenue-Ehrgeiz. Es fällt mir nicht ein, mich darüber zu empören, dass Herr von Pauli seine
patriotische Vergangenheit und seine hohen Beziehungen so lukrativ wie möglich verwertet. Es
fällt mir nicht ein, mich darüber zu empören, dass Fräulein Gustke auf Grund ihrer Körperreize
Kavaliere wurzt, und mit dem Ertrag ihrer Tätigkeit einen dieser Kavaliere zu Dolly auf Braut-
schau schickt. Das ist doch alles nichts Neues, nichts Überraschendes, nichts, was jemand, der
den Grossstadtbetrieb halbwegs kennt, verwundern könnte. Fäulniserscheinungen?

Gewiss. Aber doch eben nur Erscheinungen, Symptome, Beispiele einer in ihrer tiefsten Wurzel faulen Gesellschaft, die keine Gesellschaft, kein Volk, keine Menschengemeinschaft ist, sondern ein wirres Nebeneinander und Gegeneinander von adversären Zirkeln und Interessengrup-
pen. Wenn es da, wo sich ein Gesellschaftskreis, in dem blaues Blut fliesst, und einer mit rotem
Blut schneiden, Klexe gibt — wen soll denn das verblüffen? Das sieht der wache Mensch doch
jeden Tag und überall. Davon lebt doch die Justiz, daraus entnimmt ja das Strafrecht ihre einzige
Existenzberechtigung. Klexe auszuradieren, die aus dem verrückten Durcheinandergekritzel mit
verschiedenfarbigen Tinten entstehen, das ist doch die ganze Beschäftigung der „Rechtspflege“.

Was mir den Prozess des Grafen Wolf-Metternich so interessant macht, das ist die Beobachtung, wie sich in der Aufmerksamkeit der beteiligten Personen und des unbeteiligten Publikums der Gegenstand der Verhandlung nach und nach völlig verschob. Ob der Angeklagte des
Betruges schuldig gefunden oder freigesprochen würde, das war ausser ihm selbst und den paar
Juristen, deren Rabulistik engagiert war, jedermann egal. Das Tribunal ward zur Szene. Vom
Parkett aus applaudierte man dem Sittenstück, in dem die Chargen die dankbarsten Rollen zu
spielen hatten.

Warum ist der Graf eigentlich verurteilt worden? Weil der Staatsanwalt bewiesen hat, dass er
ein Betrüger war. Aber die Verteidiger hatten uns Laien ebenso überzeugend bewiesen, dass er
kein Betrüger war. Es kam nur auf die Auffassung des Gerichts an. Wäre der Mann in Freiheit
gesetzt worden, so gäbe es keinen Menschen, der dadurch die Rechtssicherheit des Staates, der
Gesellschaft, des Volkes im Allergeringsten gefährdet sähe. Man hätte das Theater mit genau
derselben behaglichen Befriedigung verlassen, die ein aufregender Film zurücklässt, wie nach
der Verurteilung. Ich hege die stärksten Zweifel daran, ob jemals irgend eine Verurteilung irgend
eines noch so verbrecherischen Menschen irgend einer Gesellschaft genützt hätte.

Die Jurisprudenz — einmal als Wissenschaft genommen — hat die Aufgabe, das Recht zu
suchen, wie die Philosophie die Aufgabe hat, die Wahrheit zu suchen. Wir wissen alle, ob wir

gottgläubig sind oder nicht, dass das Suchen nach Recht und Wahrheit immer nur eine spekulative Beschäftigung unterschiedlicher Gemüter bleiben muss, und dass weder Recht noch Wahrheit jemals objektive Werte werden können. Die Anwendung der durchaus relativen Ergebnisse des Suchens nach dem Recht auf das praktische Leben, diese Übung, die sich als direkter Eingriff in Freiheit, Selbstbestimmung und Leben des einzelnen Menschen äussert, muss daher notwendig zur Gewaltsamkeit, und das heisst nach aller überlieferten Moral zum Unrecht führen. Auch als notwendiges Übel zur Aufrechterhaltung der gesellschaftlichen Beziehungen unter den Menschen ist die Justiz nicht anzuerkennen. Strafen wirken — das weiss jeder Jurist — weder bessernd noch abschreckend, und das Strafen als Racheübung der Gesamtheit gegen den Einzelnen widerspricht dem sittlichen Empfinden aller Ethiker.

Da hingegen die Unzuträglichkeiten, die sich aus der Willkür der Einzelnen ergeben, offensichtlich sind, gibt es nur eine Möglichkeit, ohne die Ungerechtigkeit jeglicher Justiz Recht und Ordnung zu schaffen: nämlich eine Gesellschaft zu errichten, in der das Interesse des Einzelnen nicht fortgesetzt mit den Interessen der Gesamtheit kollidiert, in der das Individuum respektiert wird, in der nicht geknechtet und kein Anerkennen verhasster Gesetze erpresst wird, eine Gesellschaft, in der der Zwang der Gesetze durch die Freiwilligkeit des Vertrages abgelöst ist. Diese Gesellschaft wird politisch eine anarchische, wirtschaftlich eine sozialistische sein.

Die Todesstrafe

Der letzte deutsche Juristentag hat sich mit Entschiedenheit für Beibehaltung der Todesstrafe ausgesprochen. Damit hat er logisch, konsequent und insofern löblich gehandelt, als sein Votum einen lehrreichen Einblick in die Psyche unserer in Rechtsdingen staatlich examinierten Mitmenschen gestattet. Wer sich befugt hält, im Namen eines abstrakten Staatsbegriffs andern Leuten Freiheit, Vermögen und Ehre abzuerkennen, der handelt nur folgerichtig, wenn er seine Verfügungsmacht auch über das Leben solcher Zeitgenossen erstreckt sehen möchte, die an der staatlich gefügten Menschengemeinschaft zu Verbrechern wurden.

Strafen ist ein Gewerbe, und zwar ein staatlich monopolisiertes. Die Rache für erlittene Unbill ist dem Gekränkten entzogen. Wie die Beförderung schriftlicher Mitteilungen zwischen den Menschen vom Staate besoldeten Briefträgern vorbehalten ist, so überträgt der gleiche Staat die Reparatur aller Schädigungen, die die Menschen einander zufügen, der Einsicht unbeteiligter Personen in die Paragraphen der Gesetzbücher. Der Fehler dieses Verfahrens ist nur, dass Verurteilungen niemals die erwünschte Reparatur des beklagten Schadens bringen. Der ermordete Bankier bleibt tot; das abgebrannte Haus bleibt abgebrannt; der Bestohlene ist sein Geld los, — und kriegt er es im Ausnahmefall wieder, so dankt er das nicht dem Verurteilt werden, sondern nur dem Erwischtwerden des Diebes. Dass Bestrafungen die Delinquenten bessern, behaupten heutzutage selbst die Juristen nicht mehr. (Höchstens im Falle der Hinrichtung wäre es denkbar. Doch würden Erörterungen hierüber ins Gebiet der Metaphysik gehören.) Die Abschreckungstheorie wird durch jede Statistik widerlegt. Bleibt als einziger Zweck der Rechtsübung: die Staatsraison.

Also die Staatsraison verlangt's, dass — immerhin examinierte, — Männer der Gerechtigkeit die Wage aus der einen, das Schwert aus der andern Hand nehmen und im Besitze dieser Instrumente jede aus der Fasson geratene Tugend wieder einrenken. Kann man es nun den Herren Juristen verdenken, dass sie mit dem Schwert der Frau Nemesis nicht blos ritzen, sondern auch köpfen möchten? Es wäre unbillig, soviel Enthaltsamkeit von Ihnen zu verlangen. Der Beschluss der Juristen, das Recht, Todesurteile zu fällen, nicht gutwillig preiszugeben, hat bei humanen und besonders bei liberalen Staatsbürgern heftigen Widerspruch gefunden. Die finden, dass der Gerechtigkeit Genüge geschieht, wenn Menschen, die durch Unterernährung, akute Not, bittere Erfahrungen oder entzündete Leidenschaften zu Mördern wurden, für Lebenszeit ins Zuchthaus gesperrt werden. Wenn man nämlich dem Delinquenten nicht auf Anhieb das Lebenslicht ausbläst, sondern ihm das Sonnenlicht entzieht, den Verkehr mit den Seinen verbietet, die Bewegung seiner Glieder hindert, ihn bei schlechter Kost zu verhasster Arbeit zwingt, ihn des belebenden Zustroms der Natur entwöhnt und ihn so langsam verdorren lässt, — dann hat die Humanität der Liberalen über die geschäftige Grausamkeit der Juristen einen gewaltigen Triumph errungen. Gott sei Dank sind sich die beiden Parteien wenigstens in der Ablehnung der Prügelstrafe einig, die — in deutlichstem Gegensatz zum Köpfen und Eingittern — ein äusserst rohes Verfahren darstellt.

Die examinierte Gerechtigkeit schreit nach der Guillotine, die gefühlvolle Menschlichkeit nach dem Zuchthaus; — es ist eine Lust zu leben!

Aber die examinierte Gerechtigkeit will den Verdacht nicht auf sich sitzen lassen, als ob ihr die Staatsraison das Menschenherz aufgefressen hätte. So sammelt sie Stimmen für den Scharfrichter. Wo hat man sichere Gewähr für humane Menschlichkeit als bei der humanistischen Menschheit? Und die „Deutsche Juristenzeitung" klopft an bei den Herren vom Katheder und von der Feder. Und siehe: es erwacht in ihnen das Rechtsbewusstsein; leuchtenden Auges treten sie — eine erlesene Schar — vor die Front der Öffentlichkeit, und stolz, antworten zu dürfen auf die Frage: Leben oder Sterben? — dekretieren sie: Kopf ab!

Liebe Bekannte findet man unter den exekutionsfreundlichen Kapazitäten. Greifen wir ein paar heraus. Erich Schmidt. Der milde Professor, der Liebling der Damen, der Berliner Festarrangeur und Jubiläumsdiplomat. Ich sehe ihn, das sauber rasierte Kinn auf die gepflegte Hand gestützt, wie er seinen Hörerinnen — in jeder schlummert eine Hedda Gabler — gewinnend

lächelnd seinen Standpunkt darlegt: o ja, Milde, Sanftmut, Schonung und Menschlichkeit sind gewiss gute Dinge; aber messieucs les assassins mögen damit anfangen. Erich Schmidt — heisst er nicht etwa schon Exzellenz? — möchte also den Mördern in der Übung gesitteter Eigenschaften den Vortritt lassen. Darüber lässt sich nicht rechten. Es muss jeder selbst am besten wissen, wohin er sich in der menschlichen Gesellschaft rangiert sehen will.

Ernst Haeckel. Auch der wünscht die Todesstrafe in Kraft erhalten zu sehen. Er bedauert zwar, dass er das wünschen muss. Aber er hält das Guillotinieren imme noch für das wirksamste Mittel, die Menschheit von den Frevlern am Leben andrer Leute dauernd zu befreien Die Richtigkeit dieser Häckelschen Logik wird ihm sein giftigster Feind nicht abstreiten mögen. Wer einmal um seinen Kopf verkürzt ist, der wird so leicht nicht wiede einen Menschen umbringen. Das weiss Ernst Häckel am allerbesten. Er hat die Welträtsel gelöst. Für ihn ha das Leben keine Geheimnisse mehr. Er weiss, was wir an aller Anfang Uranbeginn gewesen sind; er weiss was an aller Ende Urende aus uns wird. Da braucht ihn auch der Tod nicht zu schrecken, am wenigsten der Tod des andern, des Mörders, des Geköpften. Eine kurze Betrachtung möchte ich Herrn Professor Häckel nahelegen: Die menschliche Gesellschaft hat durch Jahrtausende die Verneinung Gottes — desselben, den Häckel als gasförmiges Wirbeltier verulkt — als weit schwereres Verbrechen als Mord betrachtet und mit Steinigen, Kreuzigen und Verbrennen geahndet. Wie würde sich der Herr Sachverständige in Hinrichtungsdingen zur Todesstrafe stellen, wenn diese Rechtsauffassung heute noch Geltung hätte? Schliesslich: Ludwig Fulda. (Der Dichter!) — Soll ich mit ihm streiten über das, was recht und unrecht ist? Ich soll nicht. Was so ein weltfremdes Dichtergemüt sinnt und träumt — wir wollen es lassen stehn. Recht muss Recht bleiben, und wer mordet, der soll gemordet werden. Für Lustmörder wäre eine Strafverschärfung am Platze: Deren Haupt soll man nicht einfach auf den Block legen. Denen soll man Fuldasche Stücke vorspielen, bis sie verreckt sind. Die Jurisprudenz hat mit der Abschreckungstheorie schlechte Erfahrungen gemacht. Ich halte auch nichts davon. Aber ich glaube doch, dass sich nach Einführung des von mir angeregten Verfahrens die Lustmorde bald erheblich vermindern werden.

Schmidt, Häckel, Fulda — die Staatsraison braucht noch nicht zu verzweifeln. Was will gegen das Gewicht solcher Stimmen die Tatsache bedeuten, dass sich ein im Königreich Preussen konzessionierter Scharfrichter für Abschaffung der Todesstrafe ausgesprochen hat? — Der Faulpelz!

Die Bergarbeiter

Abgesperrt von jeglichem Sonnenlicht, klaftertief unter dem Erdreich, in jedem Moment der Gefahr schlagender Wetter ausgesetzt, verrichten die Kohlenarbeiter ihr schweres Werk. Giftiger Staub setzt sich in ihre Lungen fest und zerstört ihre Lebenskraft vor der Zeit, — ihre Aufseher aber, die Stellvertreter ihrer Arbeitgeber, prüfen, messen und wägen, ob jeder einzelne auch genug Kohlen zutage fördert, und feilschen, um ihren Auftraggebern gefällig zu sein, dem armen Arbeiter von seiner kärglichen Besoldung immer noch ein Weniges ab. Akkordarbeit nennt man das System, nach dem sich die Entlohnung nicht um die Zeit einer Anstrengung, sondern um die Quantität des Geleisteten kümmert. In jeder vernünftig eingerichteten Gesellschaft wäre es selbstverständlich, dassdas Resultat einer Leistung den Nutzen bestimmte, den der Arbeiter von seiner Mühe hätte. In der kapitalistischen Gesellschaft hingegen ist diese Methode die denkbar ungerechteste, und der Hinweis der Kapitalisten auf das moralische Prinzip, dass sich der Lohn einer Arbeit nach dem Ausmass ihres Ertrages richten müsse, ist tückisch und verlogen.

Diejenigen, die mit dem Risiko ihrer Gesundheit und ihres Lebens die Arbeitsgerätschaften fremder Menschen handhaben und dem Besitze einer privilegierten Minderheit seine Nutzbarkeit verschaffen, haben an der Verwertung ihrer Produktion nicht das geringste Interesse. Ihr Arbeitstrieb wird von keinem ethischen Gefühl, von keiner Gegenseitigkeitsverpflichtung gespornt, sondern ausschliesslich von dem Zwang, für sich und ihre Familien den notwendigsten Unterhalt herauszuschlagen. Die Unternehmer dagegen, die als einziges Risiko ihr spekulatorisches Interesse einsetzen, fordern die höchste Anspannung der manuellen Leistungskraft der Arbeiter, weil ihnen bei der Überzahl arbeitsfähiger Menschen am Leben des einzelnen gar nichts, an der Ergiebigkeit der Arbeit möglichst Weniger alles liegt. Um dieses Höchstmass der Anstrengung zu erzielen, werfen sie die Aussicht auf bessere Lebensführung ausserhalb der Grube den Arbeitern als Köder hin und bewirken dadurch bei allen Arbeitern eine Überspannung der Leistungskraft, mithin frühzeitige Abwirtschaftung der Organe und verkürzte Arbeitsfähigkeit, die nur dem Arbeiter zum Schaden gereicht, weil der Unternehmer ja jederzeit jungen unerschöpften Ersatz findet, Untergrabung des kameradschaftlichen Gefühls und bei den Beamten und Aufsehern Herausforderung schikanöser Willkür und Grossmannssucht.

Die englischen Grubenarbeiter fordern angesichts dieser Verhältnisse die Festsetzung von Mindestlöhnen, um dadurch der unumschränkten Despotie der Bergwerksbesitzer entgegenzuwirken. Der Wille derer, deren Arbeitskraft das Kapital ausbeutet, um Kapital sein zu können, hat nur einen Weg, sich Geltung zu verschaffen: die Verweigerung der Arbeitskraft, den organisierten, solidarischen, konsequenzbereiten Streik. Diesen Weg hat die englische Bergarbeiterschaft beschritten, und wir sehen gegenwärtig einer der grossartigsten Kraftproben zwischen Arm und Reich zu, die die Geschichte der Arbeiterbewegung bisher geboten hat.

Der Umfang des Kampfes (und noch weniger die Forderungen der Streikenden) ist das Wichtigste nicht, was bei der Beobachtung des Vorgangs den sozial bewegten Zeitgenossen in Atem hält. Es ist vielmehr das Land, in dem die Aktion geführt wird, und der Vergleich mit parallelen Streikerscheinungen, was hier so ungeheuer interessant und aufregend ist. England ist — daran ändert die monarchische Verfassung gar nichts — eines der demokratischsten Länder der Erde. Radikal-demokratische Oppositionsparteien haben dort infolgedessen mangels grosser und umwälzender Programmforderungen sehr wenig Aussicht auf starke Popularität. Auf wirtschaftlichem Gebiet haben die Trades-Unions so ausgiebig auf eine relative Friedlichkeit zwischen Kapital und Arbeit hingearbeitet, dass England vielen als ein Beispiel für die Lehre galt, die eine natürliche eruptionslose Entwicklung von kapitalistischem zu sozialistischem Gesellschaftgefüge behauptet.

Man traute den grossbritannischen Arbeitern die Entschlossenheit zu radikaler Selbsthilfe umsoweniger zu, als eine politische Parlaments-Vertretung der Proletarier in den drei Königreichen so gut wie gar nicht existiert. Da traten vor einem halben Jahre plötzlich die Seeleute in den Streik. Mit einer Bewusstheit, mit einer in sich selbst gegründeten Disziplin wurde der Kampf begonnen und mit Hilfe der verwandten Gewerke zum Erfolg geführt, die auf dem ganzen europäischen Festland verblüffte, und die plötzlich zeigte, dass gerade England vielleicht den bestgedüngten Boden für radikale sozialistische Wandlungen hat.

Zumal in Deutschland, dessen Arbeiterschaft sich nirgends laut genug ihrer straffen Gewerkschaftsorganisationen rühmen kann, konnte ein grosser Streik, der die Besserung der Lebenslage einer das ganze Reich umspannenden Arbeitergruppe zum Ziele hatte, noch nie durchgeführt werden, obwohl doch gerade hier die Verfassung der Arbeiterorganisationen eine durchaus zentralistische ist, und obwohl doch hier die Meinung allgemeine Gültigkeit hat, dass ein zentrales Kommando allein geeignet ist, eine grosse gemeinsame Aktion zu dirigieren.

Überschauen wir aber nach rückwärts die grossen Arbeiterkämpfe der letzten Jahre in Deutschland, so stösst die Erinnerung immer nur auf partielle Lohnbewegungen. Handelte es sich einmal um Kämpfe, die gleichzeitig in verschiedenen Distrikten geführt werden mussten, so hörten wir stets von den Arbeitern die bittere Anklage, ihnen sei der Kampf von den Arbeitgebern aufgezwungen, sie hätten keinen Streik begonnen, sondern seien ausgesperrt worden. Die reichste, disziplinierteste und an Zahl mächtigste organisierte Arbeiterschaft der Welt lässt sich also immer wieder in die Defensive drängen und findet auf keinem Gebiet den Mut zu einer entschlossenen Aggressivität.

Man erinnere sich an den grossen Textilarbeiterstreik in Crimmitschau im Jahre 1902. Die Kasse der Gewerkschaft war bis zum Rande voll. Täglich liefen aus allen Teilen des Landes und des Auslandes tausende und abertausende Mark für die Ausständigen ein, die sich bei der Kläglichkeit ihrer Lage aller Sympathien erfreuten. Der „Vorwärts“ berichtete triumphierend, der Streik sei mit den vorhandenen Mitteln noch monatelang zu halten. Am Tage nach dieser Mitteilung aber brachte derselbe „Vorwärts“ die Nachricht, die Arbeit sei von den Streikenden bedingungslos wieder aufgenommen worden, und als Grund wurde angegeben, bei längerer Arbeitsstockung wäre die ganze Industrie zugrunde gegangen, diese Verantwortung habe die Streikleitung nicht tragen wollen.

Einmal angenommen, diese Begründung sei aus ehrlichem Herzen gekommen (in Wahrheit wurde der Streik natürlich von der sozialdemokratischen Partei inhibiert, die fürchtete, durch den fortwährenden Zustrom von Arbeitergroschen in die Streikkasse werde der Reichstagswahlfonds für 1903 Schaden leiden), — also die Aufrichtigkeit der Entschuldigung für die Niederlage einmal vorausgesetzt, erheben sich diese Fragen: Ist es Sache der Arbeiter, sich um den Bestand einer Industrie zu sorgen, für die zu schaffen so unerträglich ist, dass selbst sächsische Weber gegen sie in den Streik treten mussten? Weiter: Treibt eine Industrie ihre Unerbittlichkeit gegen Streikforderungen bis zum eigenen Zusammenbruch, da doch das Bedürfnis nach Leinenproduktion angeblich nach wie vor bestand, ist dann nicht die Zeit gekommen, wo die Arbeiter mit Hilfe der grossen für den Streik gesammelten Kapitalien die Fabriken in eigene Regie nehmen und die sozialistische Tat der Begründung einer Produktivgenossenschaft unternehmen sollten? Drittens aber: Wäre nicht die selbstverständliche Folge der Bedenken der Streikleitung die gewesen, in sämtlichen Textilfabriken Deutschlands den Solidaritätsstreik zu proklamieren, um dadurch der Konkurrenz den Profit aus dem Streik abzuschneiden und gleichzeitig die Arbeiter der anderen Gegenden von der Verantwortung streikbrecherischer Verräterei zu entlasten? Die zentralgewaltigen Dratzieher aber dachten anders, bliesen zum Rückzug und bängten den armen Webern das alte Elend wieder auf den Buckel.

Noch widerlicher war das Verhalten der politischen Klassenkämpfer bei dem Bergarbeiterstreik im Ruhrgebiet im Jahre 1905. Die Aussichten standen für die Arbeiter glänzend. Sehr gegen den Willen der Zentralleitung griff die Bewegung immer weiter um sich, alles Bremsen half nichts, die Ausständigen begriffen den Vorteil ihrer Situation und beschlossen über die Köpfe der Herren Sachse und Hue hinweg, den Streik weiterzuführen und auszudehnen. Französische und belgische Gruben erklärten sich mit den Deutschen solidarisch, sodass in einem sehr umfänglichen Bezirk die Bergarbeit ruhte. Inzwischen hatte sich die preussische Regierung ins Mittel gelegt und mit den parlamentarischen Streikführern unterhandelt. Der Handelsminister Möller versprach ein Bergarbeitergesetz, und obgleich er keinerlei Garantien gab, was darin verfügt werden sollte, und obendrein noch im preussischen Abgeordnetenhaus eine Rede hielt, in der er unverhohlen seine Sympathie für die Bergwerksbesitzer aussprach, ging jetzt in der Parteipresse, in den Knappschaftszeitungen und in den Reden der sogenannten Vertrauensleute ein aufgeregtes Gegacker an, die Bergarbeiter dürften der Legislatur nicht vorgreifen, sie müssten ihrem Führern folgen, sie vergingen sich gegen die Disziplin, und wenn sie nicht aufhörten zu streiken, seien alle Bande frommer Scheu gelockert. Natürlich liessen sich die Streikenden nicht stören und verweigerten den Leitern den Gehorsam, die das unglaubliche Ansinnen an sie stellten, ihre Position im günstigsten Moment aufzugeben. Selbst die Drohung, die Streikzuschüsse würden gesperrt werden, verfing nicht. Da griff man endlich zu einem ganz infamen Mittel. Man verbreitete — das alles ist erweislich wahr — in wichtigen Streikorten Flugblätter mit der Behauptung, anderwärts sei die Arbeit wieder aufgenommen worden. Diese Lüge brachte natürlich Verwirrung in den Kampf. Wurde erst wieder in einigen Zechen gearbeitet, so hatte der Streik in den andern keinen Sinn mehr. Der Streik ging also verloren und es trat der beispiellose Fall ein, dass die deutschen Arbeiter an ihren belgischen Kollegen, die für sie in den Solidaritätsstreik getreten waren, zu Streikbrechern wurden.

Dass bei ihren Bemühungen, die Arbeiter zur „Vernunft“ zu bringen, die Herren Hue und Sachse von ihren eigenen Pfleglingen Prügel bekamen, ist das Erfreulichste, was die deutsche Bergarbeiterbewegung von 1905 der Nachwelt hinterlassen hat. Das von Herrn Möller angekündigte preussische Bergarbeitergesetz kam wirklich. Es sah so aus, dass sämtliche sozialdemokratische Zeitungen in wütender Entrüstung erklärten, jetzt seien die Bergarbeiter noch übler daran als vorher. Natürlich ist die Aussicht, einen neuen Streik erfolgreich durchzuführen, seither beträchtlich gesunken.

Welcher Unterschied zwischen den deutschen Streikern und den englischen! Von heute auf morgen legen auf der ganzen Insel eine Million Arbeiter das Werkzeug nieder, ohne Zentralleitung, ohne jahrzehntelange Schulung durch Diplomaten und Advokaten, ohne ängstliches Fragen: dürfen wir auch? Jeder kennt sein Interesse, jeder hat eigene Initiative, jeder beschliesst nach eigenem Willen. Aber gerade darum ist Einigkeit in der Menge, gerade darum Solidarität und Entschlossenheit. Schon schliessen sich andere Organisationen an. Die Eisenbahner weigern sich, Kohlen zu befördern, die belgischen und französischen Seeleute weigern sich, Kohlen, die für England bestimmt sind und — natürlich! — aus Deutschland kommen, zu verladen und übers Meer zu fahren.

Im ganzen Land steigen die Kohlenpreise ins Unerschwingliche, und die Arbeiter werden ihre Ansprüche durchsetzen, weil sie sich nicht auf gefüllte Kassen verlassen, sondern auf ihre wohlangewandte Energie, und weil sie sich nicht von besoldeten Führern kommandieren lassen, sondern den eigenen Verstand nach dem Rechten fragen.

Mit Geld kann nie ein Streik gewonnen werden, weil auf der andern Seite stets mehr Geld ist. Von einer Zentralmacht kann nie ein Streik dirigiert werden, weil die, die mit ihrem eigenen Leibe für ihre eigene Sache kämpfen, keine Tatkraft haben können, wenn sie nicht selbst beschliessen dürfen was not tut. Wehe der Arbeiterbewegung, die Politikern in die Klauen gerät, denn die kümmert nicht die Arbeiterbewegung, sondern die Politik. Werden die deutschen Arbeiter von den englischen lernen? Sie werden nicht. Sie werden wählen und wieder wählen und immer wählen. Die Gewählten aber haben keine Zeit, sich um Arbeiterfragen zu kümmern. Sie müssen streiten und schachern, wer bei ihren Beratungen das Präsidium führen soll, und sie müssen untereinander darum raufen, ob ein Sozialist den Hofknix machen darf oder nicht.

Menschlichkeit

Der Untertitel dieser Zeitschrift hat zu Missverständnissen Anlass gegeben, was mir durch mehrere Besuche und durch mehrere Briefe, die ich empfing, deutlich geworden ist. Ich halte es daher für angezeigt, ehe mein Blatt in den von mir durchaus nicht erstrebten Ruf einer Wohltätigkeitsanstalt kommt, den Lesern mitzuteilen, was ich unter Menschlichkeit begreife.

Die Tatsache, dass ich plötzlich Herausgeber einer Zeitschrift geworden bin, muss — trotz der ehrlichen Mitteilungen ans Publikum, wie die Finanzlage des Unternehmens bei seiner Gründung beschaffen war — bei manchen Leuten den Verdacht erweckt haben, ich sei Kapitalist. Einige von ihnen traten an mich heran und wollten mich anpumpen, wobei sie sich darauf beriefen, dass ich als öffentlicher Verkünder der Menschlichkeit doch zu allererst zur charitativen Betätigung dieser Eigenschaft verpflichtet sei.

Die mit solchen Ansichten und Absichten zu mir kamen, waren in zwei Irrtümern befangen: erstens täuschten sie sich darin, dass sie mich für einen begüterten Herrn hielten, zweitens darin, dass sie meinten, das Fremdwort Menschlichkeit heisse auf deutsch Charitas. Um vorweg eine eindeutige Definition zu geben: Menschlichkeit bedeutet die unverdorbene, natürliche, wechselseitige Einstellung der Menschen zueinander; auf ehrlichem Urteil und anständiger Gesinnung ruhende Beziehungen; Wille zu Gerechtigkeit und Nächstenliebe und Kampf auf bis zur Geistigkeit erhöhtem Niveau. Mit dem Titel dieser Zeitschrift habe ich ausdrücken wollen, dass ich es mit den Schlechtweggekommenen halte, die keine Duckmäuser sind, sondern Selbständige, Starke, zur Rebellion Bereite, und die gewillt sind, Zustände reinlicher Menschlichkeit, da sie bis jetzt nirgends vorhanden sind, schaffen zu helfen. Mit Humanität im Sinne von Mildtätigkeit hat die Menschlichkeit, die ich meine, garnichts zu tun.

Die Tatsache, dass Humanität und Menschlichkeit nach allgemeinem Sprachgebrauch und nach den lateinischen und französischen Vokabularien Synonyme sind, ist mir allerdings bekannt. Mir ist aber auch bekannt, dass die Römer das Wort humanitas hauptsächlich gebrauchten, um damit eine freundlichere Behandlung der Sklaven auszudrücken, als sie allgemein üblich war. Und ferner ist mir aufgefallen, dass die deutsche Sprache die Anwendung fremdländischer Bezeichnungen besonders da liebt, wo eine Entwertung und Herabwürdigung des deutschen Begriffs beabsichtigt ist. Es wird niemand leugnen wollen, dass es z.B. weitaus höflicher ist, von dem Gesicht einer Dame zu sprechen, als von ihrer Visage. Wer seine Geliebte hochachtet, wird sie ungern als seine Maitresse bezeichnet hören. Der Besitzer eines neuen Hutes oder Regenschirmes wird wenig erfreut sein, wenn man seine schönen Dinge zum Chapeau und Parapluie erniedrigt, und ein Ritter ist ein viel männlicherer Kerl als ein Kavalier, den man sich blos im Smoking vorstellen kann. Gradeso ist die Humanität eine verwaschene, korrumpierte, unbeseelte Abart der Menschlichkeit, und dass man dieses Wort kaum mehr anders als in der Bedeutung der Humanität gebraucht, beweist nur, dass alle wirkliche Menschlichkeit über Politik und Geschäft verloren gegangen ist.

Heutzutage glaubt man, es wer weiss wie weit in allgemeiner Menschlichkeit gebracht zu haben, und preist diese Zeiten des Fortschrittes und der Kultur als himmelhoch erhaben über jene fluchwürdige Vergangenheit, in der unzählige Menschen ihresgleichen als Sklaven hörig waren. Es sei hier nur nebenbei die Frage aufgeworfen, ob die Einrichtung der Sklaverei denn wirklich aufgehört hat. Ich glaube: nein. Der Unterschied ist nur der, dass ehemals der Arbeiter als Sklave nur einem einzigen Herrn gehörte; jetzt gehört er dem ganzen Stande der Herren, den man das Unternehmertum nennt. Ob dieser Zustand viel angenehmer ist für den Exploitierten als der frühere, muss dahingestellt bleiben. Freiheitlicher ist er ganz gewiss nicht. Aristoteles ist der Ansicht, dass die Sklaverei durch die Naturordnung bedingt sei, da das Niedere dem Höheren dienen müsse. Die in unseren Tagen das Wort Sklaverei empört von sich weisen, den Kapitalismus aber — das ist das Recht auf den Arbeitsertrag der „Niederen" — ebenfalls als durch die Naturordnung bedingt hinstellen, sind nicht lauter klügere, freiere und menschlichere Leute als Aristoteles.

Man mag mich gemütlos schelten, wenn ich den Vergleich zwischen den Zeiten der Sklaverei und denen der Menschlichkeit noch ein wenig fortführe. Stirbt heutzutage einem Gutsbesitzer ein Pferd oder eine Kuh, so ist das ein Verlust, der recht empfindlich ist. Im Viehstall wird daher auf gute Versorgung des Bestandes viel Mühe gewandt. Stirbt ein Knecht — diese Würde steht viel höher als die eines Sklaven — so ist das sein eigenes Missgeschick. Für den Gutsherrn ist er schnell und ohne Unkosten zu ersetzen. Als die Wohlhabenden noch Sklaven hielten, war es anders. Da repräsentierte jeder Arbeiter für seinen Herrn einen positiven Wert — wie heute das Pferd und die Kuh —, sein Tod war schmerzlich fühlbar. Daher lag es sehr im Interesse des Brotgebers, dem Arbeiter lebenerhaltendes Unterkommen und auskömmliche Verpflegung zu sichern. Ebenso wurden die leibeigenen Frauen vorsichtig und in aller hygienischen Sorgfalt gehalten, damit sie im Stande blieben, gesunde und arbeitsfähige Sklaven zu gebären, und die Kinder, die einmal diese Sklaven werden sollten, wurden natürlich erst recht gehütet und vor Unterernährung und schwächenden Einflüssen ängstlich bewahrt.

Heute schützt dieser rohe Sklavenhalter-Egoismus die Kinder nicht mehr vor Not und Hunger. Skrophulose und ähnliche Symptome mangelhafter Lebenshaltung kennzeichnen die Entwicklung der Menschlichkeit am Körper der Kinder. Vater Staat, dessen Interessen mit denen seiner besitzenden Sachwalter identisch sind, hat wichtigere Dinge zu tun, als sich um die Proletarierbälge anders zu quälen, als durch Zuführung religiöser Zuverlässigkeit und vaterländischer Begeisterung. Gottseidank finden aber alternde Damen Musse genug, sich des Jammers der Hungernden zu erinnern, deren Ausdünstung ja nicht in die Bezirke ihrer Villen dringt. Und sie arrangieren Wohltätigkeitsbazare mit Orchideen und Pommery, vergnügliche Maskenbälle, Gartenfeste oder gar Dilettanten-Aufführungen.

Kürzlich trug man die Menschlichkeit sogar auf die Strasse. Jedermann musste Margeriten kaufen, damit den nicht auf dem Wege über das Standesamt gezeugten Kindern das Elend der ersten Lebensjahre erleichtert werde. In München kamen gegen hunderttausend Mark dabei heraus, und der gute Bürger, der an jenem Tage auch ein Blümchen im Knopfloch trug, kann frohen Herzens ein Lied summen, da er zu dem Werk der Menschlichkeit sein Scherflein beigetragen hat. Wir werden nämlich nun wohl nächstens lesen, dass für das Geld ein Fürsorgebüro für uneheliche Kinder errichtet wird, zu dem soundsoviele Beamte engagiert werden und dessen Instandhaltung soundsoviele tausend Mark jährlich kostet. Auch werden gewiss manche Kinder ihren lockeren Müttern abgenommen und frommen Familien zu einer Erziehung zugeführt werden, die die hereditären Einflüsse der bedauerlichen Herkunft in der Seele des Kindes zu verwischen geeignet ist. Ob nicht in mancher dieser frommen Familien die Sorge um das Kostgeld grösser sein wird als die um das Kind, wird im einzelnen Fall wohl schwer zu kontrollieren sein.

Dieser der höheren Menschlichkeit gewidmete Margeritentag war für mich ein Tag der Qual. Die allerliebsten jungen Mädchen, die im besten Glauben an ihre menschenfreundliche Mission mit leuchtenden Augen und frohen Gesichtern überall auf einen zukamen und in wirklich rührender Erfülltheit zum Kauf von Margeriten zuredeten, abweisen zu müssen, war nicht immer ganz leicht, und ich sah oft in Mienen, die ob meiner Lieblosigkeit ganz traurig wurden. Aber mein Knopfloch blieb leer. Ich konnte mich nicht dazu entschliessen, auch nur mit einem Groschen den frivolen Unfug zu unterstützen, als der sich mir der Versuch darstellt, die grauenvollste, fürchterlichste Schmach unserer unmenschlichen Zustände, die Hungersnot unter den Kindern, mit der Arrangierung eines charitativen Sportfestes zu übertünchen.

Nichts will ich mit dieser Art Menschlichkeit gemein haben, die die Bevorzugten gegen die Unglücklichen üben, um die seltenen schwachen Regungen eines schlechten Gewissens zu beruhigen. Nichts mit einer Menschlichkeit, die sich in dem unverfrorenen Sprichwort spreizt, dass Armut nicht schände. Als ob nicht Armut in diesen Zeiten das einzige wäre, was in Wahrheit schändet! Wen unverschämte Ausnützung einer zufälligen Macht zum Milliardär gemacht hat, der gilt unter den Menschen als ein höheres Wesen. Man feiert, ehrt und beglotzt ihn, und wenn er gar noch eine wohltätige Stiftung zur Belohnung für Lebensretter macht, preist man ihn als Vorbild edelster Menschlichkeit. Der Arme aber wird überall und ganz unverhüllt als Mensch zweiten Grades gewertet. Die Gesellschaft dessen, die keine gestärkte Wäsche trägt, ist anrüchig; die Umgangsmöglichkeit entscheidet sich nach der Vollkommenheit der Garderobe. Dem armen Kinde schon ist die Möglichkeit verschlossen, die moderne Konversationsbildung aufzunehmen. Dem vermögenslosen Jüngling sind alle Wege zu den einträglichen Pfründen des Erwerbslebens versperrt. Er ist zum Opfer der Ausbeutung bestimmt — ohne Rücksicht auf Charakter, Veranlagung und Neigung, und um ihm seine Minderwertigkeit noch deutlicher fühlbar zu machen, wird er gezwungen, durchaus gegen seinen Wunsch, gegen seine Einsicht und gegen sein Interesse, länger als die Besitzenden und in niedrigeren Chargen die Mordinstrumente zu tragen, mit denen er das Kapital, das sein Blut saugt, zu schützen hat. Alles das unter Berufung auf Ideal, Christentum und Menschlichkeit.

Somit haben alle humanitären Bewegungen und Bestrebungen, soweit sie innerhalb des Staates, des Kapitalismus, der Knechtschafts-Einrichtungen sänftigend und versöhnend wirken sollen, keine Berührung mit der Menschlichkeit, die ich fördern möchte. Diese Menschlichkeit will Menschenbewusstsein, Solidarität, Freiheit, Gerechtigkeit und Erfülltheit vom heiligen Berufe Mensch zu sein; will Liebe unter den Menschen, die auf Gleichheit und Geselligkeit fusst; will Kraft und Schönheit, und will hitzigen Streit, empörte Abwehr gegen jede Art Unterdrückung, Lüge, Vergewaltigung, Unrecht und Tartüfferie.

Die Menschlichkeit, von der ich rede, besteht noch nicht, sowenig wie Gerechtigkeit oder Kultur besteht. Sie soll erkämpft werden mit den Mitteln, die dereinst ihre Fundamente sein werden; durch Bund und Auslese, durch Klarheit, Wahrheit, Festigkeit und seelische Freiheit. Menschlichkeit ist Hass und Abwehr gegen Dürftigkeit und Gemeinheit, ist Liebe zum Schönen, Wahren und Ewigen und Wille zum Wesentlichen.

Der fünfte Stand

Ich habe seinerzeit in diesen Blättern auseinandergesetzt, wie die Sozialdemokratie in ihrem Ehrgeiz, im Gegenwartsstaat mitzutun, als Rad in der Maschine anerkannt zu werden und den Interessen der Arbeiter zu nützen, indem sie sie aus Proletariern zu Kleinkapitalisten zu machen sucht, wie sie in diesem Bestreben den „vierten Stand" nach unten hin begrenzt hat, und wie sie diejenigen Elemente der Gesellschaft, deren Wesensart sich in das Gefüge des Staatsbetriebes nicht einordnen läßt, verächtlich als "Lumpenproletariat" erledigt. Ich habe auf die Möglichkeiten hingewiesen, diese Elemente aus ihrer menschlichen Verlassenheit aufzuwecken und ihrer traurigen Leere durch die Bezeigung menschlicher Achtung und durch die Zuführung freiheitlicher Ideen Inhalt zu geben. Ich habe dargetan, wie gerade der Sozialistische Bund diese Menschen, die keine kapitalistische Arbeit aufzugeben haben, um Kulturarbeit leisten zu können, brauchen könnte, wenn sie die neuen Gedanken erst in sich aufgenommen hätten, und ich habe erzählt, wie ich begann, das Wort der unerzwungenen freudigen Arbeit, der gegenseitigen Hilfe, der Gemeinsamkeit und des Sozialismus in ihre Herzen zu führen.

Daß der Gedanke, von dem ich mich leiten ließ, richtig war, davon bin ich heute noch so fest überzeugt wie am Anfang. Ich glaube heute noch so fest wie ehedem, daß in vielen dieser "Lumpen" Fähigkeit und Bereitschaft genug ist, Ideale aufzunehmen und ihnen zu dienen. Wenn der Erfolg meines Wirkens jetzt einem Fiasko gleicht, beweist das nichts gegen die Richtigkeit der Überlegung, daß die Menschen des fünften Standes auch Menschen sind, deren menschliche Kräfte, geeignet verwertet, Nützliches und Gutes wirken können. Das Fiasko verurteilt nur meine Taktik. So, wie ich heute das Ergebnis meiner Vagabunden-Agitation übersehe, glaube ich, daß mein größter Fehler in dem Mangel an Unterscheidung zwischen dem Charakter, dem Alter, der Erfahrung und der Intelligenz meiner Zuhörer bestand.

Ich hatte von Anfang an keinen Zweifel, daß sich zu meinen Vorträgen auch Leute einfinden würden, die ohne Gewissen und Bedenken ihren persönlichen Augenblicksvorteil verfolgten. Ich war darauf gefaßt, vor unverhältnismäßig vielen Spitzeln zu sprechen und wußte, daß vielleicht die Mehrzahl unsrer Gäste gegen ein kleines Trinkgeld zum Judas an uns allen zu werden bereit sei. Ich hätte mich auch keinen Moment gewundert, wenn einmal einem der Anwesenden die Uhr oder das Portemonnaie aus der Tasche gezogen worden wäre, und ich habe manchmal im Stillen gelacht, wenn ich merkte, daß dieser oder jener nur zu uns kam, weil er meinte, er werde wohl ein Abendbrot oder einen Schoppen Bier geliefert bekommen.

Diese Bedenken — und noch viel schlimmere — erwiesen sich als sehr begründet. Trotzdem erkläre ich noch jetzt und mit allem Nachdruck, daß auch Männer darunter waren, die mit offnen Augen und Ohren dasaßen, die durch das Neue, was sie erfuhren, bereichert wurden, deren Sehnsucht Nahrung erhielt, und die freudig und mutig in unsre Bahnen einbogen. Hätte der liebe Gott die Welt so eingerichtet, daß die Erfahrungen vor den Aktionen da wären, so hätte ich nach den ersten zwei Zusammenkünften drei oder vier der Leute ausgewählt und hätte sie in besonderen Vorträgen in die Absichten des Sozialistischen Bundes näher eingeführt. Die übrigen hätte ich vielleicht zu verschiedenen Kursen in den Anfangsgründen des elementaren Wissens gesammelt, und diejenigen, die sich als geistig aufnahmsunfähig erwiesen, hätte ich ganz ferngehalten. Leider kam mir die Erfahrung, daß ich so hätte verfahren müssen, erst zu spät, erst als die Unterlassung zum Scheitern meines Vorhabens geführt hatte.

Ich gab mich dem Wahn hin, ich dürfe, unter Berücksichtigung ausschließlich des Fassungsvermögens der Reifsten unter den Leuten, von Woche zu Woche fortfahren, die Zwölf Artikel des S. B. zu kommentieren. Ein Mittel zu prüfen, wie weit das, was ich vortrug, verstanden wurde, wußte ich nicht. So kam es, daß ich von der Mehrzahl der Hörer in allen Punkten vollständig mißverstanden wurde.

Wenn ich ihnen sagte, daß ich ihre Existenz, so wie sie sei, als Produkt der bestehenden Wirtschaftsführung anerkenne, daß sie Opfer der Staatsordnung seien, und daß der Begriff "Verbrechen" ein schwererer Vorwurf gegen die Gesellschaft sei, die sie ermögliche, als gegen die Menschen, die zu ihrer Begehung gezwungen werden, so wurde das als eine Aufforderung möglichst viele Verbrechen zu begehen, aufgefaßt. Sprach ich davon, daß sich das Gefühl der Zusammengehörigkeit schon in der Betätigung kleiner Gefälligkeiten, Abgeben von Brot und Geld an die Kameraden, gegenseitige Handreichungen bei irgend einer Beschäftigung und dergl. erweise, so hieß es später, ich habe geraten, keine Einzeldiebstähle, sondern Banden Einbrüche vorzunehmen.

Ermahnte ich, man solle die eigene Person nicht niedrig einschätzen, man solle Menschenbewußtsein haben und sich nicht in seiner äußerlichen Armseligkeit ducken und verächtlich vorkommen, so hatte ich nachher zum Morden, Brandstiften, Stehlen und Rauben "gutes Gewissen" gemacht. Dieses Falschverstehen, das durch die Unterhahltungen nach den Vorträgen von einem zum andern suggeriert worden zu sein scheint, beschränkte sich bezeichnender Weise auf die ganz jungen Leute, die kamen.

Ich kann jetzt — nach Kenntnis eines großen Teils der Aussagen, die die jungen Burschen vor dem Untersuchungsrichter abgaben — ganz typische Wiederholungen von Phantasie-Assoziationen feststellen. Da ich es für richtig hielt, den Menschen einen festen Begriff zu geben, mit dem sie sich in ihren neuen Bestrebungen bezeichnen könnten, nannte ich uns oft mit dem Namen "Anarchisten", wobei ich "Anarchie" in Übereinstimmung mit den Zwölf Artikeln als "Ordnung durch Bünde der Freiwilligkeit" definierte und das Wort oft und ausführlich ausdeutete. Das half garnichts: die Assoziation: Anarchisten-Bomben saß zu fest, und so wurde dem Richter erzählt, ich 'hätte von Dynamit und Attentaten, Höllenmaschinen und ähnlichen Dingen gefaselt. Alle diese Sachen sind, soweit ich mich erinnere, während aller Versammlungen überhaupt nicht gestreift worden.

Ferner fiel mir auf, daß diese jungen Leute offenbar darauf bedacht waren, mich vor dem Richter zu belasten. Es schien mir, als ob sie hofften, dadurch sich selbst beliebt zu machen, und besonders bemerkenswert kam mir vor, wieviel mehr die renommistischen Redensarten eines schwer psychopathischen Phantasten, der über mich, meine Freunde, die Vorträge und Zusammenkünfte das Blaue vom Himmel log, auf seine Altersgenossen wirkten als meine Darlegungen. Der junge Mann hatte offenbar nachher stets seine Freunde um sich gesammelt und ihnen meine Vorträge wiederholt, ausgeschmückt mit vielen abenteuerlichen Zutaten von der Natur, wie sie die Anklage meinen Absichten unterschob.

Aber seine Romantik blieb haften, meine Überzeugungsversuche nicht. Erschreckend groß scheint allgemein im fünften Stande der Prozentsatz der Geisteskranken, Phantasten, Hysteriker usw. zu sein. Es bleibt eine offene Frage, ob der Geisteszustand dieser Armen sie von der Beteiligung am allgemeinen Gesellschaftsleben ausschließt und dem Elend der Herbergen preisgibt, oder ob die Entsetzlichkeit des Lumpenlebens mit seinen Polizeiverfolgungen, Hungerchikanen und seiner seelischen Not die Gemüter in Verwirrung bringt.

Ich hatte also vor mir ein Auditorium von Psychopathen, dummen Jungen, geldgierigen Deklassierten und daneben ein paar wirklich famose Kerle, die ihr Vagabundenleben in bewußtem Gegensatz zu der herrschenden Gesellschaft führten und neugierig und selbst manchmal begeistert den neuen Einsichten Raum gaben, die sich vor ihnen auftaten.

Ein Beispiel mag den Charakter dieser Menschen bezeichnen. In der ersten Rede, die ich den neuen Freunden hielt (und die hier in ihrem wesentlichsten Teil abgedruckt war), hatte ich wiederholt für die Lumpenproletarier das Wort "Kunden" gebraucht. Nachher protestierten zwei der Leute: Sie seien keine
Kunden. Unter Kunden verstehe man Handwerksburschen, die von Ort zu Ort ziehen und um Arbeit fragen. "Wir sind Vagabunden oder Lumpen!" — Aus dieser Aufklärung sprach ein prachtvoller Stolz. "Wir suchen keine Arbeit, wir wollen nicht für die Herren' arbeiten!" Die so sprachen und fühlten, — gerade die waren keine geborenen Faulpelze, grade die sehnten sich nach Arbeit, nur nach einer solchen, die ihrer persönlichen Ehre und Selbstbestimmung nicht zu nahe trat. Die waren meinen Worten zugänglich, und wenn auch sie manches von dem, was ich wollte, mißverstanden (man begreife doch, wie schwer es ist, sich diesen oberbayrischen Dialektsprechern in gebildetem Norddeutsch verständlich zu machen), — den Kern der Dinge

begriffen sie, den Wert der sozialistischen Idee sahen sie ein, das Wort Anarchismus füllte sich ihnen mit Ethos und Menschenwert.

Ich wurde in der letzten Zeit oft gefragt, ob ich nach den bösen Erfahrungen, die ich gemacht habe, nicht endlich genug hätte und ob ich den Versuch, mit diesem Material zu arbeiten, nicht lieber aufgeben wolle. Ich antwortete: Nein! — Und wenn ich noch ein Dutzendmal mit dem Wagnis Schiffbruch leiden sollte, — die paar Menschen, denen ich wirklich etwas Neues geben konnte, die sich durch mich bereichert fühlten, die werden mir immer wieder Mut geben, unter möglichster Vermeidung früherer Fehler von Neuem anzufangen.

Der irrende Ritter Don Quichote befreite die Galeerensklaven von ihren Fesseln. Nachher verprügelten sie ihn, weil er verlangte, sie sollten nun hingehen und seine holde Dulcinea schön von ihm grüßen. Nennt mich getrost einen Don Quichote! Sind die Gefesselten, die ich befreien möchte, undankbare Ruderknechte, so bleiben ihre Ketten doch widerwärtig und meinen Augen ein Greuel. Und am Ende bin ich der Meinung, daß die sozialistische Freiheit, die sie mir grüßen sollen, nicht bloss ein leeres Phantom ist wie die selige Dulcinea von Toboso.

Frauenrecht

Unter den zahllosen Problemen, die die liberale und sozialdemokratische Presse solange zu wälzen pflegt, bis sie völlig platt geworden sind, ist eines der beliebtesten die "Frauenfrage", will sagen: die Abschätzung der Rechte des Weibes im gegenwärtigen Staat oder in einer künftigen Gesellschaft. Es ist gar nicht zu leugnen, daß dieses Problem überall, wo Menschen zusammen leben, von ungeheurer Wichtigkeit ist, und ebensowenig ist zu leugnen, daß es unter dem Nudelbrett der öffentlichen Meinungsmacherei zu einem saftlosen Fladen dürftiger politischer Forderungen zerquetscht worden ist.

Wo öffentlich über die Rechte der Frauen diskutiert wird, hört man zwei Parteien einander überkreischen. Die eine schreit: die Frau gehört wie der Mann ins öffentliche Leben, auf die Hochschule, in den Erwerb, ins Parlament und an die Regierung! — die andere zetert: nein! die Frau gehört heute noch wie von jeher an den Kochherd, zum Strickstrumpf, vor das Waschfaß und ins Ehebett! Daß diese zweite Partei mit ihrem Kriegsruf des rechtgläubigen Spießertums die Zustimmung der meisten Frauen findet, ist ganz natürlich. Ordnen, putzen, den Hausstand verwalten und sich dafür vom Mann ernähren lassen, ist herkömmlicher Beruf des Weibes, ist nett und bequem. Wozu am alten Brauch rütteln? — Daß aber auch die Partei derer, die den idealen Zustand der Gesellschaft darin sehen, daß die Frauen den Männern gleich mitten im Kampf des Erwerbs, der Diskussion, der Öffentlichkeit stehen sollen, daß auch diese Partei großen Zulauf von Frauen hat, ja von Frauen jetzt geleitet wird, ist ganz unnatürlich.

—

Wer Augen im Kopf hat, sieht, daß die Beteiligung der Frauen am Erwerbsleben — als Arbeiterin, Buchhalterin, Juristin usw. — in der Not unserer sozialen Verhältnisse begründet ist, und wer ein Gefühl hat für die menschliche Würde, auf die die Frau Anspruch hat, muß Verhältnisse herbeiwünschen, die ihr die Freiheit gewährleisten, zu sein und zu tun, was ihre Natur verlangt.

In diesen Blättern ist der Gegenstand, den ich erörtern will, verschiedene Male gestreift worden, und es ist die Aufforderung ergangen, Meinungen, die von den dort geäußerten abweichen, im "Sozialist" auszusprechen. Ich folge dieser Aufforderung. Denn eine Reihe von Gedanken, die der Artikel "Tarnowska" (No. 7) von gl. enthielt, sind meine Überzeugungen keineswegs und es würde mir im hohen Maße bedenklich erscheinen wenn die Tendenzen, die darin ausgesprochen werden, als Bekenntnisse des Sozialismus aufgefaßt würden.

Ich möchte in Gegenteil stark unterstreichen, was in No. 16 in dem Artikel "Vorläufiges zum Neumalthusianismus" von ab. gesagt wurde: "Der Sozialismus ... hat mit den Angelegenheiten der Lust so wenig zu tun, wie mit den vorübergehenden Erfordernissen der Not; er empfiehlt Palliativmittel weder in der Gesetzgebung noch im Ehebett noch im Lager der freien Liebe." In der Tat kann es unmöglich Aufgabe des Sozialismus sein, sich den Angelegenheiten der Lust gegenüber auf den Boden einer puritanischen Sexualmoral zu stellen.

Diese Angelegenheiten sind durchaus persönlicher Natur, sind abhängig von Temperament und Gefühl der Einzelnen und können weder von den Begriffen verwerflich und häßlich, noch von den Begriffen krank und dekadent getroffen werden. Daß die Funktionen des Geschlechtsverkehrs mit Lustempfindungen verbunden sind, rechtfertigt in gar keiner Hinsicht das Bestreben, jegliche menschliche Geschlechtsbetätigung auf die Zweckübung der Fortpflanzung zu beschränken. Wer das will, muß logischerweise die Enthaltsamkeit aller unfruchtbaren Frauen verlangen. Ich glaube aber, dass wir bei der Beurteilung dieser sehr schwierigen und sehr delikaten Frage nicht vergessen sollten, dass der Austausch von körperlichen Lustempfindungen zwischen Menschen der stärkste und innigste Ausdruck von Liebe ist. Liebe aber ist auch da vorhanden und will sich auch da äussern dürfen, wo etwa eine schwache Konstitution oder andere zwingende Gründe die Erzeugung von Kindern nicht empfehlen. Die Bewegung die heutzutage den Sozialismus anstrebt, hätte viel Ursache sich in diese diffizile Angelegenheit vorerst garnicht einzumischen. Wir sollten uns hüten, solange wir in der gegenwärtigen, in allen ihren Einrichtungen und Urteilen ganz ungesunden Gesellschaft leben, beurteilen zu wollen, was unter starken und gesunden, unter sozialistischen Verhältnissen im intimsten Privatleben der Einzelnen als Verfallserscheinung zu bezeichnen wäre und was als kräftige Eigenart.

Am meisten sollten wir uns hüten, denen, die in unseren Reihen stehen, ihre Angelegenheiten der Liebe und Lust — das sind Dinge, in denen die Menschen aus guten und reinlichen Gründen am empfindlichsten und am schamhaftesten sind — mit Zensuren zu versehen.

Hier ist der monogamen Ehe eifrig das Wort geredet worden, und es soll nicht bestritten werden, dass sie in vielen Fällen wirklich die Einschätzung als schönheitsvolle Einrichtung und Grundlage von menschlicher Kultur verdient, dann nämlich, wenn sich die Ehe auf eine gegenseitige Liebe und Innigkeit stützt, die nicht durch Plötzlichkeiten und Zufälligkeiten gestört wird. Nun wäre es aber sehr gewagt zu behaupten, dass der Mensch — Mann wie Weib — monogamisch veranlagt sei, und daß daher die glückliche Durchführung der Ehe als sittliche Forderung über den Menschen aufzustellen sei. Es gibt in beiden Geschlechtern Individuen mit dem auf eine Person konzentrierten Geschlechtswillen und solche mit dem Hange zur Abwechslung. Es ist eine ganz willkürliche Forderung, die die Staaten aus hauptsächlich erbrechtlichen Gründen aufstellen, die aber mit dem Sozialismus nicht im Entfernesten zu tun hat, daß die Menschen, die mit einander in nahen Verkehr getreten sind, einander "treu" zu bleiben haben. Ob wirklich der Sozialismus sich dereinst auf Ehen und Familien aufbauen wird, das ist eine Frage, die wir heute schwerlich werden entscheiden können, eine Frage, die von überzeugten Sozialisten nicht nur unserer Tage schon sehr ernsthaft angezweifelt worden ist. Mindestens ist hier die Berufung auf die Vergangenheit verfehlt.

Denn kaum je hat es eine Zeit gegeben, in der die Ehe wirklich und als Einrichtung ein Gefüge der Freiwilligkeit war. Im Altertum hatten die Männer fast überall das Recht, mehrere Frauen zu haben, und bis in unsere Tage hinein ist die Frau in diesem Gefüge der entrechtete Teil und der Mann hat die unbedingte Herrschaft im Hause. Ganz widerwärtige Bestimmungen haben sich bis in die Gegenwart gerettet, und die empörendsten sind gerade die, die unter dem Vorwande der Heiligkeit der Ehe und Familie der Mutter das Recht über ihre Kinder rauben — und nicht nur das Recht über ihre Kinder, sondern diese selbst werden dem Manne zuerkannt, wenn die Gatten nicht mehr beisammen bleiben wollen und die Frau als der "schuldige" Teil erkannt wird. So gewiß es richtig ist, daß alle Liebe frei ist, so gewiß ist es wahr, daß die Freiheit in der Liebe noch sehr zu erkämpfen ist, besonders für die Frauen.

Somit ist "freie Liebe" recht wohl ein Frauenrecht, das man lieber beanspruchen sollte, als jene kümmerlichen politischen Rechte, von deren Nichtigkeit man sich doch wohl bei ihrer Ausübung durch die Männer hätte überzeugen können. Die Erziehung zur Selbständigkeit in den eigensten Dingen, die Verfügung über den eigenen Leib, ungehindert von den moralischen Intriguen der Gesellschaft, die Befreiung von der öffentlichen Kontrolle der Unberührtheit, die unbedingte Anerkennung des Menschen im Weibe, das wären Frauenrechte, für die auch wir Sozialisten uns mit recht viel Eifer einsetzen könnten, ohne daß uns die Intensität der Fleischeslust, die bei vermehrter Freiheit der Frauen bewirkt werden könnte, dabei zu interessieren brauchte.

Eduard von Hartmann hat das gute Wort gefunden: "Die Frauenfrage ist eine Jungfrauenfrage". Tatsächlich ist die ängstliche Hütung der Jungfernschaft bis weit über das Mannbarkeitsalter der Mädchen hinaus das verruchte Mittel der Männer, die Frauen als Fleischware ihren Gelüsten hörig zu machen. Die Deflorierung der Frau hat die Bedeutung einer moralischen Entwertung erlangt, damit das Weib Zeit ihrer Lebens nur einem Manne — und zwar in der Eigenschaft als Ehefrau zu Willen sei. Wer sexuelle Angelegenheiten mit solchen der Reinlichkeit in Verbindung bringen will, der, meine ich, sollte an diesen traurigen Verhältnissen nicht vorbeisehen.

In dem Artikel "Tarnowska" wurde heftig gegen das Bestreben geeifert, die Vaterschaft in der Gestaltung des Liebes- und Familienlebens abzuschaffen. Es wurde behauptet, daß die Kreise, die solches verlangen, "durchaus von entarteten, entfesselten und entwurzelten Weiblein regiert werden", und es wurde ihnen vorgeworfen, daß sie "das Mutterrecht, auf deutsch: die kultur- und würdelose Schweinerei begründen" wollten. Mir persönlich gilt das Mutterrecht als eine heilige Menschheitssache, und ich will als Antwort auf den zitierten Satz nur ein paar Worte hersetzen, die (lange vor dem Erscheinen des theoretischen Wortes über "Mutterrecht" von Bachofen), nämlich im Jahre 1820, Rahel von Varnhagen, die feine, kluge, überaus empfindsame Freundin Goethes in ihr Tagebuch schrieb: "Kinder sollten nur Mütter haben, und deren Namen tragen; und die Mutter das Vermögen und die Macht der Familie: So bestellt es die Natur; man muß diese nur sittlicher machen ... Fürchterlich ist die Natur darin, daß eine Frau gemißbraucht werden kann, und wider Lust und Willen einen Menschen erzeugen kann. — Diese große Kränkung muß durch menschliche Anstalten und Einrichtungen wieder gutgemacht werden und zeigt an, wie sehr das Kind der Frau gehört. Jesus hatte nur eine Mutter. Allen Kindern sollte ein ideeller Vater konstituiert werden, alle Mütter so unschuldig und in Ehren gehalten werden wie Maria."

Verdient die Frau, die so fühlt, wirklich den Namen eines entarteten, entfesselten und entwurzelten Weibleins? Mir scheint, hier ist ein wirklicher Anhalt, wo es den Frauen an Rechten fehlt und wo auch die Männer anzusetzen haben, die dem andern Geschlecht zu Freiheitsrechten verhelfen möchten.

Um Irrtümer zu vermeiden: Mit den Forderungen der Neumalthusianer habe ich so wenig wie die, die meiner Meinung sind, irgend etwas zu schaffen. Die Verhinderung von Geburten hat nur eine Bedeutung innerhalb der kapitalistischen Gesellschaft. Wer nicht mehr will, als unter den obwaltenden Verhältnissen den Frauen ein erträgliches Leben ermöglichen, der wird allerdings bedenken müssen, ob nicht eine Einschränkung der Kinderzahl in sehr vielen Fällen, wo die Möglichkeit der Ernährung beengt ist, anzuraten ist (gegen das Verbot der Kinderabtreibung mit den grauenhaften Strafen, die seine Verletzung bedrohen, wird man schon aus Gründen der Menschlichkeit laut protestieren müssen). Aber alle diese Dinge haben ganz und gar nichts mit Sozialismus, ganz und gar nichts mit der Befreiung des Frauengeschlechts zu tun. Im Gegenteil: Kinder gebären ist der heilige und natürliche Beruf der Frau.

Mögen sie soviele gebären dürfen, wie ihr mütterliches Herz ersehnt; mögen sie ein Leben führen können, das ihnen die Vermehrung des Volks um starke, gesunde, kluge und lebensfrohe Kinder ermöglicht; und mögen sie ihre Kinder haben, von welchem Vater, von welchen Vätern sie selber wollen! ... Dann werden wir von Frauenfreiheit und von Frauenrecht reden dürfen!

Tagebuch aus dem Gefängnis

Zum Verständnis: Im Oktober 1909, als die durch den Fall Ferrer hervorgerufene Erregung weiter Volkskreise auch die Münchner Polizei sehr nervös machte, platzte eines Nachts in einer unbelebten Strasse eine Donaritkapsel. Der junge Mensch, der sich mit dem Knallen des ungefährlichen Sprengmittelchens einen Jux machen wollte, wurde erkannt und verfolgt. Er flüchtete sich in den „Soller", wo er einige Gäste kannte und um Hilfe bat. Ich hatte aus Gründen, die hier noch ausführlich erörtert werden sollen, im Sommer 1909 begonnen, Zugehörigen des sogen. „fünften Standes" Vorträge sozialen Charakters zu halten, und sie mit den sozialistischen Ideen des Anarchismus bekannt zu machen. Die bei Behörden und hoheren Töchtern gangbare Ideenassoziation: Anarchisten und Bomben zeigte sich auch bei den Sollergästen zuhause. Sie rieten dem Knaben, den ich nicht kannte, sich an die Anarchisten zu wenden und sagten ihm, wo er einen meiner Freunde treffen könnte. (Ich war damals in Berlin.) Von dem erhielt er 20 Pfennige. – Die Knallerbsengeschichte ging durch die ganze Presse und ich las mit Staunen, dass mein Name damit in Verbindung gebracht werde. Die Charlottenburger Polizei haussuchte bei mir, und am übernächsten Abend wurde ich verhaftet. Erst bedeutend später erfuhr ich, dass meine Festsetzung garnichts mit dem Ulk des 17jährigen Bengels zu tun hatte (der mit 13 Monaten Gefängnis bestraft wurde), sondern dass die Zusammenkünfte, bei denen ich den „Lumpenproletariern" meine Vorträge gehalten hatte, der Staatsanwaltschaft der Geheimbündelei verdächtig erschienen. Ich blieb 11 Tage in Untersuchungshaft (ein Mitangeklagter 8 Monate). Erst im Juni 1910 aber hatte die Justiz, die 9 Monate damit schwanger gegangen war, ihr Kind ausgetragen. Dass die Entbindung vor dem Münchner Landgericht dann ein Luftkissen zutage förderte, ist wohl noch in Erinnerung. – Im Gefängnis, wo ich ja Zeit genug hatte, begann ich, ein ausführliches Tagebuch zu führen, das ich hier mit einigen Namensänderungen und einigen Fortlassungen abdrucke.

Donnerstag, d. 4. November 1909, Gerichtsgefängnis, Charlottenburg

Morgen werden es acht Tage sein, dass man mich verhaftete. Freitag abend war es, am 29. Oktober, und ich hatte gerade meine paar Sachen in mein Handtäschchen gepackt. Die Reise nach Zürich sollte angehen. Vom 1. November bis zum 1. Dezember sollte ich wieder mal mit M. Henry und Marya Delvard tingeln. 750 Franken Gage und 50 Franken Reisevergütung. (150 Franken das sind 120 M. und etwas, hatte ich schon im Vorschuss). Morgens war ich noch bei Onkel L. gewesen und hatte Geld geholt, weil der Vorschuss schon alle war, hatte im Laufe des Tages Dutzenden von Bekannten adieu gesagt, hatte jedem, der es hören wollte, erzählt: Heute abend reise ich, – und als alter Witzbold hinzugesetzt: falls ich nicht doch noch vorher verhaftet werde. 8 Uhr 45 sollte der Zug vom Anhalter Bahnhof abgehen. Um 7 Uhr kam Lieschen zu mir laut Verabredung. Sie machte aus einem Anzug, den ich noch hatte in Stand setzen und reinigen lassen, einigen Kragen und einem Nachthemd noch ein schönes Extrapaket, bequem zu tranportieren. Um 8 Uhr sollten wir beide im Habsburger Hof sein, wo uns R. zum Abendbrot erwartete. Danach wollten mich die beiden in den Zug setzen. Lieschen hätte noch ihren Kuss gekriegt – verdammt! Um ½ 8 holten mich die Schergen. Frau B., meine gute Vermieterin, klopfte an. Gott sei Dank waren Lieschen und ich in durchaus intakter Gewandung. Herein! – „Herr Mühsam, da draussen stehen schon wieder zwei. – Wollen Sie vielleicht über die Hintertreppe –". „Nein, nein!" sagte ich und fühlte, dass meine Lippen weiss wurden. Ich tat aber sehr ruhig, sagte zu Lieschen: „Das bedeutet, dass ich verhaftet werde", und hatte merkwürdigerweise den Gedanken: wie seltsam, dass die Physiognomie des Polizisten selbst von einer so einfachen Frau, und durch den Zivilanzug maskiert, erkannt wird! – Die beiden Staatsretter traten ein. Ich ging ihnen auf den Korridor entgegen: „Was wünschen Sie?" – „Wir kommen von der Polizei. Wir sind Kriminalbeamte. Sie werden aufgefordert, sofort mitzukommen." – „Legitimieren Sie sich." – Geschieht. – „Zeigen Sie mir den Haftbefehl." – Man legt mir ein Staatstelegramm aus München vor: „Bitte um Festnahme des Schriftstellers Erich Mühsam, Charlottenburg, ...strasse 84 bei B., gegen den ich wegen fortgesetzten Vergehens gegen § 128, 129, 73 Haftbefehl erlassen habe. Der Untersuchungsrichter Soundso." Meine erste Frage, die ich mir vorlegte, aber laut dachte, war: „128, 129? Was steht denn da drin?" – Der Beamte hielt sich für angeredet und versicherte, auswendig könne er das so genau auch nicht sagen. Ich glaubte es ihm. Darauf ging ich ins Zimmer zurück, erklärte Lieschen, dass ich verhaftet sei, gab ihr Auftrag, meinen Bruder und den Rechtsanwalt Hugo Caro zu orientieren und küsste ihr zum Abschied die Hand, indem ich sie beruhigte, es werde nicht lange dauern, dass man mich einsperre.

Lieschen machte ein gleichzeitig verwundertes und erschrockenes Gesicht und sagte vor lauter Konsterniertheit garnichts. Auf der Treppe gab ich ihr noch rasch ein Geldstück, damit sie bei den Laufereien und Fahrereien, die sie meinetwegen zu machen hätte, nicht in Verlegenheit käme. Ich eröffnete den Beamten, dass ich Droschke fahren wolle, und da am Savignyplatz kein Auto stand, suchte ich einen offenen Einspänner aus, dessen Rücksitz verdeckt war. In diesen Verschlag setzte ich mich, meine beiden Häscher mit Wauwaugesichtern mir gegenüber. Der eine Polizist – einer mit langem hängendem blondem Schnauzbart und sehr würdiger Miene – nannte die Adresse des Polizeigefängnisses, hatte es aber kaum nötig, denn auch der Droschkenkutscher erkannte offenbar das Amt an seinen Trägern, übersah sofort die Sachlage und nickte schon im Voraus verständnisvoll mit dem Kopf. Während der ganzen Fahrt wurde kein einziges Wort gesprochen. Ich dachte aber: Jetzt sollte ich eigentlich mit Lieschen nach der anderen Seite Berlins – zum Habsburger Hof – fahren. Am Ziel zahlte ich dem Kutscher, gab ihm noch 10 Pfennige Trinkgeld und ging meinen Häschern nach ins Polizeigebäude hinein. Man kann mich totschlagen: Ich weiss nicht mehr, ob ich dort Treppen steigen musste, ob ich in Hinterhäuser geführt wurde oder wie die Baulichkeit beschaffen war. Diese nüchternen Büro- und Quälhäuser haben genau wie Polizeibeamte Visagen von stereotyper Aehnlichkeit, für deren Einzelheiten man sich nicht im geringsten interessiert. Es war mir zunächst auch gleichgiltig, was man mich fragte; ich war nur etwas traurig. Jedenfalls wurde ich bei den ersten Notierungen nicht respektlos behandelt. Der Beamte, der mich empfangen hatte, verliess den Raum, und ich sah mich allein mit zwei Beamten, von denen einer blond und völlig uninteressant aussah. Ich fragte mich, ohne auf eine Antwort zu kommen: Ist das nun eigentlich einer von den Herren, die mich von Hause abgeholt haben oder nicht? – Der andre dagegen wird mir in Erinnerung bleiben. Ganz niedrige Stirn; schwarze, pomadisierte, gescheitelte, das Gesicht, besonders die Stirn eng umgrenzende Haare; gelbe Augen; kleine, aber abstehende Ohren; graue Hautfarbe; tiefe, lange Backenfalten; ein schwarzer Schnurrbart über einem schiefen Mund. Ich ging, die Hände auf dem Rücken, nervös in der Bürostube umher. Ein Junge kam, der bestätigen sollte, ob zu dem ihm gestohlenen Fahrrad eine Satteltasche gehört hätte, die ihm vorgelegt wurde. Der Junge verneinte und ging wieder. Es wurde festgestellt, dass der Dieb also zwei Fahrräder gestohlen haben musste. Ich sah ohne irgendeine Absicht, nur mit dem dumpfen Gedanken: was wird nun eigentlich aus alledem? – die Polizeimenschen an. Da verzog sich plötzlich das eben beschriebene Gesicht zu einem Grinsen, so höhnisch und schadenfroh, dass ich es ganz erstaunt anblicken musste, wie man gerade am Interessiertesten und Gespanntesten dahin zu schauen pflegt, wo sich dem Auge etwas unsagbar Schaudervolles zeigt. Das Kinn zog sich schief nach einer Seite. Die Backenfalten verbreiterten sich. Die ohnehin lächerlich geringfügige Stirn wurde von den sich hinaufziehenden Augenbrauen völlig verdeckt. Die hügelige Nase wackelte, und unter dem Schnurrbart wurden grosse, schiefgestellte, stockige Zähne sichtbar, die mich anfletschten. Als ich mich von dem Schrecken über seinen Anblick einigermassen erholt hatte, das Grinsen aber noch immer nicht aufhörte, fuhr ich den Menschen plötzlich so laut an, dass der andere Beamte erschrocken die Hacken zusammenklappte: „Was haben Sie zu lachen!? " – Die Visage verrunzelte sich zu einer verlegenen Grimasse: „Ich kann doch lachen, wenn ich will." „Wenn" sagte er. Ich schrie auf ihn ein: „Sie haben kein Recht mich auszulachen. Wollte ich Sie angrinsen, würden Sie mich wegen Beamtenbeleidigung anzeigen. Sie haben mich genau so anständig zu behandeln, wie Sie es von mir verlangen. Ich lasse mich nicht von Ihnen verhöhnen." Meine Worte bewirkten, dass sich das Gesicht wieder in den gewohnten Faltenwurf auseinanderrollte, sodass der Mann bei meinen letzten Worten wieder genau so dastand wie vor seiner Teilnahmsäusserung. Nach diesem Intermezzo kam, wahrscheinlich durch meine laute Stimme herbeigelockt, der Kommissär – ich vermute, dass er so etwas war – wieder herein und liess mich abführen. Man – wer, weiss ich nicht mehr, wusste es auch wohl kaum, während es geschah –, man brachte mich eine Eisenstiege hinunter und übergab mich einem Aufseher. – Ich vergass zu berichten, dass ich oben alles aus meinen Taschen herausnehmen musste. Das Geld wurde nachgezählt. Ich hatte 171 M. 45 Pf. nebst einem alten dicken russischen Kopekenstück aus dem 17. Jahrhundert, das mir Cläre mal als Glücksmünze geschenkt hatte und einer ungebrauchten bayerischen 10-Pfennig-Briefmarke. Dann kramte auch noch der Beamte in meinen Taschen nach, sogar die Weste musste ich dazu aufknöpfen. Aber ich hatte schon alles selbst herausgelegt, die vielen Papiere und Papierchen – es waren allerdings seit der Haussuchung am Mittwoch nicht mehr halb-soviel in den Taschen wie vorher –, die Brieftasche, die viele Visitenkarten von mir und anderen enthielt, auch Heftpflaster und den Kontrakt mit Henry; mein Notizbuch, meinen Bleistift, und was sonst noch in meinen zahllosen Rock-, Westen-, Hosen- und Manteltaschen gewesen sein mag. Man brachte mich also dem Gefangenenaufseher des Charlottenburger Polizeigefängnisses, nicht ohne mir auch noch den dicken Spazierstock und sogar den Kneifer abgenommen zu haben. In dem Aufseher, in dessen Gewahrsam ich mich nun befand, lernte ich an diesem Abend den ersten Menschen kennen, der mich weder mit schadenfroher Bosheit, noch mit beamtenmässig korrekter Starrheit behandelte, sondern der mir wirklich menschlich entgegenkam. Ich machte seitdem die Beobachtung, dass alle Gefängnisaufseher, mit denen ich zu tun hatte und habe, bestrebt scheinen, denen, die ihrer Macht unterstellt sind, als Menschen zu begegnen und womöglich eine dem Polizeicharakter gegensätzliche Natur hervorzukehren.Das wird daran liegen, dass der Polizist gewöhnt ist, in seiner amtlichen Tätigkeit im Menschen nur den Verbrecher zu suchen, während sich der Gefängnisbeamte gerade in seiner amtlichen Tätigkeit daran gewöhnt, im Verbrecher den Menschen kennen zu lernen. Die persönliche Freundlichkeit des Mannes fiel mir um so sympathischer auf, als es ihm oblag, mich der allerunangenehmsten Prozedur zu unterziehen. Er nahm mir nämlich zu allem übrigen auch noch Hosenträger, Stiefel, Kragen und Krawatte ab. Aber den silbernen Ring mit dem Mondstein durfte ich an der Hand behalten. Dann musste mir der Aufseher noch einmal den Anzug durchsuchen, wobei er den ganzen Körper abtastete, selbst die Stellen, deren Berührung ich mir weit lieber von schönen Frauenhänden gefallen liesse. Diese Untersuchung nahm er aber mit soviel Rücksicht vor, wie sie eben zuliess, nämlich mit fortgesetzten Entschuldigungen, dass dies seine Pflicht sei und dass es im übrigen auch schnell erledigt sei. Inzwischen hörte ich eine nahe Kirchuhr schlagen und stellte fest, dass es halb 9 Uhr war. Ich war also gerade eine Stunde in Polizeigewalt und überlegte, dass wir jetzt im Habsburger Hof mit einem recht guten Essen fertig wären und langsam ans Aufbrechen denken müssten. Dabei fiel mir ein, dass ich eigentlich Appetit hatte und ich fragte, ob ich nichts zu essen bekäme. Der Aufseher erwiderte, dass Linsensuppe da sei, da ich die aber wahrscheinlich nicht möge, wolle er sehen, ob er nicht etwas anderes beschaffen könnte. Nach einer Weile kam er mit einem Teller Milchreissuppe an, die er mir als sehr gut pries. Ich nahm ein paar Löffel davon, ohne Gefallen an dem Souper zu finden, und versicherte dem Aufseher aus Höflichkeit, dass die Aufregung, in der ich sei, mir zu weiterem Essen den Appetit verlege. Ich wurde nun in eine dunkle Zelle geleitet, deren ganze Einrichtung in einer schmalen, Holzbank und einem kleinen Tisch daneben bestand, auf dem ein Krug Wasser stand und einige Brotreste lagen. Dort wurde ich zunächst eingeschlossen und sass auf der Holzbank, ohne das Geringste sehen zu können. Es schlug drei Viertel, und ich sah im Geiste den Zug aus dem Anhalter Bahnhof dampfen, in dem ich von Rechts wegen hätte sitzen sollen. Ich sass auf meiner schmalen Bank in meiner stockfinsteren Kellerzelle und dachte an – Verschiedenes. Es schlug langsam, sehr vernehmlich, sehr korrekt und etwas unheimlich 9 Uhr. Jetzt kam mir vor, werden es die Bekannten allmählich schon erfahren. Lieschen wird es ins Café gebracht haben. Auf den Redaktionen werden sich die liberalen Schmöcke fragen, ob man für oder gegen mich sein solle, ob man mich als gemeingefährlichen Verbrecher zum Gruseln oder als harmlosen Wichtigtuer zum Belächeln den Lesern zum Frühstück servieren solle .... Der Aufseher schloss mit klirrenden Schlüsseln die Eisentüre auf und teilte mir beschwichtigend mit, dass ich jetzt ein Nachtlager erhalten solle. Darauf weckte er jemand, der in einer benachbarten Zelle schlief und brachte nach kurzer Zeit mit dem eine aus drei losen Strohkissen zusammenzusetzende Matratze herein; darauf kam ein Tuch und dann zum Zudecken eine Pferdedecke. Ich durfte noch ein meiner Zelle gegenüberliegendes Oertchen aufsuchen, dann konnte ich mir's auf meinem Lager „bequem" machen. Ich zog mich also im Dunkeln aus, tastete mich auf dem Steinboden zu meinem „Bett" und versuchte zu schlafen. An dem mörderlichen Jucken, das ich am ganzen Körper empfand, und an der Häufigkeit, mit der sich die nahe Kirchuhr meldete, die ganz pünktlich Viertelstunde für Viertelstunde anschlug, merkte ich, wie wenig mir meine Absicht gelang. Ich sah mit der grössten Lebendigkeit eine Unmenge meiner Bekannten, beteiligte mich an Gesprächen über letzte Wahrheiten und Weisheiten, führte juristische Disputationen über den wahrscheinlichen Inhalt der Paragraphen 128 und 129, die ich fortgesetzt verletzt haben sollte, und von deren Bedeutung ich keine Ahnung hatte, stand vor Gericht und überzeugte in einer forensischen Meisterleistung das Auditorium von der Unsinnigkeit jeglicher Justiz, rief mit Lebhaftigkeit nach dem Kellner, um für mich einen Kaffee schwarz, für Spela einen Cognak zu bestellen, dankte nach der Premiere meines neuen Stückes für den Applaus, riet den Genossen energisch ab, mit Bomben zu werfen, bat Cläre um einen Kuss und Herrn K. um 2000 M. Vorschuss, gestand Gertrud L. meine Liebe und widerlegte H. W. seine Existenzberechtigung, kurz: ich hatte tausend Wachträume, die mir durch die infame Kirchturmuhr alle Viertelstunde als Wachträume bestätigt wurden..... Endlich ging ich auf Flohjagd, was bei der unausgesetzten Bemerklichkeit des Jagdwildes, zugleich aber bei der völligen Dunkelheit der Nacht ebenso kurzweilig wie ergebnislos war. Wirklich: gelangweilt habe ich mich diese Nacht garnicht, im Gegenteil wunderte ich mich bei jedem Anschlagen der Uhr, dass wieder eine Viertelstunde vorbei ging. Besonders hübsch war es, wenn eine volle Stunde herum war. Dann zählte ich ganz langsam mit. Erst vier Schläge: hell, schneidig, beamtenhaft, im gemessenen Abstand hinter einander her. Dann die Zahl der Zeitstunde, deren erster Anhieb nach einer Erholungpause erfolgte: ein tiefer, ehrwürdiger, im Dienst ergrauter Ton, von langem Atem, der ganz ausströmte. Erst dann folgte ihm ein gleicher, mit demselben Anstand und demselben Wertbewusstsein. Jede Stunde aber schloss sich ein neuer Ton den Kollegen an, der als letzter nachhallte wie das Säbelrasseln eines Würdenträgers, nachdenklich schleppend, doch blasiert und gebieterisch. Ich freute mich jedesmal, wenn es wieder einen Schlag mehr gab; es kam mir vor, als sei das immer als eine Ueberraschung für mich gemeint, obgleich ich doch vorher wusste, wie oft es anschlagen würde. Ich kann mir kaum eine grössere kindliche Vorfreude denken, als die, die ich nach elf Uhr empfand, darüber, dass ich das nächste Mal zwölf Schläge zählen durfte. Aber vor ein Uhr hatte ich eine förmliche Angst davor, nach den vier Subalternbeamten nur einen einzigen grabärtigen [sic] Herrn heranprusten hören zu sollen. Als es vorüberwar, atmete ich auf, fand es aber ganz fad, dass es nun für viele Stunden mit dem langen Aufmarsch der Honoratioren zu Ende sei. Die zwei Schläge der nächsten Nachtstunde interessierten mich schon garnicht mehr – und dieses Einschlafen meines Interesses für die Kirchturmuhr mag es bewirkt haben, dass sich aus dem Wulst von Eindrücken, Vorstellungen, Merkwürdigkeiten und Empfindungen ein Netz wob, das meine Glieder zu schwerem Schlaf auf die Matratze niederzwang.

Die Freude der Ruhe dauerte nicht lange. Das Schlüsselbund in der eisernen Tür weckte mich. Der Aufseher rief: Aufstehen! – und ich konnte konstatieren, dass meine jammervolle Zelle in den verwaschenen Konturen der Frühdämmerung sichtbar wurde. Ich musste mich ankleiden: ohne Hosenträger, ohne Kragen und Krawatte, ohne Kneifer, ohne Stiefel, an deren Stelle mir Hauslatschen gebracht wurden. Meine Knochen taten mir von dem harten Liegen überall weh, und die Haut juckte an allen Enden entsetzlich. Ich krempelte den Aermel des Hemdes hoch und bemerkte zahllose Flecken und Stiche, aber noch heute weiss ich nicht, ob mir diese Nacht Flohstiche, Wanzenstiche, Krätze oder nervöse Nesseln eingetragen hat*) und noch heute bin ich die verflucht juckenden Blasen nicht los. Inzwischen wurde ich gewahr, dass es 6 Uhr in der Frühe war, eine Zeit also, die mir zum Zubettgehen vertrauter ist als zum Aufstehen. Aber was will man als einsamer Gefangener gegen die Gewalt der Obrigkeit anfangen?

Ich durfte mich nun in einem hässlichen Raum waschen und erhielt einen Topf mit frischem Wasser und dazu ein grosses klitschiges Stück Brot. Mit diesem Frühimbiss wurde ich wieder allein gelassen, sah es langsam heller werden und hatte nicht die geringste Möglichkeit, mich mit irgend etwas anderm als mit meinen Gedanken zu beschäftigen, die nicht eben die tröstlichsten waren, und die sich jetzt ziemlich teilnahmslos von dem viertelstündigen Kirchturmsgruss unterbrechen liessen. Gegen 7 Uhr kam der Aufseher, der nicht mehr so nett war, wie am Abend vorher, holte die Matratze aus der Zelle und erwiderte auf meine Frage, was denn nun eigentlich mit mir geschehen solle, mittags gegen 1/2 1 Uhr würde ich wohl dem Untersuchungsrichter vorgeführt werden. Das war keine erfreuliche Aussicht, jetzt fünf Stunden lang ohne jede geringste Tätigkeit in diesem schandhässlichen Kellerverlies auf der schmalen Holzbank sitzen zu müssen, denn das Herumlaufen in den Sträflingslatschen fiel mir schwer. So legte ich mich also auf die harte Bank und schlief wirklich in kurzer Zeit ein. Plötzlich aber kam der Aufseher, der mir verkündete, am Tage liegen dürfe ich nicht; dann verschwand er wieder. Die Gedanken, die ich ihm nachschickte, waren nicht eben zärtlich, obwohl er sein Verbot mit der Entschuldigung vorgebracht hatte, wenn die Aufsicht käme, würde man ihm Krach machen. Ich setzte mich also auf die Bank, liess den Kopf auf die Knie hängen und versuchte, in dieser Stellung von neuem einzuschlafen. Nach einer bis zwei Stunden, während derer wieder abenteuerliche Ideen und Spekulationen um mein Gehirn geflogen waren wie die Aasgeier um den Galgen, siegte endlich auch wieder die Müdigkeit, und ich schlief trotz der unbequemen Stellung, trotz des Juckens, trotz der traurigen und aufgeregten Gedanken wiederum ein. Eitle Hoffnung, endlich ungestört ausruhen zu können. Kaum waren mir die Augen zugefallen, als mich der Aufseher anrief und mir befahl, ihm sogleich zum Kommissär zu folgen. Auf meine Bitte wurde mir zu diesem Gange wenigstens der Kneifer bewilligt.

Am Ende des Kellers, in dem die Gefangenenzellen lagen, übergab mich der Aufseher einem Polizeimenschen, und so uninteressant dieser Herr an sich war, so fiel mir doch in dem Moment, wo er anfing, mich die Treppen hinaufzukommandieren, wieder der Charakterunterschied zwischen Polizisten und Gefangenenwärtern auf. Ich kam in einen Saal, wo etwa acht jüngere Leute an einem langen Tische sassen, immer je zwei einander gegenüber, und schrieben: lauter Polizeiakten, dachte ich mir, die da gefüllt werden. Wie fremd muss den armen Menschen, die sie vollgeschrieben haben, die lebendige Wirklichkeit bleiben, die für sie ewig nur „Material" ist. In einer Ecke dieses Bürosaals stand ein Aktenschreibtisch, vor dem ein beleibterer Polizeimensch sass, der mich ins Verhör nahm. Dieses Verhör bestand darin, dass er mich fragte, ob ich Erich Mühsam heisse, bisher in der…strasse 84 gewohnt habe und gestern abend von dort abgeholt sei. Das bestätigte ich ihm. Hierauf fragte er mich, ob ich denn nun mit dem eben derart geschilderten Erich Mühsam identisch sei, worauf ich antwortete: „Ich vermute." – Diese Antwort setzte den Polizeikommissär offenbar in einige Verwirrung. Nachdem er wiederholt hatte: „So? – Sie vermuten das nur?" – besann er sich eine Weile, nahm dann einen Bogen Papier her und verfasste darauf ein Protokoll, das besagte: „Ich bin mit dem Schriftsteller Erich Mühsam, mosaisch, geboren etc., wohnhaft etc., identisch." Hierunter ersuchte er mich, meinen Namen zu schreiben, was ich zu seiner grossen und deutlich bemerkbaren Beruhigung tat. Eigentlich kitzelte es mich in dem Moment, die Unterschrift nicht zu geben, wozu mich keiner hätte zwingen können. Aber ich war doch schon zu mürbe, um etwa unangenehme Wirkungen eines letzthin schlechten Witzes noch auf mich nehmen zu mögen. Also um zu bestätigen, dass ich mit mir identisch sei, hatte ich den endlich gewonnenen Schlaf abschütteln müssen.

Jetzt durfte ich wieder hinuntergehen. Der Aufseher nahm mir den Kneifer ab, und ich wurde von neuem in die unwirtliche Zelle bei Wasser und Brot eingeschlossen. Weitere Versuche, den Schlaf zurückzubeschwören, misslangen völlig, und ich überliess mich nun meinen Betrachtungen, Erinnerungen und Erwägungen. Ich verglich diese Verhaftung mit der, die ich vor anderthalb Jahren mit Johannes Nohl zusammen in Ascona erfuhr, und stellte fest, dass, obgleich die äusseren Formen damals gröber waren: Fesselung, fast einstündiger Transport zu Fuss mit den schweren Handschellen, Aufstöberung aus dem Bett nach vier schlaflosen Nächten und erst einer halben Stunde Schlummer, Püffe und Gewalt bei der Festnahme – obgleich alle diese

Rohheiten diesmal nicht dabei waren, doch meine jetzige Lage unendlich weniger erfreulich sei als die damals. Damals waren wir zwei Freunde, die ein gleiches traf; die ganze Affäre hatte die Romantik des Südens; die Beamten, die uns fortführten, wirkten nicht wie diese Norddeutschen als exakte Mechanismen, sondern als rohe italienische Schlingel; dann kam dort die verwanzte, dreckige, stinkige Zelle zu zweien in dem herrlichen alten „antico castello", von dem man – und gerade von meiner Zelle aus – den prächtigsten Ausblick auf den See und auf die wundervollen Berge hatte, die mit Tagesanbruch immer goldiger in unsre verlausten Käfige schauten; schliesslich die Verständigung zwischen dem Freund und mir durch lautes Schreien von einer Zelle in die andere, in einer Sprache, die die groteske Hexe von italienischer Beschliesserin nicht kannte. – Hier hingegen ich allein, ohne einen Menschen bei mir, der sich um mich sorgt, und um den ich mich zu sorgen hätte. Alle elementare Brutalität ersetzt durch eine geschäftsmässige, funktionelle Nüchternheit. Und nur ein Umstand, der hier wie dort die Situation komplizierte: die völlige Unkenntnis gegenüber den Gründen, die die Verhaftung veranlassten. Aber auch darin welcher Unterschied zugunsten Asconas! Dort wussten wir, es liegt nichts vor, und wir haben die Advokaten, den Arzt und den Friedensrichter des Orts zu Freunden, deren Wink zu unsrer Befreiung genügen würde. Das zeigte sich dann auch: als wir nach achtzehnstündiger Haft trotz unsres lebhaften Verlangens dem „Procuratore" nicht vorgeführt wurden, schickten wir vier gleichlautende Telegramme zur Beförderung nach Ascona an die Carabinieri, die uns in Gewahrsam hatten: „Senza cosa arrestati: Prego da noi liberare. Mühsam. Nohl."*) Die Telegramme wurden gar nicht abgesandt. Zehn Minuten, nachdem wir sie aufgesetzt hatten, waren wir frei. –

Und jetzt? Die Tage vor meiner Verhaftung waren, veranlasst durch die Haussuchung, die die Berliner Polizei im Auftrage der Münchner bei mir vornahm, Notizen durch die Blätter gegangen, wonach ich an der grotesken Münchner Bombenaffäre beteiligt gewesen sein sollte. In der Tat wurde mir von den Beamten, die mein Zimmer und meine Taschen durchstöberten (in Uebereinstimmung mit der Wahrheit)*) gesagt, ich solle mit den Verhafteten, die dieses Unternehmens beschuldigt wurden, öfters gesehen worden sein. Da für Leute, die keinen Einblick in mein Tun haben können, der Eindruck entstehen musste, diese Zeitungsnotizen kompromittieren den Mühsam schwer in der Angelegenheit, erliess ich im „Berliner Tageblatt" und im „Lokal-Anzeiger" Erklärungen, in denen ich die Unsinnigkeit solcher Kombinationen nachwies. Danach glaubte ich allen Gefahren überhoben zu sein und ohne Geheimniskrämerei in die Schweiz abreisen zu können. Und nun doch die Verhaftung: wegen fortgesetzten Vergehens gegen §§ 128, 129, 73. Zwar hatte ich bei der Protokollierung meiner Identität den Polizeikommissär ersucht, mir den Inhalt dieser Paragraphen anzuvertrauen, aber der hatte sie mir so schülerhaft vorgelesen, dass ich nur den Sinn des § 73 des Strafgesetzbuches verstand, der nichts wie Strafausführungsbestimmungen enthält, die nämlich, dass bei Verletzung zweier Paragraphen das Strafmass des schwerer zu sühnenden Vergehens in Anwendung zu bringen sei. Was das eigentliche Delikt anlangt, so war ich in den Stunden, die ich eben beschreibe, noch vageren Kombinationen überlassen als vorher. § 130, das wusste ich, betrifft die Aufreizung zu Gewalttätigkeiten verschiedener Bevölkerungsklassen gegen einander. Dafür bin ich schon mal bestraft worden. 128, 129 konnten nicht sehr Unähnliches betreffen, da sie so dicht danebenstehen: Aber welches potische [sic] Verbrechen konnte ich „fortgesetzt" begangen haben? Ich war mir keines bewusst. Nur soviel gestand ich mir doch, dass deutsche Behörden nicht so rasch zur Verhaftung eines Menschen schreiten, der, wie ich, einen bekannten Namen hat, wenn sie nicht mindestens starke Gründe für ihr Vorgehen zu haben meinen, und dass die Freilassung – mögen die gegen mich erhobenen Vorwürfe noch so falsch sein – nicht mit einem Federstrich und in ein paar Stunden zu erzielen sein würde.

Solche Ueberlegungen beherrschten etwa die Stimmung, in der ich mich nun in der Kellerzelle des Charlottenburger Polizeigefängnisses am Vormittage des 30. Oktober befand. Ich erhielt indessen den Besuch eines beleibten, vollbärtigen Herrn mit Kneifer und Zigarre, der sehr von oben herunter auftrat und mich in schneidigem Beamtenton nach Namen und Stand fragte. Er kicherte dabei und verschwand wieder. Dann kam noch ein sehr ernst schauender, offenbar höherer Beamter, der mich nur musterte. Ich hatte bei beiden die Empfindung: die wollen sich das rare Tier mal ansehen, das man ihnen da hereingebracht hat. Inzwischen schlug die ominöse Uhr Mittag, und ich bekam eine greuliche dicke Graupensuppe, wieder mit einem Riesenklumpen klebrigen Brotes. Da ich sehr ausgehungert war, zwang ich mich, möglichst viel davon zu essen. Gegen 1 Uhr wurde mir endlich eröffnet, dass ich mich bereit machen solle zur Ueberführung. Ich hatte kaum Zeit, mir die Stiefel anzuziehen und den Kneifer aufzusetzen. Die Hosenträger wollte mir der Aufseher nur so in die Hand geben. Er empfahl mir, sie in die Tasche zu stecken. Ich überrumpelte ihn aber, indem ich – eins, zwei, drei – Jacke und Weste auszog und die Hose sorgfältig befestigte, ehe ich mich bereit erklärte. Jetzt wurde ich einem uniformierten Charlottenburger Polizisten attackiert, der mich zu einem Polizeiwagen begleitete, einem von allen Seiten geschlossenen dumpfigen Kasten, vor den zwei Schimmel gespannt waren. Ich schlug vor, auf meine Kosten eine Droschke zu nehmen, man bedeutete mir aber, dass ich das vorher hätte sagen sollen (als ob ich dazu Gelegenheit gehabt hätte, wo ich keinen Schimmer hatte, was mit mir werden sollte). In dem Wagen sassen schon vier Personen drin, alle ehrpusselig in einer Reihe. Ich setzte mich ihnen gegenüber, ganz vorn, von wo ich durch eine Lücke unterhalb des Kutschersitzes auf die Strasse sehen konnte. Der Schutzmann setzte sich auf das gleiche Brett in die hintere Wagenecke, wo für ihn eine Decke lag, und ordnete die Packete, die meine und meiner Leidensgefährten Habe enthielten. Die Karre setzte sich also in Bewegung, und ich hatte Zeit, während der schweigsamen Fahrt zum Gerichtsgefängnis meine Mitreisenden zu betrachten. Mir gegenüber sass ein Mann von etwa 50 Jahren, eine Gestalt, wie man sie in Herbergen, Wärmehallen, Kaschemmen und ähnlichen Orten massenhaft antrifft. Für meine Gruppe „Vagabund“ des Sozialistischen Bundes, die ja leider nicht mal zustande kam, und für deren Nichtverstehen durch Unbeteiligte ich anscheinend jetzt hier sitze, schien mir der Mann indessen nicht zu taugen. Dazu sah er mir nicht verzweifelt genug aus, auch nicht ingrimmig genug. Sein Gesicht hatte eher einen sozusagen demütig-verdrossenen Ausdruck. Neben diesem armen Teufel sass ein junger Mensch, sehr lang und blass und von unintelligentem, fast stupidem Aussehen. Er hielt in der Hand krampfhaft seine Hosenträger und schien seine Lage mit einem stumpfsinnigen Widerwillen zu ertragen. Die beiden anderen Wageninsassen waren Mädchen. Eine grosse, ziemlich üppige, nicht hässliche, aber etwas verlebte Person, die ich für eine Prostituierte in mittlerer Preislage hielt, und ein nettes, junges, zartes, blondes, verängstigtes Geschöpfchen, das um, wer weiss was für einen kleinen Ladendiebstahl die traurige Fahrt mitmachen musste. – Zuerst fuhr der Wagen in die Kirchstrasse zum Krankenhaus, holperte dort über die steinerne Hofschwelle durchs Portal, dass wir alle fast durcheinandergefallen wären, und liess die grössere und ältere der Frauensleute dort aussteigen und vom Personal in Empfang nehmen. Armes Wurm, das man nur gesund werden lässt, um es den Torturen der „Gerechtigkeit“ zu überliefern! – So fuhren wir dann, eine Person weniger, weiter zum eigentlichen Gefängnis. – –

Ich habe eben mein Abendbrot verzehrt. Gleich werde ich ins Bett geschickt. So will ich für heute schliessen, und die Begebenheiten vom zweiten Tage meiner Gefangenschaft und vom Betreten der zweiten Station an morgen weiterschildern.

Der Wagen fuhr, wie mir schien – denn durch meine Luke hatte ich während der ganzen Fahrt immer nur ein paar Strassenpflastersteine, ein Stück Wagendeichsel und zwei weisse, sich bald zu einander hinbewegende, bald von einander abhüpfende Pferdeärsche gesehen –, durch mehrere Höfe vor das Portal des Gefängnisses. Der Schutzmann stieg aus, und als ersten Gruss aus der neuen Behausung hörte ich eine ungeschmierte Beamtenstimme krächzen: „Nun mal alle raus da!" – Es war ein grosser Mensch mit Schnurrbart und Glatze, der uns vor dem Wagenschlag erwartete, ein Mittelding etwa zwischen einem Gerichtsschreiber und einem Kriminalbeamten, wenn ich aus seinem Benehmen auf sein Geschäft schliessen darf. Mit einer Handbewegung, als ob er jeden einzelnen im Vorbeigehen an den Hintern schlagen wollte, liess er uns an sich vorbeidefilieren und schloss sich uns in der Haltung eines Viehtreibers an, während er uns ins Haus schickte. Dabei kommandierte er im Unteroffizierston: „Links!" „Rechts!" „Gerade aus!" „Hier rauf!" „Hier rein!" – und schon befanden wir uns in einer kleinen, weissgekalkten Zelle mit einem kleinen, starkvergitterten Fenster, durch das man ein Stück des Hauses von verschiedenen Seiten, ein Eckchen Gefängnismauer und ein bischen Garten sehen konnte. Unter „wir" sind zu verstehen: meine beiden männlichen Fahrtgenossen und ich, – und zu uns wurde gleichzeitig noch ein Mensch von vielleicht 25 Jahren eingelassen und dann hinter uns die Eisentür zugesperrt. Das kleine, blonde Mädchen führte der glatzköpfige Menschenbändiger in eine Zelle nebenan. Ich hörte, wie er sie draussen barsch fragte: „Wie alt sind Sie?" Bei dieser Gelegenheit erfuhr ich, dass das geängstigte Tierchen erst 21 Lenze zählte. Ich überlegte aber, was den pflichteifrigen Beamten wohl veranlassen mochte, das junge Mädchen in diesem Augenblicke, wo er gar nichts aufzuschreiben, sondern sie nur provisorisch einzusperren hatte, nach dem Alter zu fragen.

Unsere Zelle wies als einzige Einrichtung einen Küchenstuhl auf, den der älteste von uns, der verdrossene Kunde, sogleich besetzte. Wir anderen füllten den kleinen Raum im übrigen fast vollständig aus. Der neue Gefährte, den wir hier kennen lernten, schien mit der Oertlichkeit schon vertraut zu sein. Jedenfalls benahm er sich, als sei er unser Hauswirt. Sein Gesicht überstrahlte ein breites, unbesorgtes Lachen und hatte etwas clownmässiges. Seine Figur war untersetzt und sehr stämmig. Er hatte Riesenhände und den Anzug etwa wie ein Zimmermann. Ich taxierte ihn auf schwere Körperverletzung. Der brachte Unterhaltung zwischen uns, indem er zunächst den Alten auf dem Stuhl nach seinem Delikt fragte: „Du hast wohl jestohlen?" – Der Angeredete litt sichtlich und zuckte nur mit den Schultern. Darauf wandte sich der neugierige Herr an mich: „Na, und wat hast du jemacht?" – Ich war etwas in Verlegenheit, wie ich verständlich antworten sollte und sagte dann kurz und politisch: „Politisch". Der Proletarier wurde von Respekt erfüllt. Das war an dem Ton kenntlich, in dem er erwiderte: „Det ha'k mir doch jleich jedacht. Se sind woll Redaktör?" – Er siezte mich schon, und ich antwortete: „Sowas ähnliches". – „Ja, ja. Mit det Schreiben –" meinte er dann und versank in Stillschweigen und Nachdenken. Nach einer Weile wurde er hinausgerufen. Kurz darauf : „Mühsam!" – Es war das erste Mal seit meiner Verhaftung, dass mir das Prädikat „Herr" entzogen wurde. Ich musste dem unsympathischen Glatzkopf folgen, der mir jede Weisung, ob ich links oder rechts zu gehen habe, in einem Ton gab, als ob ihn meine Existenz mit dem tiefsten Abscheu erfülle.

Ich gelangte über eine Treppe und durch mehrere Türen in das Zimmer des Richters und sah mich einem grossen, eleganten Herrn gegenüber, der, wie ich später erfuhr, auf den Namen Assessor B. hörte ....Er fragte mich höflich nach den Personalien und eröffnete mir nun ganz offiziell, dass der Untersuchungsrichter in München meine Verhaftung wegen Vergehens gegen die §§ 128 und 129 angeordnet habe. Er las mir nun die Paragraphen klar und deutlich vor, und ich will sie hier abschreiben, damit ich mich, wenigstens im allgemeinen und prinzipiellen, immer über die Verbrechen orientieren kann, die ich nach Meinung des Münchener Untersuchungsrichters begangen haben soll. Ich kann das umso leichter, als mir Rechtsanwalt Caro gestern auf meinen Wunsch das Strafgesetzbuch für das Deutsche Reich in Philipp Reclams prächtiger 20 Pfennig-Ausgabe ins Gefängnis brachte.

§ 128: „Die Teilnahme an einer Verbindung, deren Dasein, Verfassung oder Zweck vor der Staatsregierung geheim gehalten werden soll, oder in welcher gegen unbekannte Obere Gehorsam oder gegen bekannte Obere unbedingter Gehorsam versprochen wird, ist an den Mitgliedern mit Gefängnis bis zu sechs Wochen, an den Stiftern und Vorstehern der Verbindung mit Gefängnis von einem Monat bis zu einem Jahre zu bestrafen.“

§ 129: „Die Teilnahme an einer Verbindung, zu deren Zwecken oder Beschäftigungen gehört, Massregeln der Verwaltung oder die Vollziehung von Gesetzen durch ungesetzliche Mittel zu verhindern oder zu entkräften, ist an den Mitgliedern mit Gefängnis bis zu einem Jahre, an den Stiftern und Vorstehern der Verbindung mit Gefängnis von drei Monaten bis zu zwei Jahren zu bestrafen.“

Der § 73 enthält nur Ausführungsbestimmungen. Herr Assessor B. las ihn mir gleichwohl mit vor und fragte mich, was ich darauf zu bemerken hätte. Ich gab hierauf die Erklärung zu Protokoll: „Ich bestreite, mich irgend einer strafbaren Handlung schuldig gemacht zu haben und lege gegen meine Verhaftung Beschwerde ein.“ Das unterschrieb ich. Auf meine Frage, worin denn nun eigentlich meine Vergehen bestehen sollen, erfuhr ich, dass darüber hier gar nichts zu erfahren sei, dass die Akten von München noch nicht eingetroffen seien, und dass der Richter hier darüber ebensowenig wisse wie ich. Hierauf bat ich, mich sofort mit meinem Anwalt Hugo Caro in Verbindung setzen zu dürfen, nahm aber, während ich die Bitte aussprach, zu meinem freudigen Erstaunen wahr, dass vor mir auf dem Tisch Caros Visitenkarte lag. Ich erfuhr dann auch, dass der Rechtsanwalt anwesend sei und mich zu sprechen wünsche. Er wurde hereingelassen, und ich sah das erste bekannte menschliche Gesicht seit meiner Trennung von Lieschen. – Wir waren beide etwas betreten, Caro, wie mir schien, noch mehr als ich, aber ich hatte Gelegenheit, eine Reihe von Wünschen anzubringen. Selbstbeköstigung und die Erlaubnis zu lesen und zu schreiben wurde mir sofort erteilt. Dann bat ich Caro, sich sogleich mit Jusitzrat Bernstein in München in Verbindung zu setzen, damit im Falle meiner Ueberführung dorthin alles vorbereitet sei. Er berichtete, dass mein Bruder ihn bereits antelefoniert habe und versprach, alles zu tun, was in meinem Interesse notwendig sei. Ich trug Caro Grüsse an alle Freunde und Bekannte auf und entliess ihn mit dem beruhigenden Gefühl der Sicherheit, dass die Verbindung mit der Welt ausserhalb der scheusslichen roten Mauer doch nicht unterbrochen ist.

Ich hatte jetzt ebenfalls das richterliche Gemach zu verlassen, denn eben wurde der lange Mensch hereingeführt, der mir im Polizeiwagen mit dem Hosenträger in der Hand gegenüber gesessen hatte. Der peinliche Kahlschädel übernahm wieder meine Führung und brachte mich unter unhöflichem Antrieb in die kleine Kalkbude zurück, wo ich den ältlichen Kunden noch immer auf dem Stuhl sitzend antraf. Er sprach mich an: „Sie hat man aber lange dabehalten“. Ich schloss daraus, dass er mit Gefängnisgepflogenheiten schon etwas Bescheid wisse und fragte ihn, weshalb er denn hierhergekommen sei: „Ich soll gestern was gestohlen haben“, erwiderte er traurig. „Ich weiss aber nichts davon. Wenn es wahr is, dann muss ich ja wohl ins Krankenhaus. Denn weiss ich nich mehr, was ich tu und bin im Kopf nich richtig.“ – Er wurde herausgeholt, und ich blieb kurze Zeit allein, während der ich aus dem offenen Fenster in den rot umschlossenen Garten sah. Dann kam der lange Jüngling mit dem stumpfen Ausdruck wieder herein, und ich bemerkte, dass ihm die Hosenträger jetzt aus der Tasche hingen. Ich knüpfte mit ihm ein Gespräch an, indem ich auch ihn nach seinem Delikt fragte. „Zuhälterei“, sagte er. „Aber sie können mir jarnischt beweisen. Na, meine Schwester hat heut morjen jleich nach’n Anwalt jeschickt.“ – „Sind Sie zum ersten Male in Haft?“ – „Ja. Sie haben mir heut morjen aus’t Bette jeholt.“ – „Sie waren auf nichts vorbereitet?“ – „Keene Ahnung. Wo kann een Mensch daruf kommen?“ –

In einer solchen Lage, in der man selbst völlig unübersehbaren Dingen gegenübersteht, und wo einem selbst übel genug zu Mute ist, vergeht einem die Neigung, anderen Trost zuzusprechen. Man orientiert sich einfach über das Schicksal des Nachbars und wendet seine Gedanken alsbald dem eigenen zu. So brachen wir die Unterhaltung kurz ab und ich dachte mir: jetzt wird’s bald 3 Uhr sein. Jetzt ungefähr käme ich in Zürich an, und heut oder morgen hätte ich dort liebe Freunde wiedergesehen, die befreundeten Anarchisten aufgesucht, im Café Terrasse gesessen und mit Doktor Brupbacher die Probleme Sozialismus, Demokratie, Anarchismus und Individualismus diskutiert und darüber gestritten, ob sich der Enthusiast der Freiheit in seinen praktischen Massnahmen auf den Produzenten- oder auf den Konsumentenstandpunkt zu stellen habe, gestritten über die gleichen Themata und mit der gleichen Hitzigkeit wie vor fünf Jahren, und seitdem, so oft ich durch Zürich kam.

Der arme alte Kerl, der selbst nicht wusste, ob er wusste, was er tat, wurde zurückgebracht, und unser Dompteur führte uns nun die Treppen hinunter über einen Hof und durch den Garten, den ich durch das vergitterte Fenster gesehen hatte, an eine Tür, über der zu lesen stand: „Eingang zum Gefängnis". Dann kommandierte er uns in ein sonderbares Gelass, schlug die Türe zu und schloss sie mit brutaler Vernehmlichkeit ab. Den waren wir jetzt los. Der Raum, in dem wir unsere weiteren Bestimmungen jetzt erwarteten, war grösser, aber noch unfreundlicher als der, von dessen Fenster wir wenigstens den Garten gesehen hatten. Er war lang und rechteckig, das Fenster war klein und sehr hoch angebracht, sodass die Zelle halbdunkel war. Ueber die Einrichtung dieses Gemaches gab ein kleines Plakat Aufschluss, das an der Wand hing. Ich glaube, ich bringe die Gegenstände, die darauf verzeichnet waren, noch aus dem Gedächtnis zusammen. Ihre Anzahl war nicht gross genug, um für die Aufzählung einen Mnemotechniker zu erfordern. Die Ueberschrift hiess stolz: „Inventarium". Dann stand sauber untereinander: „1 Nachtgeschirr aus Steingut. 1 Nachtgeschirr-Deckel. 1 Wandbrett. 1 Spucknapf. 1 Wasserkanne. 1 Trinkbecher. 1 Bank. 2 Stühle. 1 Zellenlampe.1 Leibstuhl." – Unter dem „Leibstuhl" ist ein in eine Ecke gebautes Holzgestell zu verstehen, ein Dreifuss, der aber nur zwei Füsse hat, weil den hinteren die Wandecke vertritt, in die das Gestell eingeschlagen ist. Zwischen diesen Füssen befinden sich in mässigem Abstand übereinander zwei nach vorn runde Bretter, auf deren unterem das Steingutnachtgeschirr mit dem Metalldeckel steht, deren oberes aber nur der Rand um ein kreisrundes Loch ist, das so genau um das Geschirr passt, dass man dessen Deckel gerade noch an seinem Knopf herausholen kann, um ein ganz prächtiges, gebrauchsfertiges wasserloses Geruchkloset zu haben. – In dem so beschaffenen Raum sass ich nun zusammen mit dem unbewussten Dieb und dem Zuhälter, dem nichts zu beweisen war, ich selbst ein Staatsverbrecher, der sein Staatsverbrechen noch gar nicht kannte. Denn was half mir die Kenntnis des Wortlautes der Paragraphen, deren Verletzung man mich beschuldigte, wo ich bei angestrengtestem Nachdenken nicht auf die Straftat kam, mit der ich sie verletzt haben sollte? – Man liess uns lange warten, Jeder hatte genug mit sich selbst zu tun, als dass einer ein Gespräch begonnen hätte. Nur manchmal knurrte einer von uns dreien: Wie lange sollen wir denn hier noch sitzen? Kümmert sich denn kein Mensch weiter um uns? oder ähnliches.

Endlich kam ein Aufseher, ein gutmütig aussehender Mann in einfacher blauer Uniform mit roten Aufschlägen. „Sind Sie Herr Mühsam?" fragte er, während er auf mich zukam. Dann hiess er mich ihm folgen und führte mich eine hohe Treppe hinauf bis zu einem Absatz, an dem stand: Zweites Stockwerk. Dort übergab er mich einem ebenso gekleideten Beamten, der nicht minder freundlich aussah und mich aufforderte, mich auf einen Stuhl zu setzen, der auf dem Korridor neben einem Tische stand. Ich merkte, dass ich unmittelbar vor dem Ziele stand. Denn ich sah mich im Winkel eines hellen, langen Korridors, dessen beide Schenkel von nummerierten, mit schwerem Eisengriff und dicken schwarzem Schlüsselloch versehenen Eisentüren flankiert waren. Dieser Korridor war eine Art Brücke. Denn gegenüber den Zellen war ein richtiges Geländer, über das man nach unten und nach oben sehen konnte, dass das untere und das obere Stockwerk diesem zweiten ganz gleichartig gebaut war. Jenseits des Geländers lag der tiefe, von der nackten Wand begrenzte dröhnende Hausraum, und unten an der Wand sah man gleich einer Raupe das gewellte, rotgestrichene Rohr der Zentralheizung dahinkriechen. In der Höhe des zweiten Stockwerks aber, also in gleicher Höhe mit mir, hing, eingeklemmt in die Wandecke, wie das Auge des Gesetzes, das zugleich nach mehreren Richtungen sehen möchte, eine grosse, runde, martialisch ernsthafte Uhr mit breitem rotbraunem Rand, auf dem in mächtigen Lettern die Worte standen: „Normalzeit der Sternwarte." – Die Zeiger belehrten mich, dass er kurz nach vier Uhr war. Auf dem Flussboden des Korridors, auf dem ich der Anweisung einer

Zelle harrte, lagen, angelehnt an das hohe eiserne Brückengeländer, viele hohe Stapel seltsam zurechtge schnittenen Papiers. Nach einiger Ueberlegung kam ich dann dahinter, dass sich so präpariertes Papier ausgezeichnet zum Tütenkleben verwenden lassen müsse. Indem ich mich den Assoziationen hingab, die sich an derlei Wahrnehmungen zu knüpfen pflegen, kam der Aufseher wieder und schloss vor mir die Zelle 42 auf, in die er mich eintreten hiess. Hinter mir schloss er sie wieder ab und ich hatte nun hinlänglich Zeit, mich in meinem neuen Heim umzuschauen. Die Zelle war vielleicht sechs Schritte lang- und so schmal, dass ich die Arme noch nicht ganz auszustrecken brauchte, um an jede Wand eine flache Hand mit der ganzen Innenseite anzulehnen. Die Höhe war nicht gering. Gegenüber der Tür war das Fenster, dessen unterer Rand nahezu zwei Meter über dem Fussboden lag. Das Fenster, wenn man nicht lieber von einer Luke reden will, war horizontal geteilt, und zwar konnte man den oberen Teil halb auf- und zuklappen. Statt eines Fensterkreuzes hatte die Scheibe sich mehrfach schneidende eiserne Stangen, und dahinter sah man auch aussen noch ein eisernes Gitter die Sicherheit der Abschliessung gewährleisten. Die Scheibe war graues, dickes, gewelltes, undurchsichtiges Glas, sodass mir auch ein Klimmzug, mit dem ich mein Auge in die geeignete Höhe hätte bringen können, nichts genützt hätte, um hinauszusehen. Links der Türe, in die Wandecke eingezimmert, befand sich ein „Leibstuhl" von derselben Art, wie ich schon beschrieben habe. Ihm gegenüber ein Spucknapf. An der linken Wand hing, angekettet, eine Schlafpritsche, d. h. ein eisenbeschlagenes Holzgestell, zwischen dem und der Wand eine Strohmatratze eingeklemmt war. An der Erde darunter lag ein Keilkissen, aus dessen Löchern Strohhalme herausragten. Ich bemerkte, dass unter dem Gestell mit Scharnieren Eisenbeine befestigt waren, die nach dem Losketten das Bett zu tragen hätten. An der rechten Seite des Zimmers hing ein zweifächeriges Holzbord an der Wand, auf- unter und in dem, sauber nach einer daneben hängenden gezeichneten Tabelle geordnet, folgende Gegenstände untergebracht waren: Ein neues Testament, ein Trinkbecher, ein Wasserkrug, eine Schuh- und eine Kleiderbürste, ein Essnapf, ein Löffel, ein Salzfass, eine Waschschüssel, ein Seifennapf, ein Kamm, eine Müllschippe mit Handfeger, ein Handtuch, ein Geschirrtuch und ein Scheuerlappen. Weiterhin war eine Tischplatte mit einem Bein an der Wand befestigt, und meine Versuche ergaben, dass auch dieses Möbel sich hochklappen liess. Das gleiche zeigte sich bei der etwas kürzeren und schmäleren, gleichfalls auf ein Bein gestützten Bank, die sich nicht vor, sondern hinter dem Tisch befand, sodass ich mit Schrecken gewahrte, dass ich, wenn ich schreiben wollte, das Licht immer von hinten bekommen musste, was mir für meine ohnehin nicht luchshaften Augen kaum vorteilhaft schien. – Damit habe ich, falls ich nichts vergass, alles aufgezählt, was die Einrichtung der Zelle ausmachte. An der rechten Wand zogen sich nicht sehr hoch über dem Fussboden zwei gut geheizte Rohre der Zentralheizung hin. Natürlich vergass ich noch etwas: die gezeichnete Anordnung für den sogenannten „Spind" erwähnte ich schon, aber mit ihr hingen an diesem Spind ein vollzähliges „Inventarium" und ein gedrucktes Heftchen, das sich „Verhaltungsvorschrift" nannte und aus dem ich die Tagesordnung der Anstalt und noch manches Wissenswerte erfahren konnte. Ferner vergass ich ein Plakat, das auf jeder Seite einen frommen Spruch zur Besserung sündiger Menschen enthielt und eine Petroleumlampe, die einen höchst seltsamen Schirm hatte, aus Blech nämlich, den man wie einen Parapluie über den Zylinder zog. Das war nun aber wirklich wohl das gesamte Inventar, mit dem mich vertraut zu machen ich für die Lebensaufgabe meiner nächsten halben Stunde hielt.

So lange dauerte es kaum, als der Aufseher mir zwei grosse Decken und zwei Ueberzüge in die Zelle brachte, mit dem Bemerken, ich möge nun das Bett überziehen. Ich entdeckte jetzt, dass die Kette, mit der das Lager an der Wand befestigt war, nur über einen Haken geschoben war, und indem ich alle Leibeskraft zusammennahm, gelang es mir denn auch, sie davon loszumachen, sodass ich mich nun gegen das schwere Gestell zu stemmen hatte, damit es nicht mit aller Macht mir auf die Kniescheibe falle. Jetzt musste ich etwas sehr Trauriges erleben. Der Tisch und die Bank war nämlich heruntergelassen, und es stellte sich heraus, dass das Bett nicht aufgeschlagen werden konnte, solange das der Fall war, weil es mit dem Tisch karambolierte. Ich hob also das Bett mit grosser Anstrengung wieder empor und bemühte mich, es so lange mit der Hand festzuhalten, bis der Tisch an die gegenüberliegende Wand geklappt war. Etliche Male musste ich den Versuch erneuern, endlich glückte er, und ich liess das Bett langsam niedergleiten, bis dessen Platte plötzlich auf der Bank festsass. Selbst die schmale Bank hatte zwischen dem schmalen Bett und der Wand keinen Platz mehr. Diesmal genügte aber ein kleiner Anhub, um die karambolierenden Möbel aneinander vorbeizubringen, und dann stellte sich die erfreuliche Erscheinung heraus, dass die Bank zugleich mit dem Bett niedergelassen, gerade auf dem Bettrand lag, also eine natürliche direkte Verbindung vom Bett zur Wand schuf. Ich vergegenwärtigte mir, was für eine sympathische Beschäftigung es sein müsste, wenn ich im Bett läge und von dort aus kleine Steinkugeln, die die Berliner Jungens „Murmeln“ nennen und die bei uns in Lübeck „Picken“ hiessen, gegen die Wand kollern liesse. – Es war mir gelungen, das Bett aufzuschlagen, und ich besah jetzt das Material, mit dem ich es ausschmücken sollte. Da war ein kleiner eckiger bräunlicher Linnenüberzug, der, wie mir schien, ganz die Fasson des Keilkissens hatte. Ich experimentierte damit eine Weile, und schliesslich gelang es mir wirklich, das Keilkissen in den Ueberzug hineinzuquetschen, dass es wie angegossen sass. Und darin war da ein mächtiger leinener blaukartierter Ueberzug, den ich mit einiger Angst betrachtete. Erst meinte ich, dass man damit wohl eine der Decken überziehen müsse, sah aber ein, dass dafür der Bezug viel zu gross sei. So entschloss ich mich denn, die Matratze in das Ding hineinzupferchen. Ich nahm sie vom Bettstell ab und lief bald an das Kopfende, bald an das Fussende, um zu probieren, ob ich sie nicht in den offenen Rachen des blauen Bettbezuges schieben könnte. So ging es nicht. Ich legte nun die Matratze dahin, wohin sie gehörte und zog mit dem Ueberzug gegen sie zu Felde. Es war äusserst schwierig. Aber mir kam ein genialer Einfall. Ich drehte das blaue Zeug um und zog es nun der Matratze von unten herauf an den Leib, wie man Kindern Strümpfe anzieht. Zwar rutschte die Matratze dabei immer mehr von der Bettstelle ab und schob mich zurück, aber als ich endlich rücklings auf den Deckelknopf des „Leibstuhls“ zu sitzen kam, da hatte die Tugend gesiegt und die Matratze war in ein blaukarriertes Kleid gehüllt. Ich schob sie, stolz auf mein geglücktes Werk, an ihren Platz zurück, legte das Keilkissen oben darauf und packte die beiden Decken darüber. Nun mochte kommen, was wollte: mein Nachtlager war in Ordnung. – Der Aufseher kam, fragte, ob ich fertig sei. und ich zeigte ihm, sehr mit mir zufrieden, das Resultat meiner Tätigkeit. Der Mann sah mich von der Seite an, lächelte vergnügt, ging dann zur Tür und rief hinaus: „Giesmann!“ – Giesmann kam. Ein blondbärtiger Berliner Arbeiter im Sträflingsanzug. „Machen Sie das mal in Ordnung“, wies ihn der Beamte an und verliess die Zelle. Giesmann schmunzelte: „Sie sind sone Arbeeten woll nich jewöhnt?“ – Damit schmiss er Decken und Keilkissen vom Bett herunter und pellte mit grosser Behendigkeit die Matratze aus dem Ueberzug wieder heraus, in den ich sie eben mit so viel Liebe und Anstrengung hineingezogen hatte. Ich sah recht wehmütig zu. Nackt wie sie gewesen war, legte er die Matratze zurück, prüfte das Keilkissen, das er in seinem Ueberzug anerkannte und legte die beiden Decken sehr sorgfältig übereinander. Dann kniffte er sie an einer Seite ein und schob mit kaum glaublicher Geschicklichkeit den blauen Ueberzug über beide Decken zugleich. Unterdessen unterhielt es sich sogar noch mit mir, fragte mich, warum ich hier sei und erzählte, dass man ihn wegen verbotenen Drehorgelspielens zu vier Monaten Gefängnis verknackt hätte, die Mitte November abgebüsst seien. Ich wunderte mich über die hohe Strafe wegen des geringfügigen Vergehens. Er erklärte mir aber, dass er zum 36. Male dafür bestraft sei. Es gibt doch konsequente Naturen, dachte ich mir. – Mit diesem Giesmann bin ich inzwischen vertrauter geworden. Er wird im Gefängnis damit beschäftigt, die Korridore und gemeinsamen Räume täglich zu säubern (wofür er pro Tag 15 Pfennige erhält, nicht mehr und nicht weniger). Es hat sich allmählich die stillschweigende Gewohnheit herausgebildet, dass Giesmann auch meine Zelle in Ordnung hält. Seit ich Selbstbeköstigung habe, kriegt er dafür den Kaffeezucker und die Bierreste, und wenn ich einmal rauchen darf, den Zigarrenstummel.

Nachdem Giesmann mein Bett in Ordnung gebracht und mich wieder allein gelassen hatte, die Tür vom Aufseher auch wieder abgeschlossen war, führte ich von neuem meine melancholischen Gedanken spazieren. Jetzt, sagte ich mir, sammeln sich die Getreuen im Café Monopol, greifen nach den Abendblättern, die wahrscheinlich voll erstunkener Mordsgeschichten sind, und fragen sich: Ist der Mühsam wirklich beteiligt an der Dynamitgeschichte? – Ich kann es mir nicht denken. – Na, ich hab's immer gesagt, dass man ihm mit dem Vorwurf der Harmlosigkeit unrecht tut. – Aber wie konnte er das bloss von hier aus dirigieren? – Oh, nichts leichter als das. Brieflich lässt sich viel machen. – Immerhin, dass er sich in so gefährliche Geschichten einlassen würde – –. Ich bin überzeugt, dass er von allem wusste; aber er wird sich schon geschickt herauslügen. – So, dacht' ich, werden sie wohl über mich sprechen, die, die mir wohlwollen. Und ich sass nun hier einsam in der Gefängniszelle, in der es langsam dämmerig wurde und wusste nicht, wofür. Ich überdachte noch einmal den Sinn der Paragraphen, und da stieg mir eine Kerze auf. Das ist ein Schlag gegen den Sozialistischen Bund! Morax zeichnete als Gruppenwart und sitzt in Neudeck unter dem Verdacht, die Bombensache mitgemacht zu haben. Ich war der erste, der den S. B. in München agitiert hat; ich habe in den Sitzungen der Gruppe Tat fast immer allein das Wort geführt: „Stifter und Vorsteher!" – Kommt hinzu, dass ich den Versuch machte, die Kunden, das „Lumpenproletariat", den „fünften Stand" für unsere Sache zu gewinnen, – nichts klarer als das: für den Bombenwurf hat der Mühsam in seiner Gruppe Stimmung gemacht: §§ 128, 129!

Die Tür wird aufgeschlossen, aufgerissen: „Lampe!" ruft eine heisere, leidende Stimme. Ich sehe mich um. Neben dem Aufseher steht ein Sträfling, mit dunkelm, hängendem Schnurrbart, in der Hand eine brennende dünne Fackel. Ich begriff, ging zur Lampe, um sie aus ihrem Gestell zu nehmen. Der Gefangene kommt ungeduldig herein und zeigt mir, dass man das ganze Gestell von der Wand nimmt. Er zündet den Docht an, die Tür schliesst sich wieder, ich hänge die brennende Lampe an den Nagel und sinne weiter. Die Idee, die Gruppe Tat, die in jeder Nummer des „Sozialist" annonciert war, sei ein Geheimbund, ist absurd. Darüber, dass ich die Kunden zu uns heranziehe, habe ich vor Monaten schon im „Sozialist" in einem ausführlichen Artikel berichtet. Das Blatt ist den Münchener Behörden keineswegs unbekannt. Wo soll der Verstoss, das Vergehen liegen? Unklar, höchst unklar. Und worauf mag sich der Verdacht stützen? Auf Zeugenaussagen? Auf wessen? Auf was für welche? – Habe ich nicht vielleicht doch mal den Rat erteilt: Schmeisst Bomben!? – Nein! Gewiss nicht! Niemals! Unmöglich! – Es hat mir von jeher widerstrebt, andern etwas zu raten, was ich nicht gegebenen Falles auch selbst täte! – Schon auf der Schule, als Quartaner, als Tertianer: was an dummen Streichen geschah, das war ich gewesen; aber ich war es immer selber gewesen, habe niemals andere vorgeschickt. Das ist eine Anständigkeit in meinem Wesen, deren ich mich vor mir selbst rühmen darf. Und jetzt soll ich plötzlich Anstifter sein und mich selbst drücken? Der Vorwurf ist absurd, lächerlich, kann mich nicht treffen! – Die Freilassung aus diesem Loch kann nicht ausbleiben. – Und wenn sie doch ausbleibt? Immerhin: wenn's zur Verhandlung kommt, muss, muss, muss ich freigesprochen werden! – Freilich: Und Ziethen? – – Und Koschemann? – Und Dreyfuss? – Und die vielen, die Hunderte, die Tausende, die beteuern und versichern, sie wüssten von nichts und werden doch verurteilt!? – Und wer wird zu Gericht sitzen über mich? Gute Bürger, mit korrekter Moral, mit nie schwankendem Wissen von Gut und Böse, mit nur dem einen Antrieb, dem Staat, ihrem Brotgeber und Seelsorger nach bestem Gewissen zu dienen. Und über wen sollen sie zu Gericht sitzen? Ueber einen Bürgerssohn aus guter Familie, der rücksichtslos die beste Erziehung von sich wirft, der sich gemein macht mit Landstreichern und Einbrechern, der mit Zuchthäuslern die Flasche leert, der anarchistische Agitation treibt seit Jahren und sich schon zwei Vorstrafen zugezogen hat bei diesem Tun! – Wenn in unsern Sitzungen Spitzel waren – und dass solche dabei waren, steht mir ausser Zweifel, – kann ich ermessen, wie weit ihre Erfindungsgabe reicht? – Beschwört so ein Hund, ich habe das Bombenwerfen empfohlen, – was dann? – Dann bin ich geliefert.

Wieder ging die Tür auf. „Essnapf!" befahl eine Stimme. Ich nahm ihn vom Spind. Vor der Tür standen zwei Gefangene, die einen mächtigen Bottich mit dampfender Kartoffelsuppe trugen. Dass es zum Abendbrot Kartoffelsuppe geben würde, hatte mir schon Giesmann verraten. Mit einem riesigen Schöpflöffel füllte man mir den Essnapf, ein Häftling überreichte mir ein kolossales Stück von dem gleichen glitschigen Brot, wie ich es im Polizeigefängnis bekommen hatte, dann überliess man mich der Mahlzeit, über die ich hungrig herfuhr. Ich liess auch nur einen ziemlich kleinen Rest von der Suppe stehen, die mir zu schwer war, ohne dass ich das Gefühl hatte, sie sei das, was meinem Magen fehle. – Kurz nach dem Essen erscholl eine grosse Glocke ....Das Glockenzeichen bedeutete: Schlafengehen! – Es war also 7 Uhr. Ich löste das Bett, das Giesmann sorgfältig wieder an die Wand geklappt hatte, mit Mühe von seinem Haken, zog mich aus und legte mich hinein . ...Auch die Lampe löschte ich noch vor dem Hinlegen aus. So begann also die zweite Nacht meiner Gefangenschaft. – Das Lager war wieder entsetzlich hart, und die Bisse und Blasen, die mir die vorige Nacht zugefügt hatte, meldeten sich alle mit schrecklichem Jucken. Ich kratzte mich, wo ich hinlangen konnte, und während es mir vorkam, als kröche eine Armee von Wanzen, Läusen, Milben und allem Ungeziefer auf meinem Leibe herum, krochen durch mein Gehirn Schwärme fieberhafter Vorstellungen und Bilder. Erinnerungen und Namen, Gesichter und Laute sammelten sich um mich in wildem Durcheinander. Nahe und ferne Menschen erschienen, Freunde und Feinde, Zeugen meiner Kindheit und dieser letzten Tage, und während ich einmal aufgeregt und geängstigt von der Pritsche sprang, flüsterte ich wenige Sekunden darauf zärtliche Namen, und Sehnsucht und Furcht, Liebe und Wut, Schmerz und kindliche Ergebung spielten Fangball in meinem Geist, jagten sich herum und warfen immer neue Erinnerungen, Hoffnungen, Zärtlichkeiten und Sehnsüchte in mein Bewusstsein. Alle, alle kamen sie zu mir, die traurigen und fröhlichen Zeugen meines Erlebens, tote und lebende, schmerzliche, liebe und süsse Namen. ...Spät, spät in der Nacht erst beruhigte der Schlaf die zerzausten Nerven. Wie spät es war, weiss ich zwar nicht. Denn die Kirchturmuhr im Polizeigefängnis kann man in meiner neuen Klause nicht hören.

Es ist schon der dritte Tag, seitdem ich diese Tagebuch-Aufzeichnungen begann, und ich komme erst zum dritten Tage meiner Gefangenschaftserlebnisse, bin also immer noch um eine Woche weniger einen Tag hinter mir. Der Abstand wird sich freilich von jetzt ab wohl verringern, denn an Stelle des wilden Durcheinanders und der immer neuen Eindrücke am Abend der Verhaftung und am Tage der Ueberführung vom Polizei- ins Gerichtsgefängnis tritt nun allmählich die Gewöhnung an eine Hausordnung, die trockene Regelmässigkeit im Rhytmus der „Normalzeit der Sternwarte", die nur hier und da durch eine kleine zu registrierende Besonderheit unterbrochen wird.

Ich setze meinen Bericht chronologisch fort. Aus dem unruhigen Schlaf auf meinem harten Lager in dieser ersten Nacht, die ich in der Zelle 42 zubringen musste, weckte mich der Lärm derselben Glocke, die mich am Nachmittag vorher belehrt hatte, dass die Tageszeiten im Gefängnis anders eingerichtet sind als in der Freiheit, und dass man hier schlafen gehen muss, wenn man sonst noch kaum an das Programm denkt, mit dem man den Abend hinbringen will. Die Zelle war schon ziemlich hell, denn es war Sonntag, und in der „Verhaltungsvorschrift" hatte ich gelesen, dass an Sonn- und Festtagen erst um 7 Uhr früh aufgestanden wird. Kaum hatte es geläutet, als ich in den Nebenzellen schon geräuschvoll die Pritschen an die Wand klappen hörte. Ich erhob mich also ebenfalls und befestigte das Lager, zog mich an und harrte des Weiteren. – Draussen wurde es lebhaft. Ich hörte Schlüssel klirren, Türen aufreissen, Stimmen. Meine Zelle wurde weit geöffnet, und ich sah etliche Menschen daran vorbeieilen, jeder sein Steingutgeschirr mit Metalldeckel in gestreckten Armen vor sich hertragend.

Ich zog auch mein Geschirr aus dem „Leibstuhl", wobei ich wahrnahm, dass bei dieser Einrichtung alles so sinnreich ineinandergefügt war, dass man nicht nur bequem den Deckel oben durch das Sitzloch heben, sondern auch unten das Gefäss mitsamt dem Deckel unter dem Sitzbrett wegziehen konnte, was zwei Knöpfe an den Seiten des Troges sehr erleichterten. Ich folgte also mit meinem Kübel den Schritten der übrigen. Gleich um die Ecke herum war das Ziel, ein grosser Raum, nicht unähnlich einer Waschküche, nur dass an Stelle des Herdes, auf dem die Waschfrauen ihr heisses Laugenwasser präparieren, ein gewaltiger Lokus stand, eine „latrina", ebenso umfänglich und ebenso nur zum Sichdraufstellen geeignet, wie die in Italien üblichen derartigen Anstalten. In den offenen Rachen dieser Baulichkeit goss einer nach dem andern das, was aus den ewigen Suppen, die hier als Nahrung dienen, geworden war. Der entleerte Steintopf wurde alsdann in das riesige schwärzliche Bassin einer Wasserleitung gestellt und mit einer schmierigen Klosetbürste unter dem Strom des nach allen Seiten spritzenden Leitungswassers von den Resten, die an seine Bestimmung gemahnten, gesäubert. Ich unterzog mich der Aufgabe dieser Reinigung mutig und gefasst, war aber doch froh, als alles wieder an Ort und Stelle stand. Die Waschschüssel, als deren Gestell der Klapptisch hatte dienen müssen, und den Trinkbecher, aus dem ich mir den Mund gespült hatte, goss ich gleich rechts neben meiner Zelle in eine Wasserleitung aus, wie ich es von den andern sah, und versäumte nicht, mir bei dieser Gelegenheit noch einmal gründlich die Hände zu waschen. Aber ich beging den Fehler, auch den steif gewordenen Rest meiner Kartoffelsuppe in die Wasserleitung zu giessen, was das Ablaufen des Wassers sehr erschwerte. Ein junger Gefangener, der meine Nachbarzelle bewohnte und wegen Unterschlagung seiner Aburteilung entgegensieht, orientierte mich darüber, dass man Speisereste ins Nachtgeschirr giesse, was ich dankend zur Kenntnis nahm. – Als ich kaum wieder eingeschlossen war, ging die Tür von neuem auf: „Essnapf!" Wieder standen die zwei Sträflinge da mit einem grossen Kübel weissen Kaffees. Ich zog vor, ihnen nur den Trinkbecher hinzuhalten, einmal, weil ich dem Getränk Misstrauen entgegenbrachte, dann auch, weil ich der Sorgfalt nicht traute, mit der ich den Essnapf von der Kartoffelsuppe gereinigt hatte. Wieder erhielt ich eine Riesenportion Brot. Weisser Kaffee ist mir ein Greuel, zum Teil schon deswegen, weil ich immer Haut darin befürchte, die mir Brechreiz erregt. Der Kaffee war nach eingehender Prüfung zuverlässig hautfrei, auch dampfte er angenehm, und ich bekam ihn, ganz wie am Tage vorher im Polizeigefängnis, ohne Widerwillen hinunter.

Nach dem Frühstück war ich wieder meinen Gedanken und mir selbst überlassen. Was jetzt? Die Erlaubnis zu lesen und zu schreiben hatte ich, aber keine Bücher ausser dem Testament und der Verhaltungsvorschrift und weder Papier noch Bleistift, weder Tinte noch Feder. Was ist ein Dichter ohne Schreibmaterial? Ein photographischer Apparat ohne Linse, ein Revolver ohne Patronen, ein Liebhaber ohne Mädchen. Ich klopfte energisch an die Tür. Der Aufseher fragte nach meinem Begehr. „Bitte holen Sie mir doch von meinen Sachen Papier und Bleistift herauf." – „Vor der Kirche kann ich Ihnen nichts besorgen." Bums – die Tür war wieder im Schloss. Ich nahm mir also die Bibel vor und begann die Apostelgeschichte zu lesen. Immerhin keine schlechte Lektüre, und in meiner Situation nicht ohne interessante Parallelen. Lauter Männer, die ihrer Ueberzeugung lebten und für sie litten, und als Gegenspieler die aufs Wort versessenen Konservativen, die sie verfolgten und einsperrten und vor nichts grössere Angst hatten als vor dem Wirksamwerden neuer Ideen, dem Lebengewinnen neuer Einsichten. Während ich las, ertönte plötzlich Gesang. „Ein' feste Burg ist unser Gott", von einem kräftigen Chor von Männern und Frauen einstimmig gesungen. Auf mich macht kein Gesang grösseren Eindruck, als der, der auf alle Hilfsmittel wie zweite und dritte Stimme, auf die sorgfältige Scheidung zwischen Bass, Bariton, Tenor, Alt und Sopran verzichtet, und der einfach durch die schlichte Melodie wirkt, die aus hundert ganz verschiedenen Kehlen strömt. Mag ruhig mal ein besonders Begeisterter alle übersingend im Ton vorbeihauen, – ich glaube nicht, dass der „musikalisch Gebildete", dem erst kontrapunktische Finessen einen Ohrengenuss ermöglichen, wirklich feiner benervt sei als ich, dem, wenn Landschaft, Menschen, Gefühle und Beschäftigung nur einheitlich zusammenstimmen, schon eine Handharmonika die Tränen in die Augen treiben kann. – Ich hörte das prachtvolle Luthersche Lied mit grosser Freude an und folgte aufmerksam einer inbrünstigen Sopranstimme, die immer wieder leidenschaftlich und süss über den ganzen Chor hinausdrang. Ich hätte etwas drum geben mögen, um die Frau zu sehen, die so sang. Aber sie stand zwei Stockwerke unter mir in der grossen Halle, wo das rote Heizungsrohr wie eine dicke Raupe an der Wand entlang kroch, – und ich war eingesperrt. Ich glaube, dass sie sehr schön war.

Aber kaum war der Choral verklungen, als die schrecklich geschraubte, saccharinsüsse Stimme eines Predigers in den hallenden Raum gellte. Auf das, was er sagte, mochte ich nicht hinhören, nur manchmal drang ein Wort an mein Ohr, etwa „Gott", – und der Mann brachte es fertig, selbst in dies starke harte Wort noch einen f-Laut hineinzuhauchen, wahrscheinlich, um damit die Milde und Güte dessen zu bezeichnen, als dessen Stellvertreter er im Charlottenburger Gerichtsgefängnis engagiert war. Wäre ich an seinen Platz gestellt gewesen, ich hätte doch gerade diesem Auditorium Gott lieber als die kalte Faust der rächenden Gewalt geschildert, die den Sündern eben im Nacken sass. Aber sie, die nicht herauskönnen aus ihrer Gefangenschaft, die bei jedem Atemzug die Luft einatmen, die von der Geissel schwingt, mit der sich armselige Machthaber auf Gottes Gerechtigkeit berufen, sie mussten an diesem Ort das Salböl des Friedens- und Liebespredigers in ihre geketteten Seelen triefen lassen, der wahrscheinlich mit ausgebreiteten Armen unter der pedantischen runden Uhr stand mit der Aufschrift: „Normalzeit der Sternwarte". – Ich vertiefte mich wieder in die Apostelgeschichte, und wenn die sanften Laute des Nachfolgers dieser wundervollen Menschen in dem Buche in meine Zelle drangen, dann dachte ich verwundert darüber nach, was politische Geister aus reinen schönen Idealen machen können, und wurde um Sozialismus und Anarchismus ehrlich besorgt.

Die Andacht ging zu Ende, und kurz nachher brachte mir der Wärter ein Buch aus der Gefängnis-Bibliothek. Ich beschwor ihn, mir Papier und Bleistift zu bringen. Dann sah ich mir die Lektüre an: „Wie Heinrich von Eichenfels zur Erkenntnis Gottes kam. Das Weihnachtslied. Die Ostereier. Drei Erzählungen für die Jugend von Christoph von Schmid". – Ich kam mir wirklich wie der Teufel vor, den die Not zum Fliegenfressen bewegt. Ich tauschte also die Apostelgeschichte, die ich ja schon einigermassen kenne, gegen die frommen Geschichten des würdigen Herrn von Schmid um, und las geduldig und immerhin amüsiert, wie höchst wunderbar der kleine Heinrich von Eichenfels von bösen Räubern entführt wird und ohne jemals das Sonnenlicht zu sehen zu kriegen, bis zu seinem achten Jahre in einer Höhle aufwächst, dann zufällig ins Freie gerät, natürlich zu einem Einsiedler kommt, der ihm alle Fragen, wer die schönen Blumen, das Wasser, die grosse Lampe am Himmel und was noch alles gemacht hat, zufriedenstellend beantwortet, und ihn mit Zuhilfenahme etlicher Zufälligkeiten und wunderbarer Begegnungen in die Arme der überglücklichen Eltern zurückführt; die bösen Räuber aber werden von Papa Eichenfels blutig gestraft. Diese Caspar Hauser-Geschichte ist gar nicht ungeschickt erzählt. Wenn ich mir aber vorstelle, dass solche Naivetäten – und erst die Geschichte vom Weihnachtslied, darin es der frommen Begegnungen und Wunder gar kein Ende nimmt – den erwachsenen Menschen im Gefängnis vorgesetzt werden, um sie damit zu erbauen und zur rechten Ueberzeugung von Gottes Barmherzigkeit und Allmächtigkeit zu bringen, dann empört sich etwas in mir, – dann ist's mir, als dekouvriere sich hier etwas im letzten Grunde Erbärmliches und Verlogenes. – Von der Ostereier-Begebenheit brauchte ich zum Glück keine Kenntnis mehr zu nehmen, sintemalen mir im Laufe des Nachmittags Gelegenheit zu erfreulicherer Beschäftigung ward.

Mittags wurde mir eine Graupensuppe gebracht, in der hier und da Rindfleischfetzen schwammen. Mir grauste allmählich vor den Suppen, und ich fragte, wie es denn eigentlich mit meiner Selbstbeköstigung bestellt sei. Der Aufseher erklärte mir, dass ich das eher hätte sagen müssen, und dass er mir jetzt nichts holen könne. So zwang ich also wieder meine Suppe herunter und ass das klitschige Brot dazu. Aber nachmittags, als ich fast am Ende der zweiten Schmidschen Erzählung war, kam ein uniformierter Herr in meine Zelle, der mir mein Briefpapier nebst Bleistift brachte (nachdem kurz vorher schon auf mein energisches Bitten der Wärter zwei Bogen Schreibpapier nebst Tinte und Feder gebracht hatte), und fragte nach meinen übrigen Wünschen. Ich hielt den Herrn zuerst für einen Oberaufseher, nachdem ich ihn aber mehrfach so betitelt hatte, nahm er vor einigen Tagen eine Gelegenheit wahr, um mich darüber aufzuklären, dass er der Inspektor sei und das ganze Gefängnis unter sich habe. Ich kann sagen, dass ich an diesem Inspektor hier meinen besten Freund, meine zuverlässigste Stütze habe. Der Mann erleichtert mir das Leben, soviel er irgend kann und hat mir tatsächlich schon soviel geholfen und genützt, dass ich ihm aus dieser unangenehmen Zeit ein sehr gutes Andenken bewahren werde. Zunächst orientierte er mich über die Methode, zu der genehmigten Selbstbeköstigung zu gelangen, indem er mir eine Speisekarte des Restaurateurs Fahrland überbrachte, mit dem die Gefängnisverwaltung das dort Bezeichnete mit angegebenen Preisen vereinbart habe. Ich solle nur täglich aufschreiben, was ich haben wolle und morgens den Zettel für den ganzen Tag abgeben. Zum Essen erlaubte er mir, täglich zwei Flaschen Bier zu trinken, Charlottenburger Schlossbräu, dessen Qualität er mir sehr pries. Ich bestellte noch für den gleichen Abend ein Schnitzel mit Kompott nebst zwei Flaschen Bier und für den nächsten Morgen schwarzen Kaffee mit zwei geschmierten Brötchen. Dann bat ich den Inspektor inbrünstig, mir das Rauchen zu gestatten. Ich hatte dieses Anliegen schon dem Assessor B. vorgetragen, der hatte mich aber damit an den Arzt verwiesen, einen Herrn, den ich bis zum heutigen Tage noch nicht zu Gesicht bekommen habe. Ich setzte dem Inspektor auseinander, dass ich gewöhnt sei, täglich 10, 12 bis 15 schwere Zigarren zu rauchen, und dass mich die zwei Tage, die ich das Rauchen jetzt entbehren musste, schon ganz schwermütig gemacht hätten. In der Tat glaube ich, dass ziemlich arges Kopfweh und viele sehr quälende Gedanken, die mich hier bedrücken, bei hinlänglichem Zigarrengenuss vermieden werden könnten. Ich bat also, mir von den neun Zigarren, die ich auf der Reise nach Zürich rauchen wollte, jeden Tag wenigstens zwei zu bewilligen. Der Inspektor versicherte mir, dass er mir ohne ausdrückliche Genehmigung keine geben dürfe, als ich ihm aber begreiflich machte, dass meine Gesundheit bei weiterer Nikotinenthaltsamkeit nach meinem Gefühl Schaden leiden müsse, erklärte er endlich, dass er mir zwei Zigarren heraufschicken wolle und die Bewilligung dazu nachholen werde. Ich gestehe, dass ich dem Manne sehr dankbar war und bin.

Nachdem er mich allein gelassen hatte, schrieb ich zuerst auf das Gefängnispapier, das so geknifft war, dass der Briefbogen gleichzeitig das Kuvert darstellte, zwei Briefe: an Landauer und an Caro, worin ich eine Reihe von Wünschen über Massnahmen äusserte, die mir für meine Verteidigung wichtig schienen. Vor allem bat ich Landauer, meinen Artikel „Neue Freunde"*), in dem ich über meine Absichten mit den „Vagabunden" berichtete und seine Auseinandersetzung über die rechtliche Beziehung des Sozialistischen Bundes zum Vereinsgesetz an Caro und an Bernstein zu schicken, und Caro bat ich, mir Lektüre zu besorgen. Ob alle Briefe, die ich von hier absende, ihr Ziel erreichen, weiss ich nicht. Auf eine ganze Fülle von Briefen, die ich schrieb, ist gar keine Antwort gekommen. Von Nohl erhielt ich am dritten November ein Telegramm, das am ersten abgesandt war und in dem er versprach, er werde „noch heute" schreiben. Ein Brief von ihm ist aber bis jetzt nicht in meine Hände gelangt. Ausser diesem Telegramm brachte mir die Post in der ganzen Zeit meines Aufenthaltes hier nur eine Postkarte und eine Nummer der „Schaubühne" …Ob nun in der Regel meine Briefe nicht befördert werden, oder ob die Briefe an mich nicht abgeliefert werden, entzieht sich meiner Beurteilung. Vielleicht kommt vieles, was irgend etwas an Wünschen, Meinungen und dergleichen enthält, was sich auf meine „Straftat" bezieht, einfach zu den Gerichtsakten. Dass seit einer vollen Woche kein Brief an mich geschrieben sein sollte, halte ich für ausgeschlossen. Jedenfalls wirkt diese Unsicherheit im Verkehr mit der Aussenwelt auf mich äusserst deprimierend.

Ich schrieb also an Caro und Landauer, und währenddem kam der Aufseher mit zwei Zigarren. Ich liess mir gleich von ihm Feuer geben und sog nun den warmen Qualm mit einer Gier in meinen Schlund, als ob ein liebendes Mädchen seinen Herzensschatz nach jahrelanger Trennung wiederfände und abküsste. Diese erste Zigarre, bei der ich meine Briefe zu Ende schrieb, war ein wahrhafter Genuss, den ich mir noch damit erhöhte, dass ich gelegentlich aufsprang und die paar Schritte, die die Zelle dazu Raum liess, paffend auf- und abspazierte. Ganz glücklich stimmte mich auch die Aussicht, dass ich zum Abendbrot endlich etwas Kompaktes in den Leib bekommen sollte. Denn, wenn ich zusammenrechnete, was ich seit meiner Verhaftung an Nahrung zu mir genommen hatte, so ergab sich diese Zusammenstellung: Freitag abend: Milchreissuppe; Sonnabend früh: Weisser Kaffee; Sonnabend mittag: Graupensuppe; Sonnabend abend: Kartoffelsuppe; Sonntag früh: Weisser Kaffee; Sonntag mittag: Graupensuppe mit Fleischfasern. Dazu immer das feuchte Brot, das schmeckte, als hätte man aufgeweichtes Papier mit Kartoffelmehl verknetet. Abgesehen davon, dass solche Kost einem auch nur kümmerlich verwöhnten Gaumen sehr bald recht unsympathisch wird, bewirkte sie bei mir auch eine übertriebene Frequentierung des „Leibstuhls", was wiederum auf die Atmosphäre in meiner Zelle keineswegs erfrischend einwirkte.

Nachdem meine Lampe angezündet war, setzte ich daran die zweite Zigarre in Brand. Sie genoss ich mit etwas ruhigerem, abgeklärterem Vergnügen. Ich liess ihren Dampf langsam von der Zunge gleiten und trieb ihn dann ruckweise durch runde Lippen aus dem Mund, sodass der blaue Rauch in Ringen und Blasen, in Tüten und allerlei zierlichen Arabesken vor meinen Augen umherfloss. Diese Art zu rauchen ist nach alter Erfahrung das beste Aphrodisiacum für meine Muse. So geriet ich auch jetzt in die Stimmung, meine Gefangenschaft von einer lyrischen Seite her zu betrachten, und diese Stimmung setzte sich in folgende Verse um:

> *Auf dem Meere tanzt die Welle*
> *nach der Freiheit Windmusik.*
> *Raum zum Tanz hat meine Zelle*
> *sechzehn Meter im Kubik.*
>
> *Aus den blauen Himmeln zittert*
> *Sehnsucht, die die Herzen stillt.*
> *Meine Luke ist vergittert*
> *und ihr dickes Glas gerillt.*
>
> *Liebe tupft mit weichen leisen*
> *Fingern an ein Bett ihr Mal.*
> *Meine Pforte ist aus Eisen,*
> *meine Pritsche hart und schmal.*
>
> *Tausend Rätsel, tausend Fragen*
> *machen manchen Menschen dumm.*

Bevor ich weiter berichte, will ich mir eine Aufregung von der Seele zu schreiben suchen, die mir im Augenblick mehr gilt als korrekte Buchführung. Eben war Caro hier. Dieser Besuch, der eine häufige erfreuliche Abwechslung ist in der Eintönigkeit meiner Tage, bringt mich aus der Zelle hinaus und ins Büro, wo ich stets den Inspektor antreffe. Ich bitte schon, seit ich hier bin, um die Auslieferung meines kleinen Notizbuches mit den Versen, die seit dem Erscheinen den „Kraters" entstanden sind. Gestern wollte mir der Inspektor das Buch endlich schicken, ich erhielt aber statt dessen nur meine Brieftasche. Nun benutzte ich eben die Gelegenheit, ihn auf den veimeintlichen Irrtum aufmerksam zu machen, und da stellt sich heraus, dass das Notizbuch überhaupt nicht unter den Sachen ist, die die Polizei notiert und mitgegeben hat. Ich bin völlig verzweifelt. Niemals habe ich das Buch aus der Hand gelegt, nie es aus der Tasche gelassen. Dass es zuhause in der....strasse geblieben sein sollte, halte ich für ganz undenkbar, auch glaube ich mich bestimmt zu erinnern, dass ich es im Polizeibüro in Charlottenburg mit aus der Tasche gekramt habe. Von der Berliner Polizei erhielt ich es nach der Haussuchung zurück. Das weiss ich ganz sicher. Denn als ich auf dem Zettel, der bei den zurückgelieferten Papieren lag, las: 11 Schriftstücke, ein leeres Kuvert und ein Notizbuch, da war das erste, dass ich mich orientierte, welches Notizbuch sie behalten hätten, und ich war seelenfroh, als ich konstatierte, dass mein kleines Versbüchelchen da war und nur das dicke Buch mit den aktuellen Gedichten, den Adressen und den üblichen Gelegenheitsnotizen fehlte, obwohl auch darin mancherlei steht, was ich nur sehr ungern vermisse. Und nun soll das kleine Wachstuchbuch verloren sein! Der lyrische Ertrag eines ganzen Jahres! Mit so vielen kleinen, feinen, zarten Versen an F., von denen ich keine Abschrift habe. Wie nervös wurde ich schon, wenn irgend ein naher Bekannter aus irgendeiner Veranlassung das Buch eine Viertelminute lang in der Hand hielt! Und nun fahren mir rohe Polizeifäuste in die Taschen und es soll weg sein! Wäre doch alles andere zum Satan gegangen, was ich bei mir hatte! Das Geld meinetwegen. Die 171 Mark wäre[n] immer noch zu ersetzen gewesen, diese Verse sind es niemals. Wer bin ich denn, dass man so mit meinem geistigen, meinem seelischen Gut verfahren darf?! Aber die Polizei ist eine Institution, die das Privileg hat*) – –.

Ich habe Caro gebeten, sofort alles zu tun, um das Notizbuch zu retten, für alle Fälle bei der Wirtin suchen zu lassen und vor allem die Charlottenburger Polizei anzufragen. Natürlich wird alles ohne Erfolg sein. Ich müsste nicht der alte Pechvogel sein, der ich bin, um das, was einmal verloren ist, wiederzubekommen. Ich werde mich vorerst bemühen, die Angst, den Schmerz, den Chok zu unterdrücken, der mich schwerer trifft, als die Verhaftung mit allen ihren Einzelheiten, schwerer fast, als mich der Tod eines lieben Menschen treffen könnte*).

Nachdem ich also an jenem ersten Sonntag das Gedicht gemacht hatte, wurde es Zeit zum Abendessen. Ich hörte, wie den Nachbarn ihre Suppe gebracht wurde, und nicht lange darauf kam Giesmann mit meinem Schnitzel und dem Bier. Ich bin jetzt nicht in der Verfassung, den Genuss, den mir dieses Abendbrot bereitete – es lag auch ein richtiges frisches Berliner Brötchen bei – in der behaglichen Breite nachzuerzählen, wie ich das bei den Zigarren tat. Ich stelle nur fest, dass ich das Schnitzel mit ehrlichem Vergnügen ass, das Bier dazu in langen, geniesserischen Zügen aus der Flasche trank und nur bedauerte, so bald mit den Herrlichkeiten fertig zu sein und dann gleich ins Bett zu müssen, da ich vorher sehr gern noch ein bischen frische Luft und Bewegung gehabt hätte. Es half mir nichts. Es klingelte, und die harte Pritsche musste aufgeschlagen werden. Der Schlaf liess auch diese Nacht viel zu wünschen übrig, wie ich denn, seit ich hier bin, noch keine einzige Nacht so geschlafen habe, wie ich es dringend nötig hätte.

Am nächsten Morgen musste ich schon aus dem Bett, als es noch ganz dunkel war, und die Geschäftigkeit in allen Zellen und an allen Latrinen begann schon zur Wochentagszeit, d. h. gleich nach 6 Uhr. Natürlich war ich zur Aufstehenszeit am müdesten, denn, mag man mich immerhin zwingen, mich um 7 Uhr nachmittags hinzulegen, das Einschlafen bin ich nun mal erst zwischen 2 und 5 Uhr nachts gewöhnt, und diese Gewohnheit lege ich anscheinend sehr schwer ab. Ich war infolgedessen auch nach dem Anziehen noch recht schläfrig, und als der Kaffee in dem grossen Bottich herumgetragen wurde und die düstere Sträflingsstimme „Essnapf!" rief, da hielt ich ganz mechanisch meinen Essnapf unter den Schöpflöffel Und kriegte ihn fast ganz voll mit warmem weissem Kaffee. Auch das Mordsstück Brot wurde mir wieder ausgehändigt. Ich goss den Kaffee, soweit es mir gelingen wollte, in meinen Hals, den Rest in das Geschirr, das ich kurz vorher gereinigt hatte. Von dem Brot ass ich nur wenig, das übrige nahm mir Giesmann nachher mit Vergnügen ab.

An diesem Morgen lernte ich wieder etwas Neues kennen, nämlich den gemeinsamen „Spaziergang" im Freien. Um ½ 8 Uhr in der Frühe wurde die Zelle aufgemacht, der Aufseher machte mich darauf aufmerksam, dass man gleich ins Freie gehe und ersuchte mich, meinen Hut zu nehmen. Ich glaubte, jetzt werde ich wohl in einen schmucken Garten geführt werden, wo ich mich gemächlich zwischen herbstlichen Bäumen – es war immerhin schon der erste November – ergehen dürfte. Diesen Glauben dämpfte ich dann freilich ein wenig, als auf dem Korridor ein Beamter auf mich zutrat – ich hielt ihn immer für einen der drei bis vier Aufseher, weiss aber jetzt, dass er der Oberaufseher ist – und mich fragte, ob ich auch mit hinunter wolle. Zu einer anderen Zeit könne er mich leider nicht hinauslassen, aber ich brauchte nicht mit den andern in einer Reihe zu gehen, sondern möge nur immer in der Mitte des Hofes allein bleiben. Darauf legte er die Hände um den Mund, stemmte sich mit aller Kraft gegen das Brückengeländer und rief lautschallend: „Austreten!" – Aus allen Zellen kamen sie jetzt hervor, die Untersuchungsgefangenen, die Zivilgefangenen und die Strafgefangenen, jeder mit dem Hut in der Hand, und liefen die Treppen hinunter zum untersten Korridor. Dort stellten sie sich Mann für Mann nebeneinander auf. Mich schickte der Oberaufseher ans äusserste Ende, und dann setzte sich der Zug in Bewegung, ein paar weitere Stufen hinunter zum Gefängnishof. Diesen Hof umschliesst nach drei Seiten das Gefängnis selbst, nach der vierten eine hohe Mauer, über die hinweg man die Rückwand eines Charlottenburger Miethauses mit vielen Winkeln und allerlei von dürftigen Gardinen verhängten Küchen- und Treppenfenstern sieht. Der Hof hat, das habe ich wiederholt gezählt, 90 Schritte im Umfang und eignet sich, da die ihn umgebenden Hausmauern mindestens 25 Meter hoch sein dürften, und da auf die Steine, mit denen er gepflastert ist, fortwährend dicker, kranker Auswurf gespuckt wird, zu einem Luftkurort so gut wie Timbuktu zum Seebad. Um diesen Hof marschierten also die Gefangenen herum, immer im Gänsemarsch, und als ich mich dem Zuge anschliessen wollte, legte mir der Oberaufseher nahe, doch allein quer über den Hof zu spazieren. Das tat ich denn auch, – aber nur das eine Mal. Es ist mir unangenehm, in den Blicken der armen Menschen die Frage zu lesen: Warum soll der nicht mit uns in einem Zuge gehen? Weil er einen besseren Anzug trägt? – Ich bin vom nächsten Tage ab immer mit im Gänsemarsch gegangen.

Während ich nun so allein mitten über den Hof ging, hin und zurück, immer hin und zurück, und die andern in langem Zuge – es waren 25 Mann (es wird in mehreren Abteilungen marschiert) – immer um den Hof herum, immer herum trotteten, sah ich mir die einzelnen Gestalten an. In Sträflingsanzügen waren nur ganz wenige, nur solche, die, wie es in den Verhaltungsvorschriften hiess, ohne reinliche und schickliche Kleidung ins Gefängnis eingeliefert waren. Die meisten trugen einfache Arbeiteranzüge mit Schirmmützen und an den Füssen Anstaltslatschen. Nur vielleicht fünf oder sechs ausser mir hatten eigenes Schuhzeug an. Auch das Alter war nicht so unterschiedlich, wie man vermuten könnte. Mein Wagengefährte, der Mann, der selbst an seiner Zurechnungsfähigkeit zweifelte und den ich in steifer Haltung im Zuge schreiten sah, dürfte der älteste Insasse des Gefängnisses sein, sofern nicht in Abteilungen, die mir unsichtbar bleiben, noch ältere Leute stecken. Blass, kränklich und wenig intellegent sahen fast alle aus, wenige robuste Kerle nur, und fast gar keine geistig beträchtlichen Physiognomieen.

Ich will einige hervortretende Typen hier festzuhalten suchen. Einer war da, in Gang und Haltung wie ein Vikar, in schwarzem Gehrock, mit rundem schwarzen Hut, Oberhemd und schwarzer Kravatte, der bei weitem eleganteste der Häftlinge. Aber das Gesicht von ganz minderwertigem Ausdruck, blöde, reuig, interesselos. Grosse, schlappe aus den Manschetten hängende Hände. Wahrscheinlich ein unzuverlässiger Geschäftsangestellter, der seinen Skatverlust durch Unterschlagung einer Postanweisung decken wollte. Dann ist da ein gesunder, rundlicher, netter junger Kerl in blauem Sträflingskittel. Er scheint immer lustig zu sein. Jedenfalls hat er etwas Sonniges, Lachendes an sich. Er führt den kläglichen Zug an und scheint, wie ich an den folgenden Tagen beobachten konnte, an dieser Würde besonderes Gefallen zu finden. Man wird ihn mal geärgert haben, und daraus mag eine Sachbeschädigung oder ein Hausfriedensbruch geworden sein. Einer ist da, ein Mensch von vielleicht 27 Jahren, der geht mit steif nach hinten gebogenem Körper, die Hände in die Taschen seiner gelben Jacke vergraben, die schwarzbärtige Oberlippe zusammengekniffen, einher, ohne nach links oder rechts einen Blick zu werfen. Er sieht ziemlich verschlagen aus und man könnte ihn für einen Heiratsschwindler halten. Zwei besser gekleidete Leute sind erst im Laufe der Woche dazugekommen. Einer, der zwei Zellen neben mir wohnt (neben meiner neuen Behausung nämlich, von der noch zu reden sein wird), hat das intelligenteste Gesicht von allen meinen Mitgefangenen. Etwa 36 Jahre alt, blonden, dichten an den Seiten beschnittenen, nach unten gefranzten Schnurrbart, kluge braune Augen, sicheren, beinahe weltmännischen Gang. Heute kam er während einer der Geschirrreinigung gewidmeten Zellenöffnung zu mir, mit einem Plätteisen in der Hand, und bat mich um Lektüre für den Sonntag. Ich gab ihm die Aphorismen von Peter Hille, die Droop unter dem Titel „Aus dem Heiligtum der Schönheit“ bei Reclam herausgegeben hat. Ob er viel Genuss an diesen Herrlichkeiten haben wird, weiss ich nicht. Ich trau ihm aber zu, dass er wenigstens das biographische Vorwort mit Interesse lesen wird. Ich hätte ihm gern was anderes mitgegeben, hatte aber garnichts geeignetes, weil ich die Bücher, die Caro mir kürzlich brachte, ihm heute zurückgegeben habe. Da der Mann meinen Namen nicht kennt, der in dem Vorwort mehrfach genannt wird, kann er ja auch nicht auf die Vermutung kommen, dass ich ihm die Schrift etwa aus Eitelkeit überlassen habe. Was mag er begangen haben? Vielleicht eine Urkundenfälschung oder ein ähnliches Delikt, zu dem die Geschäftsusancen in unserer wunderlichen Gesellschaftsordnung ja reichlich Gelegenheit bieten. Der andere Mann, von dem ich sprach, mag im gleichen Alter stehen. Er hat ein gelbliches Gesicht, kurz geschnittenen schwarzen Schnurrbart, verkniffene Züge und graumeliertes Haar. Ein Mensch, der nicht im mindesten skrupelhaft aussieht und dem ich schon eine grosszügige Betrügerei zutrauen könnte.

Die auffälligste Erscheinung unter den Sträflingen ist ein jüngerer Mensch im Arbeiteranzug. Er ist wohl das hässlichste und abschreckendste Menschenexemplar, das ich je gesehen habe. Die ganze obere Gesichtshälfte ist von einem riesigen Muttermal überdeckt, das in allen Farben eines Pavianhintern schimmert. Das Kinn, das ganz ohne Form ist, liegt darum, wie eine weissgetünchte Schuppenkette. Die graugelben Augen haben einen bösen, stechenden Blick. Der Körper ist gedrungen, der Rücken zum Nacken hinaufgezogen, die Glieder sind plump und doch hat der Gang etwas schleichendes, heimtückisches. Der vollendete Typ eines psychopathischen Schwerverbrechers, unsäglich roh in Bewegungen und Gebahren. Der Mensch wendet seine viehische Fratze frech nach allen Seiten, als ob er damit kokettieren wolle, spuckt unter lautem Rülpsen vor sich weg, grinst fortwährend, stampft seine klobigen Fäuste nach unten, furzt, indem er stehen bleibt und sein Bein aufhebt und führt Selbstgespräche in den verdorbensten und gemeinsten Ausdrücken. Ich sehe weg, sobald er an mir vorbeikommt, aber er scheint es bemerkt zu haben und feixt mich von unten herauf schief, frech und schäbig an. Jeder Gewalttat, glaube ich und jeder Schurkerei ist dieses Scheusal fähig. Aber ein Schulbeispiel scheint mir dieser Mann zu sein dafür, dass alle Schlechtigkeit Unglück, dass alle Schuld Schicksal ist (und von der Akademieformel gewisser Psychoanalytiker, dass alles Schicksal selbstgewollt sei, halte ich nicht allzuviel). Richard III. ins Proletarische übersetzt. Kann dieser Mensch gut sein, edel, menschenliebend, den die Natur so infam hässlich gemacht hat? Niemals werden zärtliche Lippen seine entsetzliche Larve geküsst haben. Muss da nicht der Neid aufsteigen und die Wut und die Bosheit und alle Niedrigkeit? - Und nun ist wohl die Lust über ihn gekommen, Böses zu tun ohne Ahnung von seinen eigenen Gründen Rache zu nehmen an den Menschen für das schmähliche Verbrechen, das die Natur an ihm beging. Und er schlägt jemandem das Auge ein oder vergewaltigt ein Kind oder zündet seinem Nachbarn das Haus an, oder raubt einem behäbigen Rentier den Geldbeutel; denn bitterarm ist er obendrein noch. Aber was mordete doch der bleiche Verbrecher? Er mordete nicht um zu rauben, sondern er raubte um zu morden. Nietzsche hat die Menschen gekannt. Die Häscher aber greifen nach der unseligen Missgeburt, und die Richter verbünden sich, ihn zu strafen für all sein Leid, für all sein bitteres Unglück. Und nun haben sie ihn ins Gefängnis gesetzt, dass ihm seine Enterbung um so deutlicher bewusst werde. Statt dass man alles täte, was in schwachen Menschenkräften steht, um soviel Unheil erträglicher zu machen! Guten Wein sollte man ihm geben und weiche Betten, auf Gummi sollte er fahren dürfen und flinke Hände jedem seiner Wünsche bereit finden! – So, nur so könnte man die Gesellschaft schützen vor seiner Rache, vor seinem, doch wohl gerechten Zorn. So, nur so könnten wir uns selbst schützen vor den Vorwürfen, die wir uns bei seinem Anblick zu machen haben.

Gleich wird die Glocke zum Schlafengehen läuten. Ich muss für morgen aufheben, was über den Montag noch zu sagen ist, und muss mich vorbereiten, lange wachend im Dunkeln zu liegen und viele schmerzliche Gedanken passieren zu lassen, die heute wohl meist meinem lieben, vermissten schwarzen Notizbuch gelten werden.

Sonntag, den 7. November 1909

Wo stand ich doch? Bei dem ersten Morgenspaziergang auf dem Gefängnishof. Täglich früh um 1/2 8 Uhr müssen wir hinaus (heute am Sonntag, blieb es uns erspart) und einer hinter dem anderen hermarschieren, gegen 30 mal herum um den dumpfigen Hof. Zweimal habe ich die Rundgänge gezählt und einmal 29, einmal 32 festgestellt, und der ganze Umkreis ist bezeichnet von dem dicken, gelben, schleimigen Auswurf der armen Menschen, die man fortwährend röchelnd ausspucken hört. Ich habe ein Grausen vor dem wurmartigen Sehleim, der an meinem Wege liegt, und hebe den Kopf hoch, um ihn nicht sehen zu müssen, denn immer fürchte ich, es könnten sich Tuberkeln daraus befreien und den Weg in meinen Hals finden. Zwanzig Minuten dauert der Rundmarsch. Zwanzig Minuten Gefängnishof im dicken grauen Morgennebel, das ist die einzige Zeit, wo wir hier „frische Luft" atmen dürfen.

Den Montag-Vormittag benutzte ich dann zum Briefschreiben: an C , an S., an die Freunde im Café des Westens, an F., der der einzige ist, von dem ich Antwort bekam. Aber gestern erfuhr ich durch den Inspektor, dass diese Postkarte und ein Heft der „Schaubühne" von ihm direkt zu mir hinaufgeschickt worden seien, weil er gleich sah, dass das ohne Belang war, dass aber alle anderen an mich eingetroffenen Postsachen, und es seien schon etliche angekommen – an den Richter weitergeführt seien. Gesehen habe ich davon noch garnichts. Auch eine Titelzeichnung für ein neues Buch, über das ich am Tage vor meiner Verhaftung mit F. gesprochen hatte, entwarf ich, musste aber bei allen diesen Beschäftigungen häufige Pausen eintreten lassen, weil das von hinten fallende Licht meinen Schatten vor mich auf das Papier warf, und das Schreiben und Zeichnen daher meine Augen ausserordentlich anstrengte.

Mittags wurde ich ins Büro hinuntergerufen, wo Caro mich erwartete. Wir berieten über das, was zunächst geschehen müsse, und er erzählte mir, dass meine Verhaftung von allen Bekannten mit grosser Teilnahme aufgenommen wurde, und dass sich auch die Presse, abgesehen wieder von einigen liberalen Organen, deren Schmöcke mich in meiner „Harmlosigkeit" als nicht ernst zu nehmen beschimpften, sympathisch benähme. So las er mir eine Notiz aus der „Welt am Montag" vor, die entschieden für mich Partei nahm.*)

....Ich trug Caro noch einige Wünsche auf, vor allen Dingen bat ich ihn, für Lektüre zu sorgen und für Decken, die die Härte meines Lagers weniger empfindlich machten. Er versprach alles und ging. Ich liess mich wieder in meine Zelle sperren......*)

Am Nachmittage schrieb ich noch eine Reihe von Briefen. Denn der Inspektor hatte mir für mein Geld ausreichend Konzeptpapier nebst Kuverts und Briefmarken holen lassen. Besonders hob sich meine Laune durch den schwarzen Kaffee mit zwei Buttersemmeln, der nachmittags kam, wie denn überhaupt meine Stimmung seit der Einführung der Selbstbeköstigung wesentlich besser geworden ist. Aber Zigarren hatte ich an diesem Abend nicht, und ich war unglücklich, mir von den zweien, die ich am Abend vorher geraucht hatte, nicht eine reserviert zu haben.

Am folgenden Morgen (Dienstag, den 2. November) berichtete mir Giesmann, der auf Anordnung des Oberaufsehers meine Zelle in Ordnung zu halten hatte, während er den Topf aus dem „Leibstuhl" nahm, dass oben im dritten Stock eine sehr schöne Zelle – Nr. 48 – leer geworden sei, die ein grosses Fenster habe und „bald so scheen wie ne Ufseherzelle" sei. Ich hatte ihm gegenüber nämlich schon über das schlechte Licht geklagt und nahm mir vor, den Inspektor um die Zelle 48 zu bitten. Es gebe dort auch einen Stuhl mit Rückenlehne. Auf den Umstand, dass meine Klappbank ohne Lehne war, führte ich einige Rückenschmerzen zurück. Ich beschloss, den Versuch, die bessere Zelle zu kriegen, jedenfalls bei der nächsten Gelegenheit zu unternehmen. An diesem Vormittage kamen auch zwei schöne Decken und ein weiches Kopfkissen an, die mir meine Geschwister auf Caros Anregung schickten. Es lagen mehrere Aepfel und Birnen bei, die ich mit Giesmann teilte. Er half mir dafür, die Decken auf das Lager zu legen. Von der nächsten Nacht an lag ich nun in der Tat erheblich weicher, aber besser schlafen kann ich bis jetzt immer noch nicht. An diesem Tage begab sich nicht viel Bemerkenswertes. Nur brachte mir Caro, als er mittags kam, gerade als die Frau mein Essen brachte, das ich nun im Büro stehend zu mir nahm, zwei Bücher mit: Paul Scarron „Der Komödiantenroman", übersetzt und herausgegeben von Franz Blei, und Aage Madelung „Jagd auf Tiere und Menschen", beide aus dem Besitzstande von Rudolf Kurtz. Caro berichtete, dass er sich mit Justizrat Bernstein in Verbindung gesetzt habe, der zur Zeit in Berlin sei und im Palasthotel wohne. Diesen Bescheid habe er telephonisch aus seiner Münchener Kanzlei erhalten und nun habe er ihn dort angerufen. Bernstein habe sich gleich interessiert gezeigt und wolle, sobald er in München sei, meine Angelegenheit dort persönlich fördern, sie inzwischen aber seinem Kollegen dort übergeben. Im übrigen werde Bernstein mich wohl den nächsten Tag im Gefängnis aufsuchen. Bis jetzt ist er freilich noch nicht gekommen, steht aber nun für morgen (Montag) vormittag mit Caro zugleich in Aussicht. – Ich benutzte die Gelegenheit meiner Anwesenheit im Büro, vor dem Inspektor meine Bitte um eine andere Zelle zu unterbreiten. Dabei sagte ich nichts von meiner Kenntnis über die Zelle 48, sondern überliess es ihm, davon anzufangen. Das tat er denn auch, indem er zuerst meinte, die Zellen seien ja alle gleich, dann aber wohlwollend fortfuhr: „Na, ich will mal sehen, ob wir nicht oben die Erkerzelle kriegen können. Da ist sehr schönes Licht, und wenn es geht, bringe ich da immer die besseren Gefangenen unter". So war ich also von Amts wegen als „besserer Gefangener" anerkannt, was mir umsomehr Mut gab, noch einmal wegen den Zigarren anzubohren. Der Inspektor wolle nicht gern darauf eingehen, sagte mir aber schliesslich zu, er wolle mir, statt aus meinem Vorrat Zigarren herauszugeben, lieber extra welche holen lassen. Ich stimmte dem mit Vergnügen zu und bat ihn, da ich ja doch höchstens zwei am Tage rauchen dürfe, mit meinem Gelde nicht sparsam zu sein, und recht gute, grosse und schwere Zigarren kaufen zu lassen.

Ich las an diesem Nachmittage den „Komödiantenroman", ein dickleibiges Buch zur Hälfte durch. Ein köstliches Werk aus der Zeit des ancien régime. Die Erlebnisse einer reisenden Komödiantentruppe, von einem lebenslustigen, liebenswürdigen französischen Abbé erzählt, dessen persönliche Randbemerkungen und muntere Milieu- und Personenschilderung, die glänzende Anordnung der Kapitel und die eingestreuten Novellen das Buch zu einem der graziösesten und unterhaltsamsten machen, die ich kenne. Der Anfang, wie die sonderbare Truppe in Mans einrückt, erinnerte mich lebhaft an den Beginn des neuen Romans von Heinrich Mann „Die kleine Stadt", woraus er Hardekopf und mir in München ein Kapitel vorlas, und dessen Einleitungskapitel er in einer öffentlichen Vorlesung im Saal des Neuen Vereins mitteilte. Es wäre sehr mein Wunsch, dies Buch, das dieser Tage erscheinen soll, in meine Zelle zu bekommen. – Gegen Abend kam der Inspektor zu mir herein und reichte mir eine Tüte mit fünf prächtigen, grossen, dicken, mit pomphafter Leibbinde gezierten Zwanzigpfennig-Zigarren. Er gab sie mir mit einer gewissen zurückhaltenden Vorsicht, indem er mich ermahnte, sie möglichst nicht vor andern sehen zu lassen. Er .... stehe in unerhörter Weise unter Aufsicht seiner eigenen Unterbeamten, die ihm sehr gern am Zeuge flickten. Jedenfalls dürfe ich immer erst abends rauchen, wenn schon Licht gemacht ist. Wenn der Aufseher mal dazu käme, soll ich ihm ruhig sagen, er, der Inspektor, habe mir die Zigarre gegeben. Denn Durchstecherei sei das nicht, und er stehe dafür ein, möchte sich aber unnötige Scherereien vom Leibe halten. – Ich konnte die Zeit kaum erwarten, dass man mir die Lampe anzündete. Dann rauchte ich eines der neuen Kleinode mit unermesslichem Behagen, – aber nur eins, und ich muss mich rühmen, dass ich seit diesem Tage jeden Abend nur eine einzige Zigarre geraucht habe, deren Stummel ich dann auf das Brett des Leibstuhls lege, wo Giesmann ihn fortnimmt, um sich Zigaretten davon zu machen.

Am folgenden Morgen klingelte mich die Hausglocke zu einem sehr regnerischen Tage wach. Vielleicht werden mir später, wenn ich diese Aufzeichnungen unter normalen Verhältnissen wieder durchlese, die Ereignisse an diesem Mittwoch garnicht besonders bedeutungsvoll vorkommen. Aber die Relativität aller Dimensionen und Werte stellt auch die Sonderung des Wichtigen vom Irrelevanten unter die Entscheidung der variablen psychischen Impressionen.

Schon mit dem Frühkaffee wurde mir ein eröffnetes Telegramm gebracht, die erste Teilnahmsäusserung, die – abgesehen von den durch Caros Besuche übermittelten – zu mir drang. Es war am 1. November in Aeschispiez aufgegeben (jetzt war schon der dritte) und lautete: „Sei ruhig, lieber Freund, ich schreibe noch heute. Johannes." Ich hatte gleich nach meiner Einlieferung hier an Johannes Nohl ebenso wie an Henry Telegramme abgehen lassen, die von meiner Verhaftung Nachricht gaben. Jetzt merke ich, dass bei aller Ausführlichkeit, mit der ich mich jede Einzelheit zu registrieren bemühe, doch noch manches vergessen ist. Das Telegramm war also die Antwort auf meines und ich war – ich weiss eigentlich garnicht, warum? – so gerührt über die Worte, dass es mir heiss hinter den Augen aufstieg. Dabei fällt mir auf, dass mir in der ganzen Zeit, seit ich festgenommen wurde, weder vor noch nach dem Moment, wo ich das Telegramm las, je ein Drang zum Weinen gekommen ist, nicht einmal in den langen, schlaflosen Nächten, in denen ich wahrlich genug von traurigen Vorstellungen geschüttelt wurde. Und zur rechten Stunde Weinen hat noch jedem gutgetan.

Den Vormittag brachte ich mit der Lektüre Paul Scarrons hin. Als ich meine Mittagsmahlzeit bekam, richtete mir der Aufseher einen Gruss von Caro aus, der nur auf einen Sprung dagewesen war und gleich weiter musste. Ich war ziemlich betrübt, ihn an diesem Tage nicht zu sehen, da er mir bisher täglich als einziger Schimmer aus dem fernen Caféhause in meine Einsamkeit geschienen hatte. Ich ass das etwas fett geratene Kotelett, das mir Herr Fahrland geschickt hatte, etwas missmutig herunter und sog bei Beendigung des Mahles noch den Rest Bier aus der Flasche, als mir der Aufseher mitteilte, dass ich sofort zum Untersuchungsrichter kommen solle.

Ich lief mit der grössten Geschwindigkeit die Treppen hinunter. Denn ich dachte mir, das kann nur heissen: Frei! – oder: Nach München! – An der untersten Treppe nahm mich der lange Glatzkopf in Empfang, der mir schon am Tage meiner Einlieferung so wenig angenehm begegnet war. „Kommen Sie mal mit!" kommandierte er und blieb, während ich durch den Garten zum Gericht hinübermusste, immer so dicht vor, hinter oder neben mir wie ein Schlächter, der ein widerwilliges Schwein zu transportieren hat. „Da rauf!" hies es an einer Treppe, und ich folgte dem Grobian zu derselben kahlen kleinen Kalkzelle, aus der ich ihm schon einmal hinuntergefolgt war.

Drei Leute in Sträflingskitteln waren schon dort, die mich neugierig musterten. Als ich hinzukam, war die Bude so voll, dass wir uns an die Wände quetschen mussten, um uns nicht gegenseitig zu drücken. Mir zunächst stand ein kleiner untersetzter Kerl mit dickem, blondem Schnurrbart, borstig hochstehendem Haar und suffunterlaufenen Augen. Er war der einzig lebhafte von den dreien, der mir nach wenigen einleitenden Höflichkeiten mitteilte, dass er wegen Vagabondage achtzehn Monate abgerissen hätte und jetzt wegen einer Bettelei seiner Aburteilung harre. – Auf dem einzigen Stuhl des Gemaches sass traurig ein schwarzbärtiger Mann von vielleicht 33 Jahren, den vornübergeneigten Kopf in die Hände gestützt. Auf die Lebhaftigkeit des Kleinen reagierte er nur mit gleichgültigen Zustimmungen. Das Fenster verdeckte vollständig der Körper eines riesigen Menschen, der mit dem Rücken zu uns stand. Er sah in den Garten hinaus und schien sich für nichts in der Welt zu interessieren. In seinem Aussehen und seinem Phlegma erinnerte er mich stark an den Asconeser Grotto-Wirt. Nach einiger Zeit wurde der traurige Schwarze hinausgerufen, und statt seiner trat ein grosser blonder jüngerer Arbeiter ein, der lachend verkündete: „Sechs Wochen mit Ueberweisung." – „Hast du 't anjenommen?" – „Die sechs Wochen, ja. Aber die Ueberweisung nich." „ Mensch, warum nich? In Moabit is' doch besser als hier." „Ja, ich wollt' ja och annehmen. Aber ik weess selbst nich. Er fragt: Nehmen Sie's an? Die sechs Wochen, ja, sag ik. Aber von wejen die Ueberweisung- Ik wollte ihm man blos fragen, aber da sagt er schont: Der Beschuldigte nimmt die Strafe an, protestiert aber jejen die Ueberweisung. Mensch, wenn de mit dem redst, det is jrade, als wenn de jejen de Wand sprichst. Ik sag zu dem Mann: Wejen det eenmal betteln, sag ik – nehmen Se doch Rücksicht! – Wat? sagt er. Sie sind wejen Diebstahl vorbestraft und wejen Widerstand, un denn verlangen Se noch Rücksicht? sagt er. Wat wollen Sie denn machen, wenn Se wieder raus sind? sagt er. – Denn jeh 'k stehlen, sag ik. Da ha 'k wenigstens wat von, sag ik. Denn ik war nu schon jiftig. – Weesste, wat det Luder macht? Er lässt det befürworten. Er sagt zu dem jungen Mann, der da sitzen dut: Schreiben Sie det uf, sagt er. Der Anjeschuldigte erklärt, dat er nach Verbüssung der Strafe stehlen jehen will. Na, wat sagste nanu? frag ik dir." – Der kleine Blonde kircherte aber bloss und meinte: „Wat er Justav'n woll ufbrummt?" – Der kam schon wieder und der Kleine musste selbst hinaus. Jetzt fragte der Lange: „Na?" – Der Schwarze knurrte, während er sich wieder auf den Stuhl niederliess: „Sechs Wochen mit Ueberweisung." –„Haste 't anje-

nommen?" – „Ja." – „Na ja, helfen du 't ja doch nich, wenn ma 't nich annimmt." Und dann
erzählt er umständlich noch einmal, wie er aus Versehen zu einem Protest gegen die Ueberweisung gekommen war, wie er gereizt wurde, wie er erklärte, er wolle nachher stehlen gehen, und
wie der Richter das „befürworten" liess. „Ne, schloss er, an Charlottenburg will ik jedenken." –
Dann kam auch der Kleine wieder: „Sechs Wochen mit –!" schrie er schon an der Tür. Der
Grosse pellte sich nun auf Anruf vom Fenster los und verliess das Gemach mit den Worten:
„Denn kann ik mir ja och unjefähr ausrechnen, wat ik krieg." – „Sechs Wochen mit kriegste",
schrie ihm das muntere Männchen nach. „Ik hab 't jleich anjenommen", erzählte er dann. „Aber
ik lass mir nach Prenzlau überweisen. Mensch, Justav, da musste mitkommen. Meld dir jleich
heite, dat de willst nach Prenzlau." Der Schwarze rührte sich nicht. Der Kleine wurde immer
närrischer. „Hörste, Justav. Det is det beste, sag ik dir. Komm mit nach Prenzlau." – „Lass mir
doch zufrieden." – „Aber Justav, sei doch keen Dussel! In Prenzlau is' am allerscheensten." - „Ja,
for dir, weil de da zuständig bist." – „Macht nischt, Justav; ik sag dir, komm och nach Prenzlau." – „Lass ihm doch," fiel endlich der Lange ein. „Er muss et doch selbst am besten wissen."

Ich stand inzwischen wie auf Kohlen. Gleich sollte sich's entscheiden, ob ich freigelassen
würde oder ob man mich – vielleicht schon diese Nacht – nach München transportierte. So
war ich froh, als der Riese zurückkam und der Glatzkopf rief: „Mühsam, kommen Sie mit!"
Der Mann führte mich – wieder mit ausgesuchter Unhöflichkeit vor den Untersuchungsrichter,
einen Mann mit englischem Schnurrbart und etwas blasiertem, aber elegantem Exterieur. „Sind
Sie Mühsam?" fragte er mich. „Ja." – Er erklärte mir nun, er habe mir zu eröffnen, dass gegen
mich eine Voruntersuchung eingeleitet sei, da ich hinreichend verdächtig wäre, die Gruppen
„Vagabund" und „Tat" begründet und darin in Gemeinschaft mit dem gleichfalls angeklagten
Klavierspieler Karl Schultze (Morax), der wegen einer anderen Sache in Untersuchungshaft
sitze, zu einer Reihe Verbrechen, wie Desertion, Einbruch, Falschmünzerei usw. aufgefordert
zu haben. Deshalb ersuche der Untersuchungsrichter in München, mich zu verhaften und ins
Untersuchungsgefängnis Neudeck abzuliefern. Ich wollte gleich zu Protokoll geben, dass die
Vorwürfe, die gegen mich erhoben wurden, absurd seien. Der Herr erklärte aber, dass seine
ganze Aufgabe sei, mir das Delikt, dessen ich beschuldigt sei, zur Kenntnis zu bringen. Ich
fragte nun, ob das Ersuchen, mich in Neudeck abzuliefern, bedeute, dass ich nach München
gebracht werden solle, worauf ich erfuhr, dass das allerdings damit gemeint sei, dass aber erst
die Entscheidung über die von mir gegen die Verhaftung eingelegte Beschwerde fallen müsse.
Im übrigen sei er, der Untersuchungsrichter, mit der Materie nicht vertraut und wolle sie zur
weiteren Erledigung dem Herrn geben, der sie bisher unter sich hatte, worauf er die Akten zu
Herrn Assessor B. schickte und mich entliess.

Als ich aus dem Büro trat, sah ich zu meinem Erstaunen meinen Bruder vor mir stehen, der
mir mit Kondolenzmiene die Hand schüttelte...*)

Der Kahle führte mich nun in der gewohnten Manier wieder in das Kalkstübchen, in dem sich
die Leidensgefährten von „6 Wochen mit –!" nicht mehr befanden. Hinter mir wurde die Türe
geschlossen, und ich hatte nun Gelegenheit, in dieser Zwischenstation die Lage zu überdenken.
Ich war also weder frei, noch wurde ich nach München gebracht. Es blieb vielmehr zunächst
alles beim Gleichen. Nur in Einem sah ich klarer. Ich hatte jetzt ein bischen Näheres über das
erfahren, was mir zum Vorwurf gemacht wird. Zuerst beruhigte mich diese Kenntnis, weil ich
mir sagte: Das alles ist denn doch zu grotesk, um geglaubt werden zu können. Dann aber stieg
mir die Frage auf: Wer mag mich beschuldigen? Es muss doch schliesslich jemand da sein, der
diese Dinge entworfen hat, und der dem Untersuchungsrichter glaubwürdig genug vorkommt,
um mich auf seine Beschuldigung hin verhaften zu lassen. Von denen, die regelmässig mit uns
zusammenkamen, kann ich mir eigentlich keinen denken, der einerseits gegen Morax und gegen
mich so gemein zu handeln imstande wäre, andrerseits nach dem häufigen Anhören meiner
Vorträge, in denen ich es regelmässig ausdrücklich abgelehnt habe, zu einer illegalen Handlung
anzureizen, noch so dummes Zeug behaupten könnte. Interessant ist mir, dass die Anklage von
der „Gruppe Vagabund" spricht, die doch in der Tat niemals zustande gekommen ist. Unter den
Freunden wurde der Ausdruck fast nie – wenn nicht überhaupt nie – gebraucht. Bleibt übrig,

dass ihn der Denunziant aus meinem „Sozialist"-Artikel „Neue Freunde"*) entnommen hat, in dem ich die Hoffnung aussprach, dass wir in München bald eine „Gruppe Vagabund" haben möchten. Jedenfalls freue ich mich heute schon auf die Konfrontierung mit dem Burschen, der sich mir da als erfinderischer Spitzel präsentieren wird.....*)

.....Das war das Verhängnis alles Weltgeschehens von jeher, dass neue Entwicklungen, neue Erfahrungen, neue Einsichten und neue Kultur nie langsam und sanft daherkamen und im Uebergang der Generationen allmählich wuchsen, sondern dass sie sich elementar Bahn brachen und rücksichtslos zerstörten, was ihnen hinderlich war. Das ist die ewige Wahrheit von der Unumgänglichkeit der Revolutionen und die ewige Entlarvung der revolutionären Lüge. – Und so stand ich nun allein in der kleinen gekalkten Zelle und dachte hin und her und blickte aus dem vergitterten offenen Fenster in den Garten hinaus und sah, wie die Kinder des Inspektors oder der Aufseher auf mich aufmerksam wurden und neugierig hinaufsahen, was für ein merkwürdiger langhaariger, seltsam aussehender Gefangener da im Gewahrsam ihrer Väter war. Und die Zeit ging hin, und ich fragte mich, warum ich wohl so endlos lange warten müsste, bis ich wieder zurück dürfte in meine Zelle Nr. 42.

Endlich kam der Kahlschädel und hiess mich barsch ihm folgen. Beim Gefängnisbüro setzte er mich ab, wo ich ordentlich beruhigt war, das gutmütige Gesicht des Inspektors wiederzusehen. Ich begrüsste ihn und wollte durchs Büro zur Treppe gehen. Da sagte er: „Sie kriegen eine andere Zelle, Herr Mühsam. Lassen Sie Ihre Sachen nur gleich nach 48 bringen. Sie können gleich umziehen." Ich ging die Treppen hinauf und konstatierte nach der Uhr, dass mich der Glatzkopf über eine Stunde in dem kleinen Loch allein gelassen hatte, ganz sinn- und zwecklos, und offenbar nur, um seine Macht zu zeigen.

Inzwischen hatte der Inspektor die Aufseher verständigt, Giesmann wurde heraus geholt, und der Umzug wurde in weniger als zehn Minuten vollzogen. Ich nahm mein bischen Schreibpapier und die beiden Bücher, Giesmann brachte das übrige, die Decken und Bettüberzüge. Das alles wurde in der grössten Behendigkeit ein Stockwerk höher in Zelle 48 wieder gebrauchsfertig gemacht.

Als ich die Zelle betrat, war ich in der Tat geblendet von ihrer Pracht. Zwar war sie um nichts breiter als Nr. 42, aber erstens um mindestens einen Schritt länger, und dann – was für ein herrliches Fenster! Und ein richtiger Tisch! Und ein Stuhl! Und ein ganzes Waschgeschirr im Metallgestell! Ich will die Herrlichkeiten einzeln beschreiben. – In der dem Zelleneingang gegenüberliegenden Winkel steht der viereckige Tisch, ein richtiger Küchentisch, in dem ich zu meiner grössten Freude eine ausgiebige Schublade entdeckte, die jetzt meine Zigarren und mein Schreibpapier enthält. Der Tisch füllt genau den Raum zwischen den beiden Wänden links und rechts aus und liegt mit der Breitseite an der Hinterwand. Unmittelbar über dem Tischrand erhebt sich, und zwar in der Höhe bis zur Decke, das Fenster, dessen oberes Drittel halb aufgeklappt ißt. Vom Rande dieses Teils hängt wie ein Damoklesschwert eine Holzstange so dicht über mir, dass ich beim Aufstehen vom Stuhl stets in Gefahr bin, sie mir in den Schädel zu rammen. An dieser Stange kann man das Fenster nach Bedarf schliessen. Da die Zelle hinreichend geheizt ist, hat sich dieser Bedarf für mich noch nicht ergeben.

Sehr luxuriös ist nun, dass sich nicht nur über der Breitseite des Tisches, sondern auch über seinen beiden Schmalseiten je ein Fenster bis zur Decke erhebt, so zwar, dass die Seitenfenster noch etwas schmäler sind, als der Tisch. Meine Zelle liegt nämlich, wie der Inspektor mir schon verraten hatte, im Erker, und ich kann, wenn ich morgens über den Hof marschiere, um „frische Luft" zu mir zu nehmen, stolz erkennen, welches Fenster meine Zelle bezeichnet. Uebrigens sind die Scheiben meines Fensters auch nicht von Eisenstangen durchschnitten, sondern haben ein richtiges hölzernes Fensterkreuz, das sich zwar leider nicht öffnen lässt, aber doch immerhin ganz hübsch aussieht. Leider ist das Glas hier so wenig durchsichtig wie in Nr. 42. Nur eben angedeutet sieht man hinter den gerillten Scheiben des Breitfensters wie der Seitenfenster ein festes eisernes Aussengitter. – Der Stuhl, auf dem ich sitze, hat eine Lehne, und alles übrige ist so beschaffen wie in Nr. 42 auch. Nur hängt am „Spind" ausser den übrigen Anweisungen noch ein „Alkohol-Merk-

gesteuert werden soll. Und das fromme Plakat, das jede Zelle schmückt, trägt hier auf der einen Seite die Inschrift: „Gott will, dass sich der Gottlose bekehre von seinem Wesen und bete. Hesekiel 33, 11a; auf der anderen Seite, die ich mir nach aussen gehängt habe: „Erkenne deine Missetat, das du wider den Herrn deinen Gott gesündigt hast. Jerem. 3, 13.“ Ich hege einigen Zweifel, ob schon einmal ein Sünder durch das wochenlange Betrachtendürfen solcher aus dem Zusammenhang gerissener Sätze von seiner Sündhaftigkeit kuriert worden sei. Will man schon erziehlich wirken, indem man wenig gebildeten Menschen Sprüche biblischer oder sonstiger Weisheit in die Gefängniszelle hängt, so sollte man doch zu allererst darauf achten, dass etwa das Wort „dass“ nach „Erkenne“ mit ss zu schreiben ist, und dass „deinen Gott“ als nähere Definition zu „den Herrn“ in Kommata gesetzt werden muss. Ich lebe der Ueberzeugung, dass ein orthographischer Fehler, der sich dem Gehirn eines minder differenzierten Menschen einprägt, mehr Schaden bewirken kann, als ein auswendig gelerntes Bibelwort Nutzen.

Mit diesem pädagogischen Bekenntnis will ich den Bericht über jenen denkwürdigen Mittwoch abschliessen, der im weiteren Verlaufe nichts Bemerkenswertes mehr bot, und die Feder bis morgen aus der Hand legen. Ein wenig nachgeholt habe ich heute jedenfalls und vielleicht kann ich in zwei, drei Tagen schon immer über das jeweilig Aktuelle berichten. – Der heutige Sonntag ging leider dahin, ohne Aufschluss über den Verbleib meines Notizbuches zu bringen.

Beim Genuss der vortrefflichen Zigarren und gelockt von dem angenehmen hellen Licht, dem bequemen Stuhl (im Gefängnis ist schon ein einfacher Küchenstuhl so bequem wie im Salon ein Klubsessel) und dem grossen Tisch, hatte ich mich am Mittwoch noch an die Ausführung eines literarischen Essays gemacht, mit dem ich schon lange umgehe ... Es handelt sich um eine Charakteristik Frank Wedekinds als Schauspieler. Den ganzen Juli hindurch war Frank Wedekind Herr des Münchener Schauspielhauses und spielte nacheinander den Nikolo in „So ist das Leben", den Schön im „Erdgeist", den Hetmann in „Hidalla", den Gesanglehrer in „Musik", den Burridan in „Zensur", den „Marquis von Keith" und den „Kammersänger". Ich habe alle die Leistungen gesehen ... und sehr starke Eindrücke empfangen, die niederzulegen mir viel Freude machen wird.. Weit kam ich allerdings nicht mit dem Artikel, – nicht über die Einleitung hinaus.*)

Denn die intensive Beschäftigung mit dem Buch des Dänen Madelung, der ich mich vorher hingegeben hatte, drängte nach Erledigung dieser Lektüre. „Jagd auf Tiere und Menschen" ist ein gutes, kräftiges Buch, von einem klugen Menschen geschrieben, der zugleich robuste und gepflegte Nerven und ein klares Auge hat. Madelung ist ein brillanter Schilderer der Gegenden, die er bereist, der Menschen, die er kennen lernt, der Zustände, die er antrifft. Störend wirkten auf mich die lyrischen Abschweifungen in manchen seiner Berichte, besonders in der Geschichte „Tops". Zwar findet Madelung immer gute dichterische Bilder, die, im einzelnen genommen vor der strengsten Kritik bestehen, aber seine Lyrismen sind mir zu klug, zu literarisch, zu gewollt. Ich glaube es einfach diesem Kraftmenschen nicht, dass ihm etwa das Spiel der Sonnenstrahlen in abgefallenem Laub neben der Beobachtung, die schon sehr viel ist, noch Vergleiche abnötigt. Ich habe das Buch schon abgegeben und kann daher das, was ich meine, nicht an Beispielen belegen. Jedenfalls gilt es mir da am meisten, wo er einfach in festen Strichen zeichnet, was er sieht, beschreibt, was er weiss. Die schmucklosesten Kapitel des Buches sind die stärksten: „Terror" und „Progrom", – und daneben die Schilderung der Landstrasse und der Marsch nach Besowo im Eingang des Buches, das im ganzen als eine überaus wertvolle Quelle zum Studium russischer Volkheit und russischer Zustände Beachtung verdient und technisch zweifellos einen Dichter verrät.

Zur Naturgeschichte des Wählers

Parlamentswahlen (nach dem allgemeinen, gleichen, geheimen und direkten Wahlrecht) werden in der Regel als politische Stimmungsbarometer angesehen. Man hat sich gewöhnt zu glauben, daß die ausgezählten Majoritäten die im Lande vorherrschenden positiven Gesinnungen spiegeln. Das ist eine Verkennung der Massenpsychologie. Der Psychologe darf bei der Beurteilung einer von vielen gemeinsam geführten Aktion die Stellung jedes einzelnen zu der ihn mitumfassenden Vielheit nicht übersehen. Er darf nicht vergessen, daß ein Ich, je dürftiger und nichtiger es dasteht, d.h. je größer die Majorität ist, der es zugehört, umsomehr das Bedürfnis fühlt, sich als Mitglied der Masse persönlich zu dokumentieren. Hat eine große Persönlichkeit den Drang, seine Seele im Rhythmus der Welt schwingen zu lassen, so sucht umgekehrt das Massenmenschchen den Radau des Alltagslebens, den es Welt nennt, auf seine spezielle Existenz zu beziehen, um sich als "Persönlichkeit" gefallen zu können. So und nicht anders ist die Massenneurasthenie zu erklären, die jede politische Bewegung hervorruft, und der Ausfall von Parlamentswahlen bietet somit in erster Reihe Interesse als statistisches Material für den Neurologen.

In welchem Prozentsatz sich die abgegebenen Stimmen auf die einzelnen Parteigruppen verteilen, ist psychologisch sehr belanglos. Majoritätsmensch ist nicht der nur, der zu den Wählern des endlich siegenden Kandidaten zählt, sondern jeder, der von seinem Stimmrecht Gebrauch macht; jeder also, der seine Meinung als maßgeblich für die Mehrheit ansehen möchte, weil er sie für so gut hält, daß sie ihm als Normalmeinung seiner Zeitgenossen geeignet erscheint. Das Prinzip der Wahl ist ein durchaus demokratisches Prinzip. Es hat die Tendenz, aus der Volksseele einen Diagonalwillen zu destillieren. Jeder Wähler erkennt mit der Ausübung seines Rechts dieses Prinzip ausdrücklich an, das Prinzip der Berechtigung des Mehrheitswillens, das einzelne, selbständige Individuum zu unterdrücken, es den Beschlüssen der Majorität der aus der Majorisierung der Minoritäten hervorgegangenen Körperschaften gefügig zu machen, aus jeder Persönlichkeit eine Nummer im Gesamtbetriebe und aus jeder autonomen Regung eine Gefahr für das demokratische Ganze herzustellen.

Jeder Wähler ist ein Tröpfchen von dem Öl, das die große Staatsmaschine schmiert. Was er wählen darf, ist allein das Ölkännchen, aus dem er in das Räderwerk träufeln darf, und von dem je nach der Größe des Behälters ein Schuß mehr links oder ein Schuß mehr rechts in den Apparat gegossen wird, dessen Hauptwalze sicher und exakt funktioniert, unbeirrt darum, welche von den vielen Seitenrädchen sich etwas schneller und welche sich etwas langsamer um ihre Achse drehen. Die Stimmabgabe jedes einzelnen Wählers hat also für den Gang der Geschicke eines Volkes ebensoviel zu bedeuten. wie der Rauch einer Zigarre, der sich im weiten Raum einer Wolke beimischt, für den Niederschlag eines Gewitters.

Für den Psychologen sind alle Wähler konservativ. Sie haben ausnahmslos das Bestreben, in das Rädchen zu fließen, das dem mächtigen Staatsrad am schnellsten vorwärts hilft. Sie erkennen damit die Notwendigkeit des Bestehenden und den Wert seiner Erhaltung an. Im Gegensatz zur konservativen Partei steht ausschließlich die Gruppe der Nichtwähler, stehen die paar Individualisten, Anarchisten, Künstler und Skeptiker, die in der Staatswalze einen Apparat erkennen, die Persönlichkeit durch die Masse zu wälzen und in jedem ihrer Räder ein Instrument, die Individualität, deren ein Riemen habhaft werden kann, zu rädern. Sie sind revolutionär. Ihr negatives Verhalten bezweckt die Unbrauchbarmachung der ganzen Maschine, entweder dadurch, daß durch das Einrostenlassen aller Seitenräder die Mittelachse gezwungen wird, sich aus eigener Despotenkraft zu drehen - eine Betriebform, die infolge der Vereinfachung des Werkes dem Individuum sehr viel weniger gefährlich ist, als die demokratische Versimpelungsfabrik - oder durch die positive Aktion des Sabots, d.i. die gewaltsame Außerbetriebsetzung des Werks. Wirft man Seife in den Kessel, so platzt der Apparat, und seine Wirksamkeit ist vernichtet.

"Revolutionär" nennt sich nun freilich auch die Sozialdemokratie, die Partei, der die Massensuggestion, der Wahlakt sei eine heilige Handlung, in erster Linie zu danken ist, und der es - aus Gründen, die gleich erörtert werden sollen - niemals beizubringen sein wird, daß die Beteiligung an der Wahl ein Bekenntnis zur bestehenden Staatsordnung in sich schließt und eine im Kern antirevolutionäre Demonstration darstellt. Man hat ganz haarsträubende Motivierungen konstruiert, die die revolutionäre Tendenz der prinzipiellen Umgestaltung des Staatswesens mit der konservativen Wahlaktion in Einklang bringen sollen. Man behauptet und glaubt, die Zentralisation allen Schmieröls in einer dicken Kanne werde das Mittelrad in einen so rapiden Schwung versetzen, daß es alle Seiten und Nebenräder rotierend mitreißt und sich so ganz aus sich selbst heraus zu jener prächtigen Zentral- und Universalwalze entwickelt, die den idealen einheitlichen Brei aller Staatsbürgerfunktionen produziert, der der fromme Traum jedes unverfälschten Demokraten sein muß.

Man wird nicht von mir verlangen, daß ich diesen ideologischen Blödsinn ernsthaft widerlege. Mir kommt es darauf an zu zeigen, welche tieferen unterbewußten Gründe gerade die Partei, die die Masse hinter sich zu haben strebt, und die am meisten mit den Masseninstinkten rechnen muß, zu ihrer Sakrifikation der Parlamentswahl bewegen.

Der Mittelmensch, der Bürger, der aus der Not seiner Wesensgleichheit mit all seinen Mitmassenmenschen eine Tugend herleitet, hat gleichwohl das starke, seelische Bedürfnis, sich persönlich zu dokumentieren. Das innerstempfundene Gefühl seiner eigenen Unwesentlichkeit, der letzten Endes auch im Nichtigsten schlummernde Drang nach Unsterblichkeit, der verborgene Trieb, irgendwie doch einen noch so verschwommenen Schatten zu werfen, drängt ihn ans Sonnenlicht. Aus diesem Triebe sind so viele Äußerungen zu verstehen, die dem kleinen Mann Vergnügen machen. Wird irgendwo ein Haus photographiert, gleich stehen eine Reihe guter Leute in Positur vor der Fassade, um mit aufs Bild zu kommen. Sie werden ihr Konterfei nie zu sehen kriegen, der Photograph und der Besitzer des Hauses, die es anschauen werden, werden nie erfahren, wer die Leutchen sind, deren Typen sie vor sich haben, werden sich auch nie Gedanken darüber machen - aber der Bürger fühlt seine Befriedigung, weil seine Physiognomie irgendwo festgehalten ist; seinem Unsterblichkeitsdrange ist wenn auch noch so dürftig – Genüge geschehen. Ein noch beliebteres Mittel, seine Wesenheit in die Ewigkeit hinüberzuretten, ist das Anschreiben des Namens an Stellen, wo recht viele fremde Menschen ihn lesen werden, auf die Ruhebänke in gernbesuchten Parks, vor allem an Pissoirwände. Den Kommis und den Bäckergesellen, den Primaner und den Bücherrevisor überkommt ein Gefühl innerster Beruhigung, wenn er das Häuschen mit dem Bewußtsein verläßt, für seinen Nachruhm etwas getan und - sei es nur durch seinen Namenszug, sei es durch eine schweinische Zeichnung oder einen obszönen Vers - seiner tieferen Wesensart den Sprung in die Ewigkeit erleichtert zu haben. Jedenfalls hat er seiner Existenz einen weiteren Resonanzboden geschaffen, als sie auf korrektere Art gefunden hätte.

Mit diesem Phänomen rechnet die sozialdemokratische Parteileitung; muß sie rechnen, um. eine Massenbewegung hinter sich zu haben. Sie muß ihren Mitgliedern, grade weil sie sich zu einer die Persönlichkeit eliminierenden Tendenz bekennen sollen, die Gelegenheit bieten, sich persönlich wichtig zu machen. Mit welchem Stolz geht der Wähler zur Urne! Erfüllt er sein heiligstes Recht, alle fünf Jahre einmal einen Zettel mit dem Namen einer anderen Null feierlich zur Auszählung abzuliefern! Wie unentbehrlich kommt er sich vor! Sein Name steht in den Wahlregistern eingetragen, wird öffentlich aufgerufen; er kann selbst hervortreten, sich coram publico zu seinem Namen bekennen, kann sogar zwischen verschiedenen Zetteln, die ihm Weltanschauungen repräsentieren, aussuchen und kommt sich vor, als ob er am Steuerrad der Historie drehte. Die Befriedigung, die ihm das Bemalen der Abtrittswand erweckt, erfüllt sich beim Wahlakt potenziert.

Wer da glaubt, die ursprüngliche causa movens des Wählers sei politisches Interesse, sei die ernste Sorge um die Verwaltung des Vaterlandes, der irrt. Das Parteigefühl ist in fast allen Fällen erst nachträglich als Beweggrund zum Wählen eingeschoben. Aber soviel Selbstpsychologe ist der Staatsbürger nicht, um zu erkennen, daß er in der Wahrung seiner vornehmsten Rechte kleinlicher Eitelkeit folgt. Er konstruiert erst aus der Handlung, die er gern tut, das Motiv, das ihm diese Handlung erst recht weihevoll erscheinen läßt. Es geht so wie Nietzsches bleichem Verbrecher, der den von ihm Ermordeten beraubt, um vor sich selbst einen Grund zum Mord zu haben. Der Ausfall der Wahl regt den Wähler kaum anders auf, als das Ende eines Wettrennens den, der auf ein bestimmtes Pferd gesetzt hat. Daß es sich bei dem Wettenden um Geld handelt, während sich der Wähler ideelle Interessen einbildet, macht keinen Unterschied. Denn erstens stehen alle Staatsbürgerideale auf materieller Grundlage und werden erst in der politischen Abstraktion ideell verklärt, und zweitens verquickt sich bei dem Startsetzer das Interesse an der riskierten Summe so sehr mit der Aufregung des Zuschauens, daß es sich zu einer wirklich begeisternden Spannung auswächst.

Eine kleine Probe aufs Exempel bestätigt, was ich hier gesagt habe. Die anarchistische Taktik verwirft das Wählen prinzipiell. Sie wendet sich an den Arbeiter mit der Aufforderung, lediglich auf seine wirtschaftliche Förderung bedacht zu sein. Sie weist ihn auf die Kampfmittel hin, mit denen er sich hohe Löhne und kurze Arbeitszeit - also den größten für ihn wünschenswerten Nutzen - erobern kann: auf Klassenkampf und Streik. Sie warnt ihn vor dem Parlamentarismus, der an sich staatsstützend ist und als Ausbeutungswaffe ehrgeiziger Führer gegen die Arbeiter protegiert wird; betont die Nutzlosigkeit und die absolute Gleichgültigkeit des Ausfalls der Wahlen, weil es gar nicht von Belang ist, wer die Dummheiten macht, von der jede Gesetzlichkeit lebt. In Deutschland wird das allgemeine, gleiche, direkte und geheime Wahlrecht seit 40 Jahren ausgeübt, ohne daß der Sozialismus die allermindeste Förderung dabei erfahren hat. All das führt die anarchistische Taktik gegen die Sozialdemokratie an; all das habe ich ungezählte Male in Arbeiterversammlungen hervorgehoben. Aber, kommt in einer sozialdemokratischen Versammlung irgend ein Agitator einer anderen Partei zum Wort, der den Arbeitern sagt: Wählt nicht den Müller! Wählt den liberalen Meyer oder den Antisemiten Schultz! - dann wird er mit sanfter Ironie abgefertigt, dann begründet man, weshalb nicht der Meyer oder der Schultz, sondern grade akkurat der Müller gewählt werden muß. Anders, wenn ein Anarchist spricht. Ihn, der doch ganz vom materiellen Interesse des Arbeiters ausgeht, der ganz sachlich, ganz unpersönlich diskutiert, widerlegt man nicht. Er wird niedergebrüllt, als Schuft, Polizeispitzel, Söldling der Gegner persönlich verdächtigt oder - wie es mir kürzlich in einer großen Wahlversammlung in München erging - tätlich insultiert.

Diese oft beobachteten, immer sich wiederholenden Tatsachen beweisen wohl, was ich oben behauptet habe: daß der Massenmensch nicht aus irgendwelchen materiellen, politischen oder ideellen Gründen wählt, sondern daß ihm das Wählen Selbstzweck ist. Der Anarchist, der das Wählen an sich angreift, verletzt sein Gefühl. Mit dem ist nicht zu debattieren; der ist ein Lump ... Dem Volke muß die Religion erhalten bleiben. Und dem Volke muß die Möglichkeit erhalten bleiben - oder geschaffen werden -, sich an Pissoirwänden und Wahlgefäßen zu manifestieren.

Appell an den Geist

Wir Menschen sind geschaffen, in Gesellschaft miteinander zu leben; wir sind aufeinander angewiesen, leben voneinander, beackern miteinander die Erde und verbrauchen miteinander ihren Ertrag. Man mag diese Einrichtung der Natur als Vorzug oder als Benachteiligung gegenüber fast allen anderen Tieren bewerten: die Abhängigkeit des Menschen von den Menschen besteht, und sie zwingt unsern Instinkt in soziale Empfindungen. Sozial empfinden heißt somit, sich der Zugehörigkeit zur Gemeinschaft der Menschen bewußt sein; sozial handeln heißt im Geiste der Gemeinschaft wirken.

Dies ist der Konflikt, in den die Natur uns Menschen gestellt hat: daß die Erde von unseren Händen Arbeit fordert, um uns ihre Früchte herzugeben, und daß unser Wesen bestimmt ist von Faulheit, Genußsucht und Machthunger. Wir wollen Nahrung, Behausung und Kleidung haben, ohne uns dafür anstrengen zu müssen; wir wollen, fern von der Pein quälender Notwendigkeiten, beschaulich genießen; wir wollen Macht ausüben über unsere Mitmenschen, um sie zu zwingen, uns unsere heitere Not Entrücktheit zu sichern. Den Ausweg zu finden aus dieser Diskrepanz: das ist das soziale Problem aller Zeiten.

Nie hat sich eine Zeit kläglicher mit dem Problem abgefunden als unsere. Der kapitalistische Staat, das traurigste Surrogat einer sozialen Gesellschaft, hat im Namen einer geringen, durch keinerlei geistige oder menschliche Eigenschaften ausgezeichneten Minderheit die Macht über die gewaltige Mehrzahl der Mitmenschen okkupiert, indem er sie von der freien Benutzung der Arbeitsmittel ausschließt. Sein einziges Machtmittel ist Zwang; gezwungene Menschen beschützen in gedankenloser Knechtschaffenheit, Faulheit und Genuß der privilegierten Machthaber. Wild, sinnlos, roh, von keinem Brudergefühl gebändigt toben die Menschen gegeneinander. Was sie als Macht erstreben, ist nüchterner Besitz an materiellen Gütern.

Der Kampf aller gegen alle ist kein Ringen um den Preis der Schönheit, der inneren Freiheit, der Kultur, - sondern eine groteske Balgerei um die größte Kartoffel. Auf der einen Seite Hunger, Elend, Verkommenheit; auf der anderen Seite geschmackloser Luxus, plumpe Kraftprotzerei, schamlose Ausbeutung. Und all das chaotische Getümmel verstrickt in einem stählernen Netz von Gesetzen, Verordnungen, Drohungen, die die bevorzugte Minderheit schuf, um ihrer Gewaltherrschaft das Ansehen des Rechts zu geben.

Ebenjene verlogene Ethik hat das Wissen um Wahrhaftigkeit und Rechtlichkeit vergiftet. Rabulistische Advokatenlogik hat den guten, reinen und wahren Begriff der Freiheit zum Popanz autoritärer Marktschreier verdreht. Die Verständigung der Menschen geschieht im Kauderwelsch der Politik; der Wille der Menschen beugt sich unter abstrakte Paragraphen, das Rückgrat der Menschen paßt sich verkrümmten Uniformen an.

Geknebelt ist der Gedanke, das Wort und die Tat, - geknebelt selbst die Sehnsucht nach Gerechtigkeit und Menschlichkeit. Die Seele des Menschen ist dem Staate beamtet, und der Geist der Menschen schläft im Schutze der Obrigkeit. Kein Knirschen der Wut stört die Hast der Geschäfte. Der Lärm geht um den Profit; kein Stöhnen der Verzweiflung übertönt ihn. Wer aber warnend seine Stimme hebt, wer Menschen sucht, um mit ihnen zu bauen, aufzurichten das Werk der Freiheit, der Freude und des Friedens, dem gellt das Lachen ins Ohr derer, die sich nicht stören lassen wollen, derer, die Tritte empfangen und um sich treten, das Hohnlachen der Philister.

Welche Ansicht der Mensch von den Dingen der Menschen haben darf, ist vom Staate abgestempelt. Einzelne Einrichtungen des Staates, besondere Maßnahmen darf er kritisieren, benörgeln, beschimpfen. Aber wehe dem, der der Fäulnis der Gesellschaft in die Tiefe leuchtet. Er ist verfehmt, geächtet ausgestoßen. An Mitteln fehlt es den Philistern nicht, ihn unschädlich zu machen: sie haben ihre ”öffentliche Meinung’, sie haben die Presse. Wohl eifern auch die Organe der verschiedenen Parteien gegeneinander; wohl tuten auf der Jagd nach dem Profit in den Gefilden der öffentlichen Meinung die Hörner am lautesten und am schrillsten. Aber darin sind sie einig: der freie Gedanke, das freie Wort, die freie Sehnsucht darf keine Stätte haben in ihrem Revier. Ein breiter Graben zieht sich durch ihrer aller Lager; und in dem fließt der Strom, mit dem wir schwimmen müssen.

Hoch über den Ebenen, in denen die Philister einander in die Seiten puffen, ragt die Burg, darin der Geist wohnt. Der Literat und der Künstler wenden den Blick degoutiert ab vom Gewimmel der Menge. Was schert es sie, wie Hinz den Kunz übers Ohr haut! Dem Bettler, der am Weg die Drehorgel leiert, gibt man mildtätig einen Groschen und geht seines Weges. Zu ihnen hinauf, in die Domänen der Kultur darf der Dunst des Alltags nicht steigen. Die Nase zu vor den Ausdünstungen des Volks! Den Blick empor zu den reinen Höhen der Geistigkeit.

Lächelnd spottet man bei den ästhetischen Gelagen über den Snob, der auf die Tribüne steigt und die Massen aufruft zum Kampf gegen Gewalt und Ausbeutung, für Recht und Freiheit. Ein Sensationshascher und Reklameheld, - im besten Falle ein verrannter Narr, dem es schon recht geschieht, wenn man ihn ignoriert und boykottiert. Was geht ihn die soziale Not des Volkes an?!

Der Künstler, der sich allem, was die Umwelt angeht, so hoch überlegen dünkt, ist ein Philister. Seine bequeme Zufriedenheit hat nichts Erhabenes, sondern nur etwas Verächtliches. Er verschließt die Augen vor dem Elend, in dem er selbst bis an die Knöchel watet, und macht sich damit für die Behörden zum Erwünschtesten aller Staatsbürger.

Aber gerade der Künstler hätte tausendmal Grund, wütend aufzubegehren gegen die Schändlichkeiten unseres Gesellschaftsbetriebes. Sein Werk steht- und das muß so sein - jenseits der Marktbewertung. Unter den Zuständen, die uns umgeben, ist es daher überflüssig, wertlos, unnütz und mithin lächerlich oder gefährlich. Der Künstler selbst gilt - sofern er nicht als Kapitalist andere Menschen für sich arbeiten läßt als Schmarotzer, als Schädling, als Verkehrsstörung. Soll ihn seine Kunst ernähren, so muß er sie dem verrotteten Geschmack des Banausentums unterordnen, und er verkommt menschlich und künstlerisch. Hat er aber die Mittel zum Leben, produziert er, wozu es ihn treibt, so bleibt sein Werk den Mitmenschen fremd, und die höchste Freude des Schaffenden, mit seiner Arbeit Menschenseelen zu erfrischen und zu erhellen, bleibt ihm versagt.

Aber er ist ja Esoteriker. Ihm genügt ja die Anerkennung der Wenigen, derer, die "reif" sind für seine Kunst, die gleich ihm dem Spektakel des Lebens ferne stehen. Ach, Schwätzerei! Das ist eine matte, blutleere, dürftige Kunst, die nicht getränkt ist vom warmen roten Zustrom der lebendigen Wirklichkeit. Nur das sind noch immer die Zeiten der Kultur gewesen, in denen Geist und Volk eins waren, in denen aus den Werken der Kunst und des Schrifttums die Seele des Volkes leuchtete.

Ihr törichten Einsamen, die ihr wähnt, oben in euren Ateliers andere, freiere Luft zu atmen, als die Masse auf den Plätzen der Städte! Auch ihr eßt auf euerm Kothurn das Brot, das Menschenhände gesät, Menschenhände gebacken, Menschenhände euch gereicht haben. Tut nicht, als wäret ihr Besondere! Seid Menschen! Habt Herz! Und besinnt euch auf die Unwürdigkeit eurer Existenz! Ihr, die Ihr Werke schafft, aus denen der Geist unsrer Zeit in die Zukunft flammen soll, sorgt, daß Eure Werke nicht lügen! Helft Zustände schaffen, die wert sind, in herrlichen Taten der Kunst und der Dichtung gepriesen zu werden! Täuscht der Nachwelt nicht Bilder vor, die das jämmerliche Grau unserer Tage in Gold malen! Seid keine Philister, da Ihr allen Anlaß habt, Rebellen zu sein! Paria ist der Künstler, wie der letzte der Lumpen! Wehe dem Künstler, der kein Verzweifelter ist!

Wir, die wir geistige Menschen sind, wollen zusammenstehen, -in einer Reihe mit Vagabunden und Bettlern, mit Ausgestoßenen und Verbrechern wollen wir kämpfen gegen die Herrschaft der Unkultur! Jeder, der Opfer ist, gehört zu uns! Ob unser Leib Mangel leidet oder unsere Seele, wir müssen zum Kampfe blasen! Gerechtigkeit und Kultur- das sind die Elemente der Freiheit! Die Philister der Börse und der Ateliers, zitternd werden sie der Freiheit das Feld räumen, wenn einmal der Geist sich dem Herzen verbündet!

Aus Ascona

Berlin lag mir schon wieder derart im Magen, daß ich ehrlich froh war, als es mir auch im Rücken lag. Jetzt sitze ich fern dieser Lasterhöhle am Lago Maggiore und denke in nicht gerade liebenswürdiger Erinnerung der literarischen Nachtcafes, in denen pomadetriefende impotente »Ästheten« bei Absinth und Opiumzigaretten ihre Georgien[Reminiszenz an Stefan George] feiern; der »Cabarets« (die Franzosen mögen mir die mißbräuchliche Bezeichnung einer schlechten Sache mit einem guten Namen verzeihen), in denen der fettleibigsten Tiergartenbourgeoisie in stilisierten Zoten »Berliner Humor« vorgesetzt wird; der Friedrichstraße, des einzigen Orts Berlins, aus dem ein Dichter Poesie schöpfen kann, sofern es ihn der Mühe nicht verdrießt, der Moral durch die Finger und den Huren, Luden und Strichjungen ins Herz zu sehen; und da ich zu den nicht alle werdenden gehöre, die noch immer auf den Tag hoffen, da die Massen sich ihrer Sklaverei wütend bewußt werden und in gesundem Haß gegen ihre Peiniger ohne Sentimentalität zum eignen Nutzen verfahren, so denke ich auch in stiller Wehmut der liebevollen Fürsorge, mit der Herr von Borries abgerichtete Spürhunde, die auf den Namen Spitzel hören, bewachend hinter mir herlaufen hieß. Berlin! Jeder gute Deutsche muß »seine« Reichshauptstadt gesehen haben, muß aus der »schönsten Stadt der Welt« drei Schock Ansichtskarten an sämtliche Cousinen, Freundinnen und Nachbarinnen gesandt haben, muß einmal die Linden lang, zweimal die Siegesallee hin- und zurück- und dreimal um den Rolandbrunnen herumgegangen sein, muß 2½ Stunden am Lustgarten gestanden haben, um allerhöchsten Augen das frische Taschentuch zu zeigen, das zum patriotischen Hurra in der Luft wedelt. Und muß noch vieles mehr.

Oder fragt einen Deutschen, der in Berlin war, ob er nicht im Reichstagsgebäude Eugen Richters [Führer der Freisinnigen Volkspartei] und Bebels Platz beschnuppert hat; ob er nicht im Apollotheater Linckeschen Gassenhauern gelauscht und in Siegmund Lautenburgs Residenztheater sich an den ins Deutsche verflachten französischen Schweinereien geweidet hat. Fragt ihn, ob ihn nicht ein Autotaxameter an allen Sehenswürdigkeiten vorbeikutschiert hat, und ob er nicht mit derselben Begeisterung Begas' besoffenen Bismarck wie Schlüters großen Kurfürsten, den Menzelsaal in der Nationalgalerie, wie die Kanonenparade im Zeughaus, Hermann Tietz' Abteilung für Weißwaren und Unterwäsche, wie im neuen Kaiser-Friedrich-Museum den Saal der Gobelins von Raffael betrachtet hat. –

Gott vergebe mir die Sünde, daß ich eine Schrift über Ascona – diesen entzückendsten Fleck Erde, wo von den dunkeln Berggipfeln sehnsüchtige Schönheit sich im grünwelligen See spiegelt – mit einer Kritik meiner teuren Landsleute beginne. Aber tagtäglich, wenn von Locarno hertrottend, eine Kompanie übelster deutscher Reisephilister mit all ihrer Blödheit die herrlichen Gestade des Lago Maggiore entlanggafft, drängt sich mir der Vergleich auf mit den prächtigen Menschen, die hier ihre Heimat haben, mit diesen Grenzitalienern mit den dunkeln offenen Augen und der frohen Lebensselbstverständlichkeit, ein Vergleich aber auch mit den paar Ausnahmsdeutschen, die hier ihr absonderliches Leben fristen und derentwegen ich dieses weiße Papier mit Tinte schwarz färbe ... Wenn etwas typisch ist für den Charakter einer Bevölkerung, so ist es ihre Arbeiterbewegung; und wer als vorwärtsdrängender Kritiker das kennengelernt hat, was in Deutschland unter dem Namen Arbeiter-»bewegung« stagniert, dessen Laune müßte eitel Zuckerwerk sein, wollte er dem deutschen Volkscharakter gegenüber liebenswürdig bleiben.

Ich für meine Person habe zu lange im Kampfe für die Befreiung der Arbeiterschaft und für den Sozialismus dem feindlich gegenübergestanden, was in Deutschland Arbeiterbewegung heißt, um dem Charakter der großen Volksmasse in Deutschland, der ganz und gar dem Charakter des Besitzmobs entspricht, die geringste Sympathie entgegenbringen zu können. Und wenn ich angesichts des wahlbeflissenen Proletariats, das das Seinige getan zu haben wähnt, wenn es 3.000.000 sozialdemokratische Stimmen ins behördlich sanktionierte Cioset zerrt, nicht lache, bis ich mir den Bauch halte, wie es einige kluge Individualisten tun, sondern mit Zornesworten weiterkämpfe für die Arbeiter – und gegen ihre Führer, so mag das wohl das Rudiment eines atavistischen Nationalbewußtseins sein, das mich selbst für die Deutschen noch auf die Stunde revolutionärer Selbsterkenntnis hoffen läßt...

…An dieser Stelle mag die Wiedergabe eines Liedes am Platze sein, das mir jüngst in einer verbrecherischen Stunde entfuhr und das den Vegetarier als Sammelbegriff vielleicht besser illustriert als eine weitschweifige Charakteristik.

Der Gesang der Vegetarier. Ein alkoholfreies Trinklied

(Melodie Immer langsam voran)

Wir essen Salat, ja wir essen Salat
Und essen Gemüse früh und spat.
Auch Früchte gehören zu unsrer Diät.
Was sonst noch wächst, wird alles verschmäht.
Wir essen Salat, ja wir essen Salat
Und essen Gemüse früh und spat.

Wir sonnen den Leib, ja wir sonnen den Leib,
Das ist unser einziger Zeitvertreib.
Doch manchmal spaddeln wir auch im Teich,
Das kräftigt den Körper und wäscht ihn zugleich
Wir sonnen den Leib und wir baden den Leib,
Das ist unser einziger Zeitvertreib.

Wir hassen das Fleisch, ja wir hassen das Fleisch
Und die Milch und die Eier und lieben keusch.
Die Leichenfresser sind dumm und roh,
Das Schweinevieh – das ist ebenso.
Wir hassen das Fleisch, ja wir hassen das Fleisch
Und die Milch und die Eier und lieben keusch.

Wir trinken keinen Sprit, nein wir trinken keinen Sprit,
Denn der wirkt verderblich auf das Gemüt.
Gemüse und Früchte sind flüssig genug,
Drum trinken wir nichts und sind doch sehr klug,
Wir trinken keinen Sprit, nein wir trinken keinen Sprit,
Denn der wirkt verderblich auf das Gemüt.

Wir rauchen nicht Taback, nein wir rauchen nicht Taback,
Das tut das scheußliche Sündenpack.
Wir setzen uns lieber auf das Gesäß
Und leben gesund und naturgemäß.
Wir rauchen nicht Taback, nein wir rauchen nicht Taback,
Das tut nur das scheußliche Sündenpack.

Wir essen Salat, ja wir essen Salat
Und essen Gemüse früh und spat.
Und schimpft ihr den Vegetarier einen Tropf,
So schmeißen wir euch eine Walnuß an den Kopf.
Wir essen Salat, ja wir essen Salat
Und essen Gemüse früh und spat.

…Wie ein wandelnder Protest gegen die alkoholenthaltsame Tugendboldigkeit der Vegetarier spukt die Gestalt eines Mannes durch Ascona, der meist ein wenig wankend, mit unermüdlicher Geschäftigkeit von Kneipe zu Kneipe trabt. Es ist ein baltischer Baron, ein Hüne von Figur, dem sich die Merkmale des Gewohnheitstrinkers allmählich um Nase und Beine zeichnen. Dieser Mann verdient, grade weil er in die vegetarische Umgebung paßt, wie ein Kunstwerk in den Berliner Tiergarten, eine ausführliche Betrachtung. Denn eine solche, wie von einem andern Planeten hergeschneite Persönlichkeit verlockt zu so viel Vergleichen mit den Sonderlingen, die hier Durchschnittsdeutsche sind, daß ich mir die Unterlassung einer Gegenüberstellung nicht würde verzeihen können.

Baron Alexander v. R.-L. ist stocktaub und versteht das, was man ihm zu sagen hat, nur, wenn man es ihm mit einiger Kraftentfaltung ins Ohr brüllt. Um so komischer mutet das »hör'n Se« an, das er seiner von unverfälscht kurländischem Dialekt gefärbten Rede nach jedem dritten Wort einschaltet.

Er hat eine bewegte Vergangenheit hinter sich. Jüngst gab er mir eine kleine, mit viel Humor geschriebene Skizze zu lesen, in der er seine tollen Kindheitsstreiche erzählt. Danach muß die Lust zu Abenteuern schon in seiner frühesten Jugend in ihm gelegen haben. Als das verwöhnte, nur manchmal wegen seiner gar zu wüsten Streiche verhauene Kind einer deutschrussischen Adelsfamilie wuchs er auf. Sein Hang zu Abenteuern ließ ihn Seemann werden. Er diente vom Schiffsjungen auf, wurde Matrose und befuhr von Riga aus die Ostseehäfen. Ich glaube, bis England kam er auf seinen Reisen. In dieser Zeit wurde er schwerhörig und mußte deswegen den Seemannsrock an den Nagel hängen. Jetzt wurde er Goldwäscher im Ural, in der Hoffnung, hierbei große Reichtümer zu erjagen. Diese Hoffnung betrog ihn, und jetzt sumpft er, hergelockt durch seinen vegetarischen Bruder, der hier auf seiner eigenen Scholle nach allen Regeln naturgemäßer Enthaltsamkeit lebt, in Ascona herum. Er ist jetzt 38 Jahre alt – ob's ihn hier lange, ob's ihn gar für immer hier halten wird? Ich kann's so wenig wissen wie er selbst oder sonst jemand. Wie er zum Trinker geworden ist, läßt sich mit Sicherheit natürlich nicht nachweisen. Ich denke mir, daß ihm die Liebe zum Spiritus als echtem Kurländer schon im Blut liegt, in seiner Matrosenzeit konnte er ihr ungezügelt folgen, und als dann die Taubheit dazukam, war es nur selbstverständlich, daß ihm der Alkohol vernehmlicher Trost zusprechen konnte als die Menschen, die um ihn waren. Er ist aber gleichzeitig auch ein Opfer seiner beschränkten materiellen Verhältnisse. Sein Vater hielt ihn sehr knapp, 80 Rubel monatlich — das sind wenig über 200 Franken — ist herzlich wenig für einen Menschen mit solchen Bedürfnissen, wie sie R.s Herkunft und Erziehung großgezogen haben. Sich nach der Decke zu strecken ist seine Sache so wenig wie die jedes andern, der das Gehäuse landläufiger Lebensgewohnheiten gesprengt hat. So konnte er Schulden nicht vermeiden, über deren Bedrückung ihm nur die intensive Beschäftigung mit der Weinflasche hinwegzuhelfen vermochte. Natürlich bewirkte aber die hierdurch hervorgerufene Steigerung der Ausgaben eine ständige Erhöhung der Schulden, und die Rechnung potenzierte sich zum circulus viciosus. Daß den lammfrommen Vegetariern solche Überlegungen nicht aufkommen, wenn sie denn feuchtfröhlichen Baron begegnen, versteht sich von selbst. In tiefster Seele mit dein eigenen Lebenswandel zufrieden, dankerfüllt gegen ihr Schicksal, weil es sie an den Klippen solcher Verworfenheit gnädig vorbeigesteuert hat, schlagen sie die wasserblauen Augen zum Firmamente auf und strafen den Knecht des Alkohols mit Blicken abgründigster Verachtung. Es gibt ja auch nichts Erhebenderes, als die eigenen Vorzüge an den Schwächen eines Mitmenschen zu messen. R. seinerseits, der zu den bestgearteten Charakteren gehört, die ich je angetroffen habe, ist gegen die Vegetarier von einem unbegrenzten Haß beseelt, der jedoch durch die alberne Verächtlichkeit, mit der er von ihnen betrachtet wird, nicht hervorgerufen ist, sondern nur verstärkt wird. Auch ist der Grund nicht etwa seine Intoleranz gegen das Temperenzlertum der Vegetarier. Das erscheint ihm einfach verrückt, mindestens total absurd. – »Wenn man nicht säuft«, fragte er mich einmal, »was soll man denn noch?« – Die Ursache seiner ingrimmigen Gesinnung ist vielmehr eine unendlich rührende. Er kann es den Vegetariern nicht verzeihen, daß sie seinem Bruder, von denn er ungeheure Stücke hält, ihre Ideen aufoktroyiert haben. Zum besseren Verständnis dieses Gefühls muß man sich vergegenwärtigen, wie stark Menschen von aristokratischer Abkunft das Familienehrgefühl im Blut sitzt. Sich selbst hält R. zur würdigen Repräsentation seines Namens verloren, deshalb möchte er seinen Bruder allen Glanz ausstrahlen sehen, der von dem Adelswappen der Familie ausgeht. Jetzt sieht er aber diesen Bruder, den er über alles liebt und verehrt, in einer Lebensweise aufgehen, die ihm über alle Maßen verächtlich erscheint. Daher sein tiefer Haß gegen die, die er der Verführung seines Bruders bezichtigt. Als er von mir erfuhr, daß ich diese Broschüre schreiben wolle, bat er mich, ich solle den Vegetariern »feste auf die Kapuze hauen«, aber seinem

Bruder möchte ich nicht zu nahe treten: »Das ist ein guter Mensch. – Von mir können Sie ja schreiben, daß ich ein altes versoffenes Luder bin.«

Seine Leistungsfähigkeit im Trinken ist ungeheuerlich, und sie ist in letzter Zeit noch dadurch gesteigert, daß er sich in eine fesche Italienerfrau unglücklich verliebt hat. »Sie ist mir ins Herz gekrochen«, erzählte er, »und hat mir den Kurbel verdreht.« Schon morgens, wenn er mich trifft, sind seine ersten Worte: »Hören Sie, liebes, gutes Herr Mühsamchen, kommen Sie schmoren, hör'n Se!« und seine Freude ist riesengroß, wenn man mal mit ihm »schmoren« geht.

Seine Konstitution ist von einer fabelhaften Widerstandskraft. Es kommt vor, daß er manchmal tagelang nicht das Geringste ißt, dazwischen aber ganz unglaubliche Mengen Alkohol vertilgt. Trifft man ihn dann nach so einer vier- bis fünftägigen Fastenzeit, so sieht er aus, als ob er eben einen ganzen Ochsen verzehrt habe. Ob die schmachtlappigen, immer nur um ihr bißchen Leiblichkeit angstvoll besorgten Vegetarier, die bei der geringsten Unregelmäßigkeit in der Magenversorgung umkippen, wirklich Grund haben, angesichts der imponierenden Vitalität dieses Riesen, mit ihrer naturgemäßen Überlegenheit aufzutrumpfen, möchte ich mindestens doch sehr in Frage stellen. Ich für meine Person blicke die kolossale Kraft, die eine Lebensweise, wie sie R. übt, voraussetzt, viel eher mit Hochachtung als mit Geringschätzung an, während ich nicht behaupten kann, daß mir die Art, wie die Vegetarier sich zu Sklaven ihres Verdauungsapparates machen, den geringsten Respekt abnötigt.

Jedenfalls gehört für mich dieser Mann mit seinem gesunden und natürlichen Menschenverstand und mit dem tiefen echten Leid hinter der roten Nase zu den sympathischsten Persönlichkeiten und angenehmsten Gesellschaftern, die ich in Ascona gefunden habe. Das will ich den männlichen und weiblichen Tugendjungfern gegenüber, die sich mit so gewaltigem sittlichem Aufwand über ihn entrüsten, doch ausdrücklich betonen.

Betrachtungen über den Staat

Bei Gott ist kein Ding unmöglich. Um das zu beweisen, schuf er den Staat. Das ist ein abstrakter Begriff mit konkreten Fähigkeiten. Ein Abstrakt, das befehlen, verbieten, richten und strafen kann. Ein bis an die Zähne bewaffnetes Abstrakt, dessen treuer Diener zu sein sich der Mensch zur Ehre anrechnet.

Der Staat ist Herr über Leben und Tod. Er darf tun, was kein Mensch tun darf - es sei denn als Werkzeug des Staates. Der Staat hat das Monopol für Vermögenskonfiskation und für Mord. Es maße sich niemand widerrechtlich staatliche Befugnisse an. Wer einen anderen einsperrt, wird wegen unbefugter Inanspruchnahme des Schutzmannsamtes zur Verantwortung gezogen. Wäre der Staat logisch, so bestrafte er den, der einen Nebenmenschen umbringt, wegen unbefugter Ausübung des Scharfrichteramtes. Der Staat drückt da aber ein Auge zu und sühnt nur den Mord, und zwar durch die gleiche Handlung, die er bestraft.

Friedrich Engels sagt: "Der Staat ist die Exekutive der Besitzenden." Das ist richtig. Man könnte auch sagen: Die Besitzenden sind die Exekutive des Staates. Nur ist weder mit den Besitzenden noch mit der Exekutive Staat zu machen.

Der Staat lebt von den Armen, damit er für die Reichen leben kann. Der bayerische Dialekt kennt einen Ausdruck, der die Forderung des Staates nach Wort und Inhalt am klarsten zur Geltung bringt: stat sein! Wer ein nützliches Mitglied des Staates sein will, der halte die "Norddeutsche Allgemeine Zeitung" und das Maul.

Der Staat ist ein räumlich umgrenztes Moralgebiet. Was jenseits der Grenzen geschieht, ist eo ipso unmoralisch. "Du sollst nicht töten" (das Militär); "du sollst nicht begehren" (das Kapital); "richte nicht, auf daß du nicht gerichtet werdest" (die Justiz). - Es gibt Leute, die vom Staate verlangen, er solle sich von der Kirche trennen.

Es ist ein Aberglaube, daß aus Links-Wählern ein Rechtsstaat werden könnte. Die Theorien der Konservativen und der Anarchisten berühren sich in einem wichtigen Punkt. Beide bestreiten, daß man im Staat ein notwendiges Übel zu erkennen habe. Nur finden die Konservativen, daß der Staat kein Übel, die Anarchisten, daß er nicht notwendig sei.

Der Staat verrät seinen Charakter schon im Wort selbst. Status bezeichnet etwas Feststehendes und Unverwandelbares. Wer den Staat - irgend einen Staat - will, ist konservativ, mag er sich noch so rabiat gebärden.

Die wenigsten Leute wissen, wovon sich die oppositionellen Bewegungen in ihrer Stellung zum Staat von einander unterscheiden. Vielleicht belehrt sie folgendes Gleichnis: Man stelle sich den Staat als einen Käfig vor, in dem die Vögel an Stangen festgebunden sind. Manche haben den Futternapf direkt vor dem Schnabel, die meisten müssen zusehen, wie die Begünstigten daraus fressen. Die Liberalen wünschen, daß man die armen Tiere losbinde, damit sie sich in dem engen Käfig um die paar Futternäpfe balgen können. Sie nennen das: laisser faire, laisser aller. Die Sozialdemokraten wollen alle Vögel auf einer einzigen Stange rings um einen mächtigen Futternapf festbinden und den Käfig entfernen. Die Anarchisten wünschen die Vögel losgebunden und den Käfig beseitigt zu sehen. Daher unsere Gemeingefährlichkeit.

Gustav Landauer

Gedenkblatt zu seinem 50. Geburtstag: 7. April 1920

Die äußeren Umstände, unter denen diese Zeilen geschrieben werden, lassen die allein würdige Form, Gustav Landauer zu ehren, nicht zu: die der glutvollen Werbung für die von ihm erstrebte Neubildung der menschlichen Gesellschaft, für Sozialismus, anarchische Gerechtigkeit und ihre Bedingung, Revolution. Da mir in meiner Zelle auch alles literarische Material fehlt, an Hand dessen ich ihn selbst von reinem Menschentum, von Völkerfreiheit, von innerem und Süßerem Aufruhr sprechen lassen könnte, mag der Leser sich mit den einfachen Gedenkworten zu frieden geben, die der Überlebende dem Toten, der Freund dem Freunde, der Schüler dem Lehrer, der Rebell dem Kampfgenossen aus verehrendem und dank erfülltem Herzen zu widmen hat.

Die Daten seiner Entwicklung, seines Werdens und Wirkens, seines Wandels von der Geburt an bis zu seiner scheußlichen Ermordung im Stadelheimer Bluthof werden an dem Tage, an dem Gustav Landauer sein fünfzigstes Lebensjahr abgeschlossen hätte, in sovielen Artikeln und Nekrologen aufgezählt werden, daß diese Sätze nicht mit seinem curriculum vitae beschwert zu werden brauchen. Aber er käme zu kurz, wollte man die Abschätzung seiner Lebensarbeit ganz den Wohl meinenden überlassen, die, aus seinen Schriften wissender geworden, oder auch durch den persönlichen Umgang mit ihm bereichert, die Pflicht fühlen, die hoch ragende Bedeutung des Mannes vor geistig bewegten Bürgern oder gar mißtrauischen Zeitungslesern ins Licht zu stellen, seinen „Idealismus" zu preisen, um aus ihm eine schroffe Abkehr vom Staatstum, seine kämpferische Haltung gegen Traditionen und Normen abzuleiten und womöglich zu entschuldigen.

Nur aus der umgekehrten Betrachtung ist Landauers Persönlichkeit gerecht zu werden. Sein Grundcharakter war wahrhaftig nicht der eines Schwarmgeistes, eine Weltfremdlings oder Gottessüchtigen. wie ihn sich der wohlwollend lächelnde Philister vorstellen mag. der sein praktisches Einmaleins gelernt hat und dem überall zwölf auf ein Dutzend gehen. Nicht nahebringen will ich das Bild des toten Freundes dem Geschmeiß der satten Gemüter, die sich freie Geister dünken, weil sie die hungernden, nie gesättigten Seelen, die sehnsüchtigen Herzen, da sie selber doch ohne Herz sind, interessant finden, die bereit sind alles zu verzeihen, weil sie nichts verstehen; sondern entfernen will ich es von ihnen, es ihrem befleckenden Blick entziehen, die Feindschaft, den untilgbaren Gegensatz aufzeigen, der Landauers Geist ewig trennt von dem bürgerlichen Idealismus seiner literarischen Begreiner, die ihre gelockten Häupter über die Glatzen der Geschäftsrealisten erheben möchten, aber mit den Hintern stets an deren Kontorsesseln kleben bleiben.

Ein Idealist ! Natürlich war Landauer das, wie jeder, dem eine sittliche Idee, Wegweiser des Lebens ist. Aber der Begriff muß gesäubert werden von dem Schleim in den ihn die Anbiederungssucht ideeloser Jammerkerle gehüllt hat, die mit tonenden Worten hausieren und den reinen Glockenklang einer schallenden Menschenstimme in dem dürftigen Geklingel ihrer humanitären Salbaderei verkommen zu lassen suchen. Ich habe keinen Satz zur Hand, in dem Gustav Landauer selbst sich gegen die Gemeinschaft mit idealistischen Phrasenraßlern gewehrt hätte. Aber ich weiß, daß er mehr als einen geschrieben und in Gesprächen hundertmal bekannt hat, was der unerbittlichste Rebell aller Zeiten, Michael Bakunin, dem auch er mit Leidenschaft anhing, so ausgedrückt hat: „Doch muß mit jenem Idealismus auf geräumt werden, der es verhinderte, daß man nach Gebühr handle; er muß durch grausame, kalte, rücksichtslose Konsequenz ersetzt werden." Wir dürfen Landauer einen Idealisten nennen, wir, die sein Ideal kennen und teilen und als ein Ideal tatfrohen Zukunftswillens pflegen, nicht die, die selbst- und weltzufriedenen Schön geistern mit himmelnden Augen Sympathie für den Außenstehenden anschwätzen wollen.

Gustav Landauer war Revolutionär: nichts anderes: nichts außerdem. Revolutionär aber heißt Umstürzer, Zerstörer und Neuschaffer. Aus seiner revolutionären Natur erklärt sich alles, was er dachte, wollte und schuf. Sie war ihm Antrieb und Mittel seine! Werks, nur sie. Sie stellte den Gott in seinem Herzen auf, nur sie. Sie leitete sein Tun und sein Schicksal, nur sie.

Freilich war sein revolutionäres Wirken nicht begrenzt im Kampf gegen staatliche Satzungen und gesellschaftliche Systeme. Es erstreckte sich auf alle, Kategorien des Lebens, machte nicht halt vor wissenschaftlichen Methoden, vor künstlerischen Konventionen' und moralischen Doktrinen. Sein profundes Wissen erlaubte es ihm, mit der Kritik seines revolutionären Geistes in viele Gebiete des menschlichen Denkens hinabzusteigen und sie als Wüsten der Gedankenlosigkeit und verwilderter Überkommenheiten zu entschleiern. Es ist aber eine Verfälschung seines Lebenswerkes,' wenn die einzelne Erkenntnis, die aus diesem seinem Abtasten der Weltprobleme der Philosophie oder der Aesthetik, der Literaturgeschichte oder der Soziologie neue Fährten zeigte, als Verteidigung seines Wertes vor dem besitzbangen Bourgeois bemüht wird. Dem kann nicht eindringlich genug gesagt werden, daß Landauer kein Bourgeois war, sondern sein ausgeprägtes Gegenteil: ein Neuerer, der als Voraussetzung aller kulturellen Umwälzung die soziale erstrebte. Ihr, der sozialen Revolution, kitte er sich verschworen von Jugend an, und sein Walten all Neuerer in den Bezirken der Sittlichkeit und der Kultur klomm aus dem Willen, den Geist vorzubereiten für die Tat, im Volk Niveau zu schaffen für die Empfängnis des selbst erkämpften Sieges.

Noch einmal: wer Gustav Landauer im härenen Gewande zeichnet mit dem friedseligen Schmachtblick des Versöhners, der fälscht sein Bild. Nur wer ihn als Kämpfer sieht, als rücksichts- und furchtlosen Kämpfer, gefällig zwar und milde und von gütiger Heiterkeit im täglichen Umgang, aber unduldsam, hart und eigen willig bis zum Hochmut überall, wo es um Entscheidendes ging, der lieht ihn wie er war. Es ist nicht wahr, daß er aus lauter Liebe zusammengesetzt war. Wie irgendeiner hat er den Haß gekannt, den Haß gegen das Unrecht, gegen die Ausbeutung, gegen den gewalttätigen Staat, gegen die Idee der Brutalität — und gegen ihre Träger. Jawohl, auch die Personen hat er gehaßt, alle, die sich dem Werk der Volksbefreiung entgegenstemmten aus Eigennutz oder Gedankenfaulheit, aus Dummheit oder Eitelkeit. Man vergleicht Landauer oft mit Tolstoi. Mit Recht — gewiß. Denn was Tolstoi einmal in seinem Tagebuch all das „einzig Notwendige" bezeichnet: „die Lösung sittlicher Fragen und ihre Anwendung im Leben", das war auch ihm Richtung und Ziel alles Denkens und Schaffens. „Tolstoianer" in dem Sinne, wie ethische Schmalztropfer die Gattung verstehen, war Landauer nicht, Tolstoi selber Übrigem ebensowenig. Auch der kannte den Haß und die Inbrunst der Verachtung, und auch ihm war die Liebe nicht das stets bereite Handwerkszeug in allen Lebenslagen, sondern der glühende Ursprung und das leuchtende Ziel des menschlichen Seins.

Landauer war Revolutionär von Natur wegen. Er gehörte nicht zu den Buchstabenschnüfflern, denen die Erwägungen des Hirns langsam und auf Widerruf die Zweckmäßigkeit des Umsturzes beweisen. Seine ursprüngliche Einstellung zu allen Dingen und Werten war voraussetzungslos, darum skeptisch, darum zur Ablehnung geneigt und kämpferisch. Nichts galt ihm die noch so exakte Wissenschaft, als die Erkenntnis anderer, deren Autorität beweitkräftig sein sollte. Noch nie ist das Ergebnis einer Forschung ungestürzt geblieben und alle Wahrheit hat nur Bestand bis sie einer neuen weichen muß. „Wahr ist, daß nichts wirklich ist" hat Landauer einmal geschrieben, ich glaube, in „Skepsis und Mystik", diesem merkwürdigen, götzenzertrümmemden Buch, in dem „im Anschluß an Mauthners Sprachkritik, die letzte Autorität, die Vernunft selber, als Produkt der Sprache, des unzulänglichen Verständigungsmittels der Menschen, und mithin die Logik", als nichts beweisend verworfen und an ihrer Statt die „Mystik", das Urwissen, das unmittelbare, intuitive Erkennen als einzig positiver Wert aufgestellt wird. Das Wissen um die Wahrheit ist primär, der vernünftige Beweis, das sprachliche Erfassen nachträglich.

Mit dieser Erkenntnis kommt nun Landauer nicht wie Mauthner zur „fröhlichen Resignation", sondern zum Extrem, zum entschlossenen Angriff gegen das Bestehende, all falsch, schlecht und brüchig Erwiesene, zum Angriff gegen die Autorität schlechthin. Er entwurzelt die Autorität aller herrschenden Normen, von der Sprache angefangen — dabei ist seine Sprache von einer gedrungenen Wucht sondergleichen — bis zu Artikeln, Gesetzen und Fesseln des sozialen Lebens der Menschen. Aus seinen antiautoritären Wesen entspringt sein

Wissen um die Freiheit, daraus sein Wille zur Befreiung und aus diesem Willen sein innerstes Bündnis mit der geknechteten Klüse des Volks, mit dem Proletariat, seine revolutionäre Entflammtheit für das Recht.

Was ist Recht? Das, was das Gewissen verlangt. Die Beobachtung des Unrechts leitet das Gewissen zum Recht. Der Name des sozialen Unrechts ist Kapitalismus, d. h. Ausbeutung, Zwang, Entrechtung des Volkes zugunsten einer Klaue.

Landauer wußte diese Begriffe identisch mit Zentralismus und Staat. „Der Staat", sagt er in seinem herrlichen „Aufruf zum Sozialismus", „sitzt nie im Innern der Einzelnen, er ist nie zur Individualeigenschaft geworden, nie Freiwilligkeit gewesen. Er setzt den Zentralismus der Botmäßigkeit und Disziplin an die Stelle des Zentrums, das die Welt des Geistes regiert". Gerechtigkeit des sozialen Lebens kann es nur geben bei Selbständigkeit, Freiwilligkeit und gesellschaftlicher Gleichheit, also im Sozialismus. Von ihm sagt Landauer: „Sozialismus ist Umkehr; Sozialismus ist Neubeginn, Sozialismus ist Wiederanschluß an die Natur, Wiedererfüllung mit Geist, Wiedergewinnung der Beziehung".

Es ist klar, daß bei diesen aus antiautoritärem Drängen gewonnenen Einsicht Landauers Sozialismus auf anarchistischem Boden fußte, daß ihm jeder Staatssozialismus genau so zuwider sein mußte, wie der Staat selbst und daß er seinen Plan zum Aufbau der sozialistischen Gesellschaft nicht an Marxens zentralistisches Programm, sondern an die Ideen des Anarchisten Proudhon anschloß, ohne sich in allem mit diesem System zu identifizieren. Um „System" war es ja Landauer überhaupt nirgends und niemals zu tun, und so begnügte er sich .auch in der Werbung nicht mit schulmäßigem Empfehlen einer sozialistischen Doktrin, sondern verlangte die Tat, den Beginn mit dem Sozialismus selbst. Durch Aufbau sozialistischer Pioniersiedlungen wollte er den Staat von innen heraus unterminieren, das Neue schaffen, um das Alte daran verderben zu lassen. Dies war der Sinn seines „Sozialistischen Bundes", den er 1909 begründete, und dem er in seiner Zeitschrift „.Der Sozialist" das eindringliche Organ schuf.

Der Weltkrieg, der ihn nicht schwach fand in seinen Überzeugungen, griff vernichtend ein in seine friedliche Revolutionsarbeit. Und dann kam die Revolution. Sie riß den Mann, dessen Element der Kampf war, der als junger Student schon in ständigem Konflikt mit allen Staatsgewalten und Parteipäpsten gestanden und viele Monate in Gefängnissen gelebt hatte, mit seiner ganzen Person mitten in die Bewegung der Massen, machte ihn dank seiner quellenden Beredsamkeit zu einem ihrer Führer.

Der von Rußland Herübergeschnellte Rätegedanke fand in Landauer einen glühenden Propagandisten. Er zeigte ihm die Möglichkeit einer freien Formung des gesellschaftlichen Aufbaues bei der Verwirklichung des Sozialismus. Ich will hier nicht verschweigen, daß in dieser Zeit, in der wir dauernd miteinander und nebeneinander am Werk der Befreiung arbeiteten, bei aller Freundschaft, die nicht einen Augenblick lang getrübt war, eine gewisse Gegensätzlichkeit in der Erfassung der Situation zwischen ihm und mir bemerkbar wurde. Landauer sah mit dem Zusammenbruch des alten Staates und der Labilität des neuen Zustandes schon die Möglichkeit gegeben, sofort mit dem Aufbau, mit der Verwirklichung vor allem des agrarischen Sozialismus zu beginnen und inzwischen der eben gewordenen bayerischen Republik unter Eisners Leitung soviel Unterstützung zu leihen, wie sie zur Förderung dieser proudhonistischen Pläne brauchte. Der ungestüme Drang, das Gebäude, wie er es sich dachte, hinzustellen, ehe neue Erschütterungen den Bau verhindern könnten, erklärt seine Nachgiebigkeit gegen Eisners Politik. Mir lag der destruktive Teil der Revolution, den ich noch zu leisten sah, näher, und ich kann den Gegensatz zwischen uns nicht besser klar machen, als ich es in einem der letzten Gespräche mit ihm tat. „Ich erkenne jetzt deutlich die innere Verschiedenheit zwischen Proudhon und Bakunin an uns beiden. Dich führt die Revolution immer stärker zu Proudhon hin. mich zu Bakunin". Landauer gab mir recht.

Der Gedenktag macht alles wieder lebendig in mir. Denn der 7. April war nicht nur Landauers Geburtstag. Er war vor einem Jahre auch der Tag, an dem in München die Räterepublik proklamiert wurde, der Tag, den wir beide in tragischer Verkennung seiner Bedeutung als den Beginn der neuen Epoche begrüßten und der doch zum Unheil und für den großen, reinen

Kämpfer, dem dieser Gruß gilt, zum Verderben wurde Der Zeitpunkt war nicht richtig erfaßt. So konnte Verrat sich einnisten und unendliches Leid stiften, wo unermeßlicher Segen hätte entstehen sollen.

Boshafte Verleumdung hat behauptet, Landauer habe die Ausrufung der Räterepublik eitler Selbstsucht wegen auf seinen Geburtstag „geschoben". Ich will dieser elenden Legende, die nur glauben kann, wer diesen Mann nie gekannt und nie begriffen hat, ein für allemal den Hals abdrehen. Genau das Gegenteil ist der Fall. Die Ausrufung sollte am Morgen des 5. April erfolgen. In der Nachtsitzung vom 4. auf 5. im Kriegsministerium verlangten plötzlich die Mehrheitssozialdemokraten durch den Mund desselben Mannes, der dann an der Spitze der Gegenrevolution stand, einen Aufschub von 48 Stunden, um die Provinz .noch im Sinne der neuen Wendung zu bearbeiten. Landauer und ich waren diejenigen, die am heftigsten gegen diese Verzögerung geeifert haben. Sein Geburtstag wurde gegen seinen Wunsch und erregt geäußerten Willen zum Tage der Proklamation bestimmt.

Der weitere Verlauf ist bekannt. Die Empfindungen, wie mich beim Gedanken an sein Ende erfassen, seien verschwiegen. Ich habe das Meinige getan, wenn ich die Gestalt dieses Menschen und Kämpfers den Vertraulichkeiten betulicher Bourgeois-Idealisten entzogen und Gustav Landauer als den gezeigt habe, der er war und vor der Geschichte bleiben wird: als Mann des Volkes und der sozialistischen Revolution.

****

Erich Mühsam - Gustav Landauer (1920)

Gustav Landauer - Zur Gedächtnisfeier in München am 2. Mai 1920

Ihr seid gekommen, einen Toten ehren,
zu laden seinen abgeschiednen Geist,
wo Kunst und Andacht ewige Welten preist,
als Gast der Herzen bei euch einzukehren.
Doch erst schafft Raum im Herzen! Wißt zuvor,
wen ihr erwartet. – Hingegossenes Blut
ist noch kein Grund, in weihevollem Chor
die Musen und die Genien zu bemühen.
Mord weckt Verzweiflung, Trauer, Jammer, Wut –
doch Kunst ist Freude, Leben, Quellen, Blühen.
Prüft, ob die Tränen, die vom Herzen drängen,
sich mischen mit dem Strom von Feierklängen!

Seht ihr ihn noch im Geiste, der euch rief?
Das Auge dem Gewissen hingegeben,
und seiner Stimme Klang prophetisch rief,
sprach er von Frieden, Liebe, Freiheit, Leben
und rief zur Schönheit und zur Kunst die Schar,
zur Andacht und zu freudigem Genießen.
Die Borne alles Glückes aufzuschließen,
das war die Sehnsucht, die sein Leben war.

Ein Träumer also, der vom Guten schwärmte?
Der gern die helle Sonne scheinen sah?
Sich gern an ihren bunten Strahlen wärmte?...
O wartet noch, Musik und Poesie!
Noch ist der Geist des toten Freunds nicht nah –
und wer ihn so begreift, dem naht er nie.
Wohl mahnt er euch: Macht euch die Erde schön!
Wohl zeigt er euch die Tempel auf den Höhn!
Doch mächtig scholl sein Ruf im Vorwärtsschreiten:
Wer Glück und Freiheit will, muß sie erstreiten! – –

Ihr seid gekommen, einen Toten ehren,
der, als er lebte, Glück und Freiheit dachte;
der, als er starb, den Leib zum Opfer brachte
für seinen Glauben und für seine Lehren...
Macht weit die Herzen! Macht die Seelen weit!
Kunst ist ein Weg, die Lehren zu empfangen,
für die man ihn erschlug. – Macht euch bereit,
durch Andacht seinen Glauben zu erlangen:
Den Glauben an die Menschheit, an das Recht,
das jedem seinen Teil vom Ganzen gibt,
das nicht nach Namen fragt und nach Geschlecht,
das nie am Rand des flüchtigen Zufalls streift,
das jeden hütet, weil es jeden liebt –
das Recht, das sich im Namen Volk begreift!
Dem ganzen Volk sein ganzes Recht zu bringen,
rief er's zum Kampfe auf, es zu erringen.

Zum Kampfe rief er! Denn nur Kampf macht frei.
Kampf war sein Werk, Kampf seines Zornes Schwert.
Kampf war sein Leben. – Kampf! Nicht Schwärmerei.
Nur wer den Kämpfer ehrt, weiß, wen er ehrt!…
So fiel er auch im Kampf. Doch mit ihm fiel
die Liebe nicht, die ihn zum Kampf befeuert.
Er gab sie uns – und in der Kunst erneuert,
grüßt euch die Liebe: seines Kampfes Ziel.
Die Liebe lebt, und in ihr lebt sein Geist,
den wir zur Feier heut zu Gaste rufen,
wo Kunst und Andacht ewige Welten preist…
Als Gebender, als Spender tret er ein!
Der Liebeskämpfer soll empfangen sein
von Genien an des Freiheitstempels Stufen,
und Genien leiten ihn durch Tempelsäulen
in unsre Mitte. Die sein Blut vergossen,
sie hatten keine Flinten, keine Keulen,
zu töten ihn im Herzen der Genossen.

So grüße ihn die Kunst. Durch ihre Pforte
laß ihn ein jeder in sein Herz gelangen
und lausche: was es spricht, sind seine Worte.
Der Mann des Volks – er kommt als Gebender.
Seid ihr bereit, die Gaben zu empfangen,
so wird er bei euch sein: – ein Lebender!

9 788802 731665 6